Introduction to
Academic English for
Teacher Education

教师教育专业英语导读

陈永明 乔莹莹 孙 蓓
冯轲杰 丁晓彤 刘雅欣 / 编著

图书在版编目（CIP）数据

教师教育专业英语导读 / 陈永明等编著 . —北京：北京大学出版社，2018.2
ISBN 978-7-301-29281-5

Ⅰ. ① 教… Ⅱ. ① 陈… Ⅲ. ① 英语 – 高等学校 – 教材　Ⅳ. ① H319.39

中国版本图书馆 CIP 数据核字 (2018) 第 034419 号

书　　　名	教师教育专业英语导读 JIAOSHI JIAOYU ZHUANYE YINGYU DAODU
著作责任者	陈永明　等编著
责 任 编 辑	郝妮娜
标 准 书 号	ISBN 978-7-301-29281-5
出 版 发 行	北京大学出版社
地　　　址	北京市海淀区成府路 205 号　100871
网　　　址	http://www.pup.cn　　新浪微博：@ 北京大学出版社
电 子 信 箱	bdhnn2011@126.com
电　　　话	邮购部 62752015　发行部 62750672　编辑部 62759634
印 刷 者	河北滦县鑫华书刊印刷厂
经 销 者	新华书店
	720 毫米 ×1020 毫米　16 开本　15.75 印张　310 千字 2018 年 2 月第 1 版　2018 年 2 月第 1 次印刷
定　　　价	45.00 元

未经许可，不得以任何方式复制或抄袭本书之部分或全部内容。
版权所有，侵权必究
举报电话：010-62752024　电子信箱：fd@pup.pku.edu.cn
图书如有印装质量问题，请与出版部联系，电话：010-62756370

敬畏学统（代序一）

学统，非学习传统之谓，乃学术规范之实。"大学之道，在明明德，在亲民，在止于至善"，便成为古之学者治学之典范。

近代以来，一大批优秀的中国读书人致力于探寻中西学统的结合，胡适、王国维、陶行知、黄炎培、晏阳初、梁漱溟、孟宪成……治学的前提首先是读书。怎么读？陈寅恪曾对人说过，他少时去见历史学家夏曾佑，老人对他说："你能读外国书，很好；我只能读中国书，都读完了，没得读了。"陈寅恪很惊讶，直到自己也老了时，才觉得前辈的话有道理。可是说故事的人一个也没说怎么把书读完，如今，说故事的人都远去了，案底快成了谜。北大的金克木学问大，下世前转述了这则轶事，并且以自己的学养给我们指了一条读完书的路径，算是不甚幸运了。可是术业有专攻，我们治教育学的人该如何把书读完呢？放眼望去，教育的学统正渐行渐远。

学统离不开学人以知识为志向。以知识为志向，知识本身便成为目的，既不会习得文武艺货与帝王家，也不会拉来洋人车兑得名与利。回到陈寅恪，晚年在与其弟子蒋天枢的通讯中对自己一生的治学道路做了回顾：默念平生，固未尝曲学阿世，污食自矜，似可告慰友朋。这里，曲学阿世便是巴结权贵；污食自矜则是以拉洋车引以为豪。令人肃然的是，陈寅恪不是一时为之，而是平生一以贯之，为杏坛树了风骨。

上海师范大学现代校长研修中心成立十年了。常言道，十年磨一剑。寒来暑往，春秋十载，中心师生磨剑的修为历历在目，不胜枚举，唯出手示人之剑似也未曾识得。正所谓，所有的比喻都是跛脚的。也许真相是教育领域本没有什么用以削枝的"剑"；"十年"亦非一个常数，更非定数，只是表明学人治学的态度和信念。回望教育学领域充斥的这个"学"，那个"峰"，既可能是论者利用某种工具把问题看得更清，也可能成为观察的障碍使自己一叶障目不见泰山。唯对于如今新旧混杂五花八门的教育实践,具有解释力的教育理论委实难得一见。表明治学有其内在学术规定性。教育不是制造,学校不是工厂,大学须回应社会治学之规范。读书也好,治学也罢,何止是规矩,更是人安身立命的根基。举头三尺有神明。明乎此理,才当得起社会对我们的称谓。

合抱之木生于毫末,九层之台起于累土,上海师范大学现代校长研修中心之路正在足下……

吴国平

于 2017 年世界读书日

外教评阅（代序二）

This is a book written primarily by and for Chinese scholars interested in education, language, and philosophy. It introduces a wide variety of ideas about education from many different sources. While some are written as a general reference guide, others trace the history of Chinese thought related to the development of education in China. While its aim is to promote continuing education for teachers in China, it seeks to contextualize this goal through a number of useful texts. It introduces a western philosophical ground for the basis of contemporary ideas about education through the influence of authors such as Aristotle and John Dewey.

Containing a number of Chinese translations for English, this book serves in part as a reference guide for Chinese scholars wishing to influence the future of education in China; the education of both students and teachers. A number of historical texts illumine the need for advanced approaches to the problem of how to standardize and improve both levels of education. These texts are telling in that one can imagine with the continued upward growth of contemporary Chinese society that the problems mentioned have only compounded. The inclusion of more recent texts however examine the difficulties contemporary teachers face.

This book is useful in a number of ways. It helps introduce a vocabulary for scholars who wish to include a broader array of ideas when considering the future of education in China. It traces a line of thought about education in modern China from which scholars can develop and transform to maintain a sense a history while looking forward. Finally, it makes the argument that without appropriate methodologies for instructing and improving the education of Chinese teachers the future of Chinese education will doubtless suffer. This book sheds light on a number of possible futures for Chinese education and helps to develop a discussion towards a brighter future for students and teachers alike.

Elliot Hess
Boston Education International

前　言

传承使命

　　十年之前,上海师范大学现代校长研修中心刚成立不久,便掀起了一股"洪荒之力",奏响"教师教育"主旋律。中心积极整合全校优势资源引领教师教育学科群建设,开创性研制我国百万校长专业标准框架,又着力新设教师教育学和教育领导学研究领域,探索"3+3"教师教育培养新模式,创新教师及校长养成路径,多次举办教师教育高端国际学术研讨会。自上而下,以国际大都市"东方讲坛"汇集国内外名家学者的思想理念;自下而上,莘莘学子畅谈"我的教师教育观"并出版成书……这些都为新设"教师教育"学科奠定必要的根基。

　　如今的上海师范大学现代校长研修中心集学术研究、研修培训于一体,拥有一支梯队合理、来自国内外知名学府的博士师资队伍,通晓英、德、俄、日等多国语言;拥有一支志存高远、心系学科发展、具备跨学科知识背景的研究生队伍,硕士生、博士生、博士后五十余人。师生凝心聚力,济济一堂,忘我挥洒着青春与汗水,为理想而生、助梦想启航。硕士和博士是高学历研究型人才,应成为促进学科发展的生力军。上海师范大学现代校长研修中心的研究生们,在导师们的引领下,积极参与学术研究,编写《教师教育专业英语导读》,以赤子之心,尽绵薄之力,为学科发展添砖加瓦。

　　《教师教育专业英语导读》是一本教学参考书、专业学习工具书,融学科常识、英语宝典、学术训练和学习方法于一体,力求学术性、专业性、实用性与趣味性并重,强化教师教育特色。全书分六个章节,从国际视野、专业词汇、语句透析、名篇精读、英文写作、学术资源等视角,为教师教育专业英语学习提供导读。

第一章"教师教育国际视野",简要介绍了教师教育研究现状、世界一流教育学院、教师教育协会联盟等内容,在导读中分享了中外大学校训。

第二章"教师教育专业词汇",详细介绍了教师教育领域的高频关键词、常用词汇和易混词组,导读中分享了专业英语识记技巧。

第三章"教师教育语句透析",对论文题目、经典语句、英文长难句进行阐释,导读中分享了教师教育名言警句。

第四章"教师教育名篇精读",对论文摘要、开篇结语、阐述论证、时事新闻进行解读,导读中分享了古今教师节知识。

第五章"教师教育英文写作",解读了论文框架结构、参考文献著录规范、国际学术会议指南,导读中分享了外刊投稿注意事项。

第六章"教师教育学术资源",介绍了教师教育学术期刊、数字资源、研究软件,导读中分享了教师教育专业经典书目。

本书献给所有对教师教育领域感兴趣和从事学术研究的同仁。教师教育研究的内容和视角是丰富多元的,由于时间和学术水平有限,本书作为第一版问世,呈现给大家的只是教师教育研究领域的一次学术汇报,不当之处,恳请广大读者批评斧正。感念师恩,传承使命,让我们为教师教育事业发展壮大,贡献一份力所能及的力量。

乔莹莹

2017 年 9 月 10 日

目　录

第一章　教师教育国际视野 ··· **1**
　　一、教师教育研究透视 ·· 1
　　二、世界一流教育学院 ·· 6
　　三、教师教育协会联盟 ·· 14
　　〖导读〗中外大学校训 ·· 26

第二章　教师教育专业词汇 ··· **30**
　　一、教师教育"关键词" ·· 30
　　二、教师教育常用词汇 ·· 33
　　三、教师教育易混词组 ·· 62
　　〖导读〗英语识记技巧 ·· 78

第三章　教师教育语句透析 ··· **83**
　　一、论文题目双语研学 ·· 83
　　二、经典语句汉英翻译 ·· 89
　　三、专业英语长句解析 ·· 103
　　〖导读〗教师教育名言 ·· 125

第四章　教师教育名篇精读 ··· **128**
　　一、中英论文摘要精选 ·· 128
　　二、开篇结语结构范例 ·· 137
　　三、阐述论证时事新闻 ·· 150
　　〖导读〗教师节话古今 ·· 161

第五章 教师教育英文写作 ······ **164**
一、英文论文框架结构 ······ 164
二、参考文献著录规范 ······ 177
三、国际学术会议指南 ······ 183
〖导读〗外刊投稿须知 ······ 191

第六章 教师教育学术资源 ······ **195**
一、教师教育学术期刊 ······ 195
二、教师教育数字资源 ······ 206
三、教师教学研究软件 ······ 215
〖导读〗专业经典著作 ······ 223

附　录　西方教师教育思想 ······ **227**

后　记 ······ **239**

第一章　教师教育国际视野

处在教育国际化的当今世界,教师教育是一个全球性热点研究领域,为洞察国际教师教育研究概况,深入了解教师教育学科体系,把握教师教育研究脉络,寻求更广阔的研究出路,本章主要是从教师教育发展、世界一流大学、教师教育学会协会三个视角,引导读者紧跟世界教师教育研究前沿、教学前沿和组织前沿,梳理教师教育发展脉络及其趋势。

一、教师教育研究透视

中国教师教育正在发生着历史性的变革,在新时代新背景下,建设高质量的教师队伍,是办好人民满意的教育的重要举措。教师教育是教师职前培养、入职培训和在职研修等的统称,从师范教育演变而来,进入21世纪以后,教师教育发展面临新机遇和挑战,教师教育研究呈现新的时代性特点。下面回顾教师教育的发展脉络,进一步把握教师教育时代前沿热点。

(一)教师教育转型与发展

世界上最初的师范教育产生于17世纪末的德国和法国。最初的师范(教师)教育机构发端于教师培训班,是一种有目的的短期培训。最早的专门培养教师的机构——师范学校出现在欧洲。1684年拉萨尔在法国兰斯创办了第一所教师训练机构,成为人类师范教育的摇篮。1695年德国的法兰克在哈雷创办了教员养成所。这些早期的师资培训机构发展水平低、时间短,属于初等教育层次的高年级部分或初等后教育。1765年德国首先建立公立师范学校,1794年,法国在巴黎创办了第一所由政府出资的师范学校(1845年改为巴黎高等师范学校)。这些专门的师范教育机构既注重教育内容方面的教学,也注重对教师教学技能和方法的培训,除了对教师进行文化知识教育外,还开设心理学、教育学等方面的课程,并且开展教学实习,将对教师专门的教育训练看成提高教育质量的重要手段。1966年,联合国教科文组织提出了"教师教育"这一概念,将教师的培养分为职前教育、入职教育和在职教育三个连续阶段,更为准确地界定了新的时代背景下教师教育的含义。

从师范教育到教师教育,话语体系的转变源于第三次科技革命的出现,人类逐渐从工业社会进入信息社会,对教师的知识和素质提出了更高的要求,不仅要求教师具有娴熟的教育教学知识和技能,还要求其具备高深的学科专业知识和广博的科学文化知识。传统的师范教育无论从课程、师资,还是经费、设备方面,都无法满足教师培养的新要求,必须进行师范教育改革[1]。与此同时,人们逐渐认识到教师在社会进步中的重要作用,教育质量和教师素质的提高都离不开教师教育。20世纪60年代,许多国家的师范学校纷纷升格为综合性大学的师范学院或教育学院,建立研究生院,培养高级教育专门人才、教育管理人才和教学研究人才,并承担在职教师进修和培训的任务。[2]

20世纪80年代以来是发达国家教师教育发展最为迅速、新的理念和思想不断涌现的活跃期,是国际教师教育发展的一个关键期和剧变期。教师教育受到极大重视,教师的质量问题成为教师教育改革的焦点;教师能力重要性凸显,强调合格教师的认证标准;从职业定向到专业发展,推动教师教育的专业化;小学、中学教师培养一体化,教师教育的重心普遍上移;综合大学举办教师教育,提高教师教育专业的学术性和研究水平;注重加强大学与中小学的密切联系,理论与实践相结合。[3]

师范教育与教师教育各有所侧重。师范教育是相对独立和封闭的体系,属于比较单一的培养类型,对教师的培养较为注重职前阶段,没有建立教师专业发展、继续教育制度,教师职前与职后培养脱节,没有整体的、连续的规划性。

---

[1] 肖甦:《比较教师教育》,南京:江苏教育出版社,2010年,第6页。
[2] 朱旭东:《试论师范教育体制改革的国际趋势》,《比较教育研究》2000年第4期,第42-46页。
[3] 张颖:《20世纪80年代以来发达国家教师教育发展的趋势》,《高等教育研究》2010年第11期,第102-105页。

教师教育是系统的教师培养活动和教师终身教育，是职前与在职进修的统一，是正规教育与非正规教育的结合，是多层次、全方位、立体式的教师终身"大"教育。①当今社会正处于"知识授予型"向"知识创造型"转换的重要变革时期，培养适应未来社会变革的创新人才是当今世界各国教育改革的主要目标，各国在教师培养方面不断开拓与创新，各有侧重，各具特色。总的来说，教师教育逐步从职前培养、教师任用、在职研修等割裂的状态向教师教育一体化方向发展，从过去的侧重于教师被动的参加"培训"（Training）向"专业发展模式"（Development）转变。在理念层面，教师培养和培训相关理论有能力为本的教育理念、詹姆士·波特的"师资三段培训法"、教师专业化理论、反思型教师教育思潮、建构主义教师教育、教师可持续发展理论等。在实践层面，当前世界上主要有三种师资培养类型：非定向型师资培养（也叫"开放式教师教育体系"）、定向型的师资培养（也叫"封闭式师范教育体系"）以及合作型师资培养模式②。

（二）21世纪教师教育研究

十九大报告指出，中国特色社会主义进入了新时代，如何理解新时代，把握新时代，承前启后，继往开来，在新的历史条件下继续深入教师教育研究，文献分析为教师教育历史和现状研究提供了重要方法。21世纪是教师教育研究蓬勃发展的时期，回顾21世纪以来教师教育研究，学习国内外教师教育改革与创新的成功经验，对把握新时代教师教育时代前沿、掌握教师教育理论与实践研究热点、推进我国教师教育的改革有重要价值。

姜凡对2000—2015年中美两国教师教育研究期刊《教师教育研究》和 *Journal of Teacher Education* 进行文献分析，指出："中美两国教师教育研究主题都包括职前教师培养、教师专业发展和教师教育改革，但呈现出各自的特征；农村教师教育、师范生是中国教师教育领域的研究趋势，而美国为城市教师教育和职前教师教育"，同时指出"公立师范院校和公立综合型院校分别是中、美两国教师教育研究的主要机构，中美两国教师教育领域学者之间的合作都比较密切，但美国学者间的合作呈现跨校、跨学科特点，而我国以校内、同事间合作为主；中国高影响力学者分布比较集中

---

① 肖甦：《比较教师教育》，南京：江苏教育出版社，2010年，第11—12页。
② 同上书，第1—2页。

但之间的连接性较弱,而美国分布比较分散但相互之间的连接性较强"①。

郭超华用Cite Space分析了*Journal of Teacher Education*期刊2000—2015年刊载文献,指出多元文化教师培养、教师知识基础、教师教育改革、连续性教师职业指导是美国教师教育研究关注的热点领域;以视频分析和量化研究为代表的新型研究方法正成为美国教师教育研究的最新前沿主题。②

李星云等基于2000—2015年"SSCI"教师教育类专业期刊的文献计量分析发现:国际高水平教师教育研究呈现增长态势,美国占据着中心位置,中国大陆国际化研究水平需提升。国际教师教育研究以职前、数学、科学领域教师为重要研究对象,以教师知识、教师专业发展、教师学习、教师信念、效能感、认同等为重要研究主题,师生关系、文化情境、教师实践等构成其重要研究视角。国际教师教育研究的主流研究方法包括质性研究、扎根研究、叙事研究、自然研究法、个案研究等,主要理论基础包括情境、社会认知学习理论、专业行动理论、实践共同体理论、社会文化心理理论以及教育文化理论。国际教师教育研究还有累积性特征,强调本领域的经典研究、述评和报告。③

魏宏君、唐保庆使用Cite Space对SSCI和A&HCI数据库的2005—2014年间的3380条有关教师教育主题文献的引文和关键词数据统计分析,指出近十年国际教师教育研究的主要热点主题有教师知识、教师信念、教师专业发展和职前教师教育;知识基础涉及教育哲学和教育理论研究、教师教育理论研究、教育科学研究方法研究以及对已有研究的述评等方面的文献。④

吴向文、王志军对2001年至2015年间境内外教师教育类重要期刊中的6642篇文献题录信息进行了分析,分别得出了境内外该领域高影响力期刊、文献年度

---

① 姜凡:《21世纪以来中美两国教师教育研究现状及趋势——〈基于教师教育研究〉和JTE的文献计量学分析》,《现代教育管理》2016年第7期,第66—73页。
② 郭超华、闫守轩:《美国教师教育研究的热点领域与前沿主题的可视化分析——基于*Journal of Teacher Education* 2000—2015年刊载文献》,《教育理论与实践》2017年第7期,第40—45页。
③ 李云星、李一杉、穆树航:《国际教师教育研究的分布特征、研究前沿与知识基础——基于2000—2015年SSCI教师教育专业期刊的文献计量分析》,《教师教育研究》2016年第28(5)期,第115—127页。
④ 魏宏君、唐保庆:《近十年国际教师教育研究的热点与知识基础分析》,《黑龙江高教研究》2016年第2期,第101—107页。

分布,以及前10位高产学者、高产学术机构、高被引文献和前20位高频关键词等结果。从期刊角度看,*Teaching and Teacher Education*、*Computers Education*、*International Journal of Science Education*、*Journal of Teacher Education*等是境外教师教育影响力最大的期刊,《教师教育研究》《外国教育研究》《比较教育研究》是境内教师教育影响力最大的期刊。从高产作者的角度看,LEE O、VAN DRIEL JH、KORTHAGEN F、VERLOOP N等是境外教师教育领域的最高产作者,北京师范大学朱旭东、周钧和福建师范大学洪明等是境内教师教育领域最高产作者。从高频关键词的角度讲,education、teacher education、student、knowledge、teacher等是境外文献研究样本中出现频率最高的关键词;教师教育、教师教育课程、教师专业发展、教师专业化、教育技术能力等是境内文献研究样本中出现频率最高的关键词。境内外在"教师教育""专业发展""课程""职前教师"等研究课题方面有较多交叉。[①]

龚雪、余秀兰为了解我国近15年以来高校教师研究的发展现状,梳理热点问题及发展脉络,利用Cite Space软件对CSSCI收录的有关高校教师研究的970条文献题录信息进行可视化分析,结果发现:(1)从研究数量上看,高校教师研究经历了活跃增长和稳步增长两个时期;(2)从研究进程上看,经历了宏观、中观、比较与本土结合到微观层面的四个阶段;(3)从研究规律上看,呈现出由教师队伍保障建设逐渐向教师专业发展建设转变、由教学学术研究向教学发展研究转变、由宏观性研究向具有可操作性的微观研究方向发展,以解决本国高等教育发展的内在需求为起点和归宿等特征。[②]

教师教育研究呈现时代性特点,从研究主题上看,教师教育政策、教师教育改革、教师教育标准(教师资格标准、教师专业标准等)、教师专业发展、教师教育比较研究、教师任用制度、专业发展学校、教师培养培训、教师教育者、教师教育模式等都是重要的研究内容,研究视角各有不同,既可以从人文主义、多元文化、实践反思、认知、教师知识等理论角度进行研究,亦可以从教师教育信息化、专业伦理、专业意愿、课程等方面开展调查与分析。

---

① 吴向文、王志军:《2001—2015年境内外教师教育研究文献计量分析及其启示》,《教师教育研究》2016年第28(6)期,第105-114页。
② 龚雪、余秀兰:《我国近15年高校教师研究热点与脉络演进——基于Cite Space知识图谱方法的分析》,《高教探索》2017年第2期,第112-118页。

主题鲜明的学术研讨会的召开推动了教师教育研究热点话题的讨论,也为教师教育的未来研究指引了方向。如对"教师教育改革与发展"的研讨,2001年教育部人事司批准华东师范大学主办了第三届教育政策分析高级研讨会[①],2003年教育部师范司召开了"教师教育改革与发展研讨会",对教师教育改革发展、师范院校的历史使命、开放灵活的教师教育体系建构和教师教育改革发展的措施等方面做前瞻性的思考[②]。2006年信息化与教师专业发展得到日益重视,2006年5月21日至22日在浙江金华召开首届"教师教育信息化国际论坛",围绕国内外高师教育、教师职后教育以及"中小学教师教育技术能力标准"的施行等问题展开广泛研讨[③]。2006年12月中央教育科学研究所、南京师范大学和江苏省高等教育学会教师教育研究委员会主办了"全国教师教育学科建设研讨会",对学科建设展开广泛讨论。2017年10月13—16日由北京师范大学主办"第三届全球教师教育峰会"探讨提升教师教学质量和专业发展的途径,促进教育公平与卓越,实现教育公平和卓越的教师专业发展,培养多元文化背景下的教师,创新教与学的实践,培养学校和学习共同体中的领导力。

二、世界一流教育学院

《QS世界大学排名》《泰晤士高等教育世界大学排名》《世界大学学术排名》《美国新闻与世界报道世界大学排名》等,都是世界公认的最具影响力的全球性大学排名。根据2017年QS世界大学排名之教育学专业排行榜,伦敦大学教育学院、哈佛大学、斯坦福大学、剑桥大学、墨尔本大学等高校的教育学专业名列前茅。我国香港大学、香港教育学院、北京师范大学、香港中文大学、台湾师范大学等高校的教育学专业跻身2017年QS世界大学排行榜前50名。

---

① 唐玉光:《新世纪的教师教育:理论、制度、政策——第三届教师教育政策分析高级研讨会综述》,《教师教育研究》2001年第13(5)期,第5—10页。
② 刘东敏、徐金明:《新时期教师教育改革发展的前瞻与对策——"教师教育改革与发展研讨会"综述》,《教师教育研究》2003年第15(4)期,第1—7页。
③ 金美林、熊才平:《面向未来的教师教育——信息化与教师专业发展——首届"教师教育信息化国际论坛"综述》,《电化教育研究》2006年第7期,第3—4页。

表1.1 QS世界大学排名之教育学专业排名（Education）①

2017	2016	学校	国家	2017年总分
1	1	伦敦大学教育学院	英国	97.1
2	2	哈佛大学	美国	93.8
3	3	斯坦福大学	美国	91.7
4	4	剑桥大学	英国	89.4
5	7=	墨尔本大学	澳大利亚	89
6	5	牛津大学	英国	88.9
7	6	香港大学	中国	87.8
8	7=	加州大学伯克利分校	美国	87.4
9	9=	加州大学洛杉矶分校	美国	85.9
10	11	多伦多大学	加拿大	85.4
11	16	悉尼大学	澳大利亚	85.2
12	13	哥伦比亚大学	美国	84.8
13	12	香港教育大学	中国	84.4
14	18	昆士兰大学	澳大利亚	84.3
15	19	威斯康星大学	美国	83.7
16	14=	密歇根大学	美国	83.2
17	17	莫纳什大学	澳大利亚	83.1
18	14=	南洋理工大学	新加坡	82.9
19	9=	英属哥伦比亚大学	加拿大	82.3
20	23=	奥克兰大学	新西兰	81.9
21	25	密歇根州立大学	美国	80.9
22	28=	诺丁汉大学	英国	80
23	35=	阿姆斯特丹大学	荷兰	79.8
24	33=	约翰霍普金斯大学	美国	79.6

① 《2017QS世界大学学科前50排名（教育学）》, http://edu.people.com.cn/n1/2017/0310/c9320-29137402. html和https://www.topuniversities.com/university-rankings/university-subject-rankings/2017/education-training.2017-06-06。

续表

2017	2016	学校	国家	2017年总分
25=	28=	伯明翰大学	英国	79.4
25=	21=	爱丁堡大学	英国	79.4
25=	32	范德堡大学	美国	79.4
28	31	迪肯大学	澳大利亚	79.3
29	33=	智利天主教大学	智利	79
30	51–100	北京师范大学	中国	78.9
31=	37=	波士顿学院	美国	78.6
31=	21=	伊利诺大学香槟分校	美国	78.6
33	35=	麦吉尔大学	加拿大	78.4
34	23=	伦敦国王学院	英国	78
35=	30	宾夕法尼亚州立大学	美国	77.9
35=	45=	屯特大学	荷兰	77.9
37	26	香港中文大学	中国	77.7
38	41=	墨西哥国立自治大学	墨西哥	77.4
39	40	澳大利亚国立大学	澳大利亚	77.3
40	44	台湾师范大学	中国	77.1
41=	51–100	马来亚大学	马来西亚	76.9
41=	20	德克萨斯大学奥斯汀分校	美国	76.9
43	27	布里斯托大学	英国	76.6
44	37=	华盛顿大学	美国	76.5
45	51–100	昆士兰科技大学	澳大利亚	76.3
46=	45=	纽约大学	美国	76.1
46=	51–100	智利大学	智利	76.1
48	37=	芝加哥大学	美国	76
49=	48=	新南威尔士大学	澳大利亚	75.9
49=	41=	阿尔伯塔大学	加拿大	75.9

在教育学排名前五十的一流大学中，选取几所名校及教育学院，对其教师教育专业设置、教师教育项目和教师教育课程进行简要介绍。

1. 哈佛大学教育学院

哈佛大学（Harvard University），在2017年QS世界大学教育学专业排行榜中名列第二，坐落于美国马萨诸塞州剑桥市，是一所享誉世界的私立研究型大学、著名的常春藤名校成员。

哈佛大学教育学院（Harvard Graduate School of Education，简称HGSE）是美国一所优秀的教育学院，提供广泛的研究生和博士课程。教师教育项目[①]（Teacher Education Program，简称TEP）培养学生成为美国城市公立学校变革的教师领导者，认为教师领导的权力是组织和社会变革的推动者，改造城市公立学校和改善生活。在教师教育项目（TEP）中，你将学会如何成为一名对学生的一生真正和持久影响的教师。

哈佛教育学院的教师教育项目（TEP）为期11个月，以沉浸体验为指导原则，注重城市背景下的有效教学实践。教师教育项目为研究生提供两种教师执照：教学和课程（TAC）和职业生涯中期的数学和科学（MCMS），前者主要面向大学毕业生，课程设置有必修课和选修课。根据2017—2018年学业规定，要求完成36个总学分和大约675小时的课堂教学，包括9门必修课和3门选修课，这三门选修课可以在哈佛大学、麻省理工学院、塔夫斯大学、圣公会神学院等任意学校选修。

哈佛大学网址：http://www.harvard.edu

哈佛大学教育研究生院网址：http://www.gse.harvard.edu

2. 斯坦福大学教育学院

斯坦福大学(Stanford University)在2017年QS世界大学教育学专业排行榜中名列第三，是一所世界顶尖的私立研究型大学，位于加利福尼亚州，与旧金山相邻，与哈佛大学并列为美国东西两岸的学术重镇。

斯坦福大学教育学院（Stanford Graduate School of Education）历史悠久，可追溯到1891年的历史和艺术教育系，属于斯坦福大学21个最原始的系部。斯坦福大学教育学院致力于通过新的和更优的方式实现高品质的教育，并为教师和学生提供跨学科奖学金，用于从事开创性和创造性的教育理论与实践活动。学院

[①] Teacher Education Program, http://www.gse.harvard.edu/masters/tep, 2017-06-06.

拥有多学科的教师，为学生学习提供广阔的知识平台。

教育学院提供博士、硕士和本科三个层次的培养项目，斯坦福大学教育学院非常重视教师教育研究，其博士研究生比例占50%，STEP项目（Stanford Teacher Education Program）占25%，其他研究生项目，如课程教师教育、比较教育、国际教育政策分析等方向，总共占25%。

博士拥有多个专业方向，其中课程研究与教师教育专业（Curriculum Studies and Teacher Education）下设初等教育（Elementary Education）、语言与英语教育（Literacy, Language, and English Education）、历史/社会科学教育（History/Social Science Education）、学习科学与技术设计（Learning Sciences and Technology Design）、数学教育（Mathematics Education）、科学教育（Science Education）、教师教育（Teacher Education）等方向[①]。

斯坦福教师教育项目（Stanford Teacher Education Program）在美国非常知名，是一个为期12月的全日制学习项目，为小学和中学培养未来的教师领袖[②]。课程与教师教育（Curriculum Teacher Education，简称CTE）与教师教育项目（STEP）有所不同，课程与教师教育项目每年只接受少量的学生，为学校和其他教育机构有经验的人员提供，目的是培养教育领导者，培养解决教学、课程、教师教育、学校改革等理论和实践问题的工作能力。课程与教师教育项目不提供教师认证（Teacher Certification），要获得教师认证要参加教师教育项目（STEP）[③]。

斯坦福大学网址：http://www.stanford.edu

斯坦福大学教育学院网址：https://ed.stanford.edu

3. 伦敦大学教育学院

伦敦大学教育学院（UCL Institute of Education）成立于1902年，坐落于伦敦市中心罗素广场伦敦大学议事大楼西侧，为全英最大的专门从事教育及其相关学科研究的学院，是欧洲的师范培训与教育研究航母，世界著名的教育研究中心。连续多年在QS世界大学教育学专业排行榜中名列首位。

---

① Doctoral Programs, https://ed.stanford.edu/academics/doctoral, 2017-06-06.
② Stanford Teacher Education Program (STEP), https://ed.stanford.edu/step, 2017-06-06.
③ Curriculum Teacher Education (CTE), https://ed.stanford.edu/academics/masters/cte, 2017-06-06.

伦敦大学教育学院在全球的科研、教育培训、高等学位课程、教育咨询和教育相关的社会科学领域占有重要地位。在2014—2016年世界大学学科排名教育学排名中，连续三年居全球首位。学院设置有本科、硕士及博士课程，有6个学部30余个研究中心，拥有英国教育领域最大的博士生学院，专职教师和员工超过1500人，学生规模超过7600人。学院主要的课程有：初等教育与早期儿童学、心理学与人类发展学、教育基础与政治学、语言文化与交流学、课程学习与评估、艺术与人文学、数学科学与技术、终生教育、国际发展等。学院的纽萨姆图书馆是全欧洲最大的教育类图书馆，包括30多万册图书及2000种期刊，对学院所有学生每周7天免费开放，学术实力和学术资源雄厚。

网址：http://www.ucl.ac.uk/ioe

4. 牛津大学教育学院

牛津大学（University of Oxford）位于英国牛津市，是世界上现存第二古老的大学，有"天才与首相的摇篮"之称的美名，在2017年QS世界大学教育学专业排名中名列第六。

牛津大学教育学院（Department of Education）已有100多年的历史，以其领先的科研水平、强大的师资力量和具有挑战性的硕士、博士项目而享誉世界。学院设置了完整的学习体系，包括研究生见习课程和能获得ESRC国家奖学金的博士课程，该院每年都至少有130名毕业生获得继续深造的机会。牛津大学教育学院开设的课程主要有应用语言学、教育学等，还有一系列的实践课程，帮助学生学以致用。从2008年开始，学院为即将要走上教师岗位的学生提供了新的研究生见习机会。

牛津大学教育学院有近100名教职工，拥有顶级的科研水平，有很多有雄厚资金力量支持的科研项目。学院的科研主要围绕三个主题：影响力、行为力和认知力、政策与社会、教学与职业训练。每一个科研主题分为若干个研究小组，所有的教职工和学生都能参与其中研讨；此外，教育学院经常举行公开的研讨会或演讲，吸引了英国国内和国际著名的演讲家共同参与。

网址：http://www.ox.ac.uk

5. 墨尔本大学教育学院

墨尔本大学（The University of Melbourne），始建于1853年，是澳洲最古老和最杰出的大学之一，也是澳大利亚的一所重点教育研究机构，拥有高质量的研究生和世界前沿的研究生教育和本科生教育,在2017年QS世界大学教育学专业排名第五。

墨尔本大学教育学院是优秀教师和教育工作者的摇篮。墨尔本大学教育学院以高品质的教学课程、学生友好型的学习方法、深入而实用的研究为基础,建立起卓越的声誉。课程以有效课堂教学等相关研究为基础,学生在与众不同的教学环境中,使用全新的教学设施,各种正式和非正式的学习与教学空间、社交空间。

墨尔本大学教育硕士课程主要有:英语教师硕士(教授非英语国家英语);注册教师硕士(幼儿教师方向);注册教师硕士(小学教师方向);注册教师硕士(中学教师方向)。其中,注册教师硕士课程,理论联系实践,深入向学生展示学习方式等领域的专业知识。在中小学课堂教学过程中,有机地插入课堂实习,提高专业的教导水平。墨尔本大学的研究生教育课程由Melbourne Graduate School of Education(墨尔本研究生教育学院,缩写MGSE)提供。

网址:http://www.unimelb.edu.au

6. 香港大学教育学院

香港大学(University of Hong Kong)是香港第一所大学,早在1917年文学院已开办教师培训课程。香港大学1984年正式成立教育学院,是香港主要提供师资培训课程的教育机构。学院共分为七个学部,分别是(1)资讯及科技教育部;(2)语文及文学部;(3)英语教育部;(4)学习、发展及多元教育部;(5)政策、行政及社会科学教育部;(6)科学、数学及电脑教育部;(7)言语及听觉科学部。学生来自全球各地,为使学生拥有广阔的国际视野,学院鼓励学生积极参与海外活动,并提供给学生参与海外交流的机会。教育学院开办本科生、研究生及教育证书课程,教育课程涵盖多个教育范畴,主要服务职前及在职教师,部分课程为学校行政人员及研究生设置。

网址:http://www.hku.hk

7. 北京师范大学教师教育研究中心

北京师范大学[①](Beijing Normal University)是中国教育部直属重点大学,是一所以教师教育、教育科学和文理基础学科为主要特色的著名学府。学校的前身

---

① 《北京师范大学学校简介》,http://www.bnu.edu.cn/xxgk/xxjj/index.html, 2017-06-06。

是1902年创立的京师大学堂师范馆，1923年学校更名为北京师范大学，成为中国历史上第一所师范大学。经过百余年的发展，学校秉承"爱国进步、诚信质朴、求真创新、为人师表"的优良传统和"学为人师，行为世范"的校训精神，形成了"治学修身，兼济天下"的育人理念。

北京师范大学教师教育研究中心[①]（Center for Teacher Education Research at Beijing Normal University）成立于2004年11月，是教育部普通高校人文社会科学重点研究基地，全国唯一从事教师教育研究的国家重点研究单位。中心下设四个研究部：教师及教师教育历史和理论研究部、教师及教师教育管理和政策研究部、教师教育课程和教学研究部、教师领导与专业发展研究部。

中心注重人才培养，积极推动教师教育学科建设，分别于2007年9月与2010年9月开始招收"教师教育专业"三年制硕士生与博士生，设计了理论与实践结合的模块化研究生培养方案，致力于我国高层次的教师教育研究人才和中小学教学人才的培养，逐步建立一个硕士、博士和博士后的教师教育研究人才体系和中小学教师培养的有效模式知名中心。中心与英国诺丁汉大学教育学院签订并实施联合培养教育哲学博士项目；研制并实施"北京师范大学学士后教师教育专业培养方案"，培养具有国际视野双语能力、反思与研究能力、课程和教学领导能力、学校改进能力以及信息技术与课程整合能力的未来教师，尤其是国际视野双语教育能力的培养将对我国教师培养进行新的尝试。

中心师资力量雄厚，拥有朱旭东、朱小蔓、庞丽娟、卢乃桂等知名教授，以及 Christopher Day, Ken Zeichner, Lin Goodwin, Lynn Paine 等国外知名学者，对教师和教师教育开展跨学科的综合研究，成为教师教育研究人才的培养中心，教师教育学科、教师及教师教育政策、教师领导和专业发展等领域的研究中心，教师及教师教育研究信息交流中心，教师教育研究国际交往中心以及教师教育政策咨询的思想库，并为我国教师专业发展提供知识支持和服务。教师科学研究成果丰硕，专兼职人员承担国家重大攻关项目、基地重大项目、横向纵向课题百余项，发表专著三十余部，在国际与国内有影响力的期刊杂志上发表论文三百余篇。北京师范大学教育学学科能力保持国内领先地位，获得国际认可，在科学研究、人才培养、高层次人才队伍建设和教师队伍国际化、社会服务、国际化建设等方面

[①] 《北京师范大学教师教育研究中心概况》，http://www.cter.net.cn/?about/tp/244.html，2017-06-06。

都取得了标志性成果。

北京师范大学网址：http://www.bnu.edu.cn

北京师范大学教师教育研究中心网址：www.cter.net.cn

8. 南洋理工大学国立教育学院

新加坡1950年成立教师培训学院（Teachers' Training College），1991年7月成立国立教育学院。国立教育学院（NIE）是新加坡南洋理工大学（Nanyang Technological University）的一所独立学院，是新加坡唯一的教师教育学院，提供各级教师教育，从小学、中学的教师预备课程，到在职教师、部门负责人、副校长和校长的课程，一应俱全。国立教育学院具有专科、本科、硕士与博士学生，在校生近5000名，拥有通识教育、母语教育学、音乐教育、艺术教育、家庭教育、体育、特殊教育、17世纪英国文学与19世纪美国文学、代数、认知心理学与发展心理学、比较文学、后殖民主义文学、课程与教学等多个专业方向。

网址：http://www.ntu.edu.sg

三、教师教育协会联盟

国际上有许多知名的教师组织和协会，为推动教师专业发展，保障教师权益发挥重要作用。这里主要就全美教育协会（National Education Association）、美国教师联盟（American Federation of Teachers）、英国大学教师与教育发展协会（Staff and Educational Development Association）以及中国高等教育学会教师教育分会、中国教育学会教师培训者联盟做简要介绍。

1. The National Education Association

The National Education Association (NEA), the nation's largest professional employee organization, is committed to advancing the cause of public education. NEA's 3 million members work at every level of education—from pre-school to university graduate programs. NEA has affiliate organizations in every state and in more than 14,000 communities across the United States.

HISTORY OF NEA[①]

In 1857, one hundred educators answered a national call to unite as one voice in the cause of public education. At the time, learning to read and write was a luxury for most children—and a crime for many Black children. One hundred and fifty years later, public education and the profession of teaching are transformed. In 1966 we joined forces with the American Teachers Association. Since then, our voice has swelled to 3.2 million members, and what was once a privilege for a fortunate few is now an essential right for every American child, regardless of family income or place of residence.

Since its beginning, the National Education Association has been ahead of its time, crusading for the rights of all educators and children. Learn more about NEA's rich history, from welcoming Black members four years before the Civil War and electing a woman as president a full decade before Congress granted women the right to vote, to the 1966 merger with the American Teachers Association during the height of the Civil Rights Movement.

Our four-part NEA Today series, Answering the Call: A History of the National Education Association, honors the legacy and impact of public education and educators in America.

NEA'S VISION, MISSION, AND VALUES[②]

We, the members of the National Education Association of the United States, are the voice of education professionals. Our work is fundamental to the nation, and we accept the profound trust placed in us.

Our vision is a great public school for every student.

Our mission is to advocate for education professionals and to unite our members and the nation to fulfill the promise of public education to prepare every student to succeed in a diverse and interdependent world.

These principles guide our work and define our mission:

---

① About NEA, http://www.nea.org/home/2580.htm, 2017-06-06.
② NEA's Vision, Mission, and Values (Adopted at the 2006 NEA Representative Assembly), http://www.nea.org/home/19583.htm, 2017-06-06.

1) Equal Opportunity. We believe public education is the gateway to opportunity. All students have the human and civil right to a quality public education that develops their potential, independence, and character.

2) A Just Society. We believe public education is vital to building respect for the worth, dignity, and equality of every individual in our diverse society.

3) Democracy. We believe public education is the cornerstone of our republic. Public education provides individuals with the skills to be involved, informed, and engaged in our representative democracy.

4) Professionalism. We believe that the expertise and judgment of education professionals are critical to student success. We maintain the highest professional standards, and we expect the status, compensation, and respect due all professionals.

5) Partnership. We believe partnerships with parents, families, communities, and other stakeholders are essential to quality public education and student success.

6) Collective Action. We believe individuals are strengthened when they work together for the common good. As education professionals, we improve both our professional status and the quality of public education when we unite and advocate collectively.

NEA also believes every student in America, regardless of family income or place of residence, deserves a quality education. In pursuing its mission, NEA has determined that we will focus the energy and resources of our 3.2 million members on improving the quality of teaching, increasing student achievement and making schools safer, better places to learn.

全美教育协会简介

全美教育协会（National Education Association，简称NEA）是美国最大的教师专业组织，致力于推进公共教育事业，现拥有300多万名成员，在美国各州和14000多个社区建立了附属组织。全美教育协会历史悠久，最早可追溯到1857年，为响应全国号召，建立公共教育事业。1966年，与美国教师协会合并，促进了教育工作者和各族学生的人权和公民权利。协会积极地影响政府教育决策、维护教师权益、提升教师专业地位、提高教育服务质量,从而极大地推动了美国公共教育发展。

全美教育协会有个非常美好的愿景,致力于使每个学生在多元化和相互依存的世界中取得成功。全美教育协会的核心价值包括:机会均等、公正社会、民主、专业化、伙伴关系和集体行动。

NEA常设机构有全国专业权利和责任委员会(the National Commission on Professional Rights and Responsibilities,简称PR&R)、教学和专业发展委员会(Instruction and professional development)、全国教师教育与专业标准委员会(the National Commission on Teacher Education and Professional Standards,简称NCTEPS)、课堂教师分部(the Department of Classroom Teachers),以及负责教师福利、教师权益等服务机构。

全美教育协会极大地推动教师专业化。协会自成立起就以"专业主义"为取向,倡导提高教师教学的专业标准,提升教学的专业性,向社会提供高质量的服务,以获得社会的认可,提高教师的专业地位。全美教育协会对教师专业化的推动策略主要在于:采取措施改善教师经济条件,维护教师合法权益;参与政府的政治进程,影响政府有关教师的教育决策;制定专业伦理规范,规范教师专业行为,彰显教师专业精神;规范教师专业教学标准,保障教学服务质量等方面,在教师专业化发展的进程中充当最重要的角色。[1]

全美教育协会网址:http://www.nea.org

2. American Federation of Teachers

AFT, a union of professionals, which was founded in Chicago, with eight locals signing on as AFL President Samuel Gompers welcomed the union into its fold in 1916, leading on education reform, staunch support for human and civil rights.

ABOUT AFT[2]

The American Federation of Teachers, an affiliate of the AFL-CIO, was founded in 1916 and today represents 1.7 million members in more than 3,000 local affiliates

---

[1] 朱宛霞:《全美教育协会推动教师专业化的策略研究》,华中师范大学,2007年,第6—7页。
[2] About Us, https://www.aft.org/about,2017-11-21.

nationwide.

Five divisions within the AFT represent the broad spectrum of the AFT's membership: pre-K through 12th-grade teachers; paraprofessionals and other school-related personnel; higher education faculty and professional staff; federal, state and local government employees; and nurses and other healthcare professionals. In addition, the AFT represents approximately 80,000 early childhood educators and nearly 250,000 retiree members.

The AFT is governed by its elected officers and by delegates to the union's biennial convention, which sets union policy. Elected leaders are President Randi Weingarten, Secretary-Treasurer Lorretta Johnson and Executive Vice President Mary Cathryn Ricker, along with a 42-member executive council.

Many well-known Americans have been AFT members, including John Dewey, Albert Einstein, Hubert Humphrey, Pulitzer Prize-winning author Frank McCourt, Nobel Peace Prize winner Elie Wiesel, former Senate Majority Leader and Ambassador to Japan Mike Mansfield, former Health and Human Services Secretary Donna Shalala, and former United Nations Undersecretary and Nobel Peace Prize winner Ralph Bunche.

MISSION[①]

The American Federation of Teachers is a union of professionals that champions fairness; democracy; economic opportunity; and high-quality public education, healthcare and public services for our students, their families and our communities. We are committed to advancing these principles through community engagement, organizing, collective bargaining and political activism, and especially through the work our members do.

美国教师联盟简介

美国教师联盟（American Federation of Teachers）与全美教育协会（National Education Association）是美国最大的两个教师组织。

---

① Mission, https://www.aft.org/about/mission,2017-11-21.

美国教师联合会成立于1916年,是美国劳工联合会、产业联合会(AFL-CIO)的下属机构,后发展迅速,影响深远,如今在全国3000多个地区分支机构中有160万名成员。美国教师联合会成员被划为五类,分别是(1)前幼儿园到12年级教师;(2)非专职人员和其他学校相关人员;(3)高等教育教师和专业人员;(4)联邦、州和当地政府雇员;(5)护士和其他卫生保健专业人士。此外,AFT代表中有约80000儿童早期教育工作者和近250000名退休成员。许多著名的美国人都是AFT成员,包括杜威、爱因斯坦、休伯特、普利策文学奖得主弗兰克·迈考特、诺贝尔和平奖得主埃利·威塞尔、前参议院多数党领袖和驻日本大使曼斯菲尔德等。

美国教师联盟的组织目标和功能,包括争取谈判的权利,促进地方及州教师联盟的互助合作,争取教师应得的权利,提升教育水准,改善护理保育人员素质,提升教师素质并确保良好的工作条件和工作环境,教育改革,增进学生福利,促进社会福利,促进民主,鼓励州及地方成立退休教师组织,反对因性别、种族、政治、经济等因素受到不平等的待遇。

美国教师联盟网址:http://www.aft.org

3. Staff and Educational Development Association

SEDA[①] is the professional association for staff and educational developers in the UK, promoting innovation and good practice in higher education.

SEDA is seen by many as the shaper of thought and initiator of action in staff and educational development, not only in the UK but in the international domain also.

HISTORY OF SEDA[②]

SEDA was formed in 1993 by the merger of the Standing Conference on Educational Development (SCED) and the Staff Development Group of the Society for Research into Higher Education (SRHE). The Association for Education and Training Technology merged with SEDA in 1996.

---

① ABOUT SEDA, https://www.seda.ac.uk/about, 2017-11-21.
② HISTORY OF SEDA, https://www.seda.ac.uk/history-of-seda, 2017-11-21.

CORE MISSION AND VALUES[①]

图1.1　Core Mission of SEDA

CORE MISSION

SEDA's objective is the advancement of education for the benefit of the public, particularly through improvement of educational and professional development in higher education. To this end, SEDA offers its members and the wider education community, including university and college based higher education, relevant and valued activities, professional recognition opportunities, and publications in order to:

1）Enhance capability in leading and supporting educational change;

2）Deliver and support the professional development of new and experienced academic staff; staff in learning and teaching support roles; and those involved in special initiatives to enhance and develop learning and teaching across the higher education sector;

3）Lead and support improvements in the quality of students' educational experiences;

4）Support institutional members in relation to strategic educational change and development;

---

① CORE MISSION AND VALUES, https://www.seda.ac.uk/core-mission-values, 2017-11-21.

5) Foster, through scholarship, a greater understanding of educational development, the teaching process and the nature of students' learning.

VALUES

SEDA is a values-driven organisation, committed to educational development, and underpinned by the following values:

1) Developing understanding of how people learn;

2) Practising in ways that are scholarly, professional and ethical;

3) Working with and developing learning communities;

4) Valuing diversity and promoting inclusivity;

5) Continually reflecting on practice to develop ourselves, others and processes.

SEDA'S ACTIVITIES FOCUS ON FIVE MAIN AREAS:[①]

1) Professional Development

SEDA offers a range of professional development opportunities to individuals and institutions; including the Senior Fellowship, Fellowship and Associate Fellowship schemes, courses in supporting and leading educational change and the Professional Development Framework (PDF).

2) Conferences and Events

SEDA organises and runs two residential conferences each year, a Writing Retreat and occasional one-day events.

3) Publications

SEDA publishes *SEDA Papers* and *SEDA Specials* on topical issues, *Educational Developments magazine*, the journal *IETI (Innovations in Education and Teaching International)*, and the SEDA series of books in collaboration with Routledge.

4) Research

SEDA's Scholarship and Research Committee promotes research, scholarship and evaluation in staff and educational development as a means of bringing about understanding of, and further improvements in, our practices.

---

① ACTIVITIES, https://www.seda.ac.uk/activitie, 2017-11-21.

5) Membership Services

SEDA members benefit from a range of services, including regular mailings, copies of SEDA publications, eligibility to apply for the SEDA Research and Development Grants as well as discounts on publications.

英国大学教师与教育发展协会简介

英国有许多教师组织,如全国教师联合会、全国男女教师协会、教师与讲师协会、教师专业协会以及全国校长协会等。在长期的历史发展过程中,教师组织经常运用主张、联盟、集体谈判、政治活动和罢教等策略影响教育政策的制定和实施,对英国教育改革和发展产生了较大影响。[①]

英国大学教师与教育发展协会(Staff and Educational Development Association,简称SEDA)成立于1993年,是英国教师与教育发展者的联盟,旨在促进创新以及高等教育的良好实践。它被视为教师与教育发展思想的塑造者以及行动的发起者。SEDA是由教育发展的常务会议(SCED)以及高等教育教师发展协会(SRHE)合并而成。1996年教育与培训技术协会与SEDA合并。经过20年的发展,SEDA对英国,甚至在整个国际领域都产生了较为深远的影响。高等教育教师以及对高等教育感兴趣的机构及个体都可以加入到该协会中,通过相应课程的学习,获得认证,从而促进了成员的专业发展。SEDA支持并引领教育变革,它主要进行以下五个方面的活动:专业发展、会议与重要活动、出版、研究以及为成员提供相应的服务[②]。

SEDA的核心使命包括:(1)提高领导和支持教育变革的能力;(2)提供和支持专业发展,包括新的和有经验的学术人员、学习和教学支持的工作人员,以及通过高等教育部门促进学习和教学发展与创新的人员;(3)领导和支持改善学生教育经验的质量;(4)支持与教育变革和发展有关的机构成员;(5)通过奖学金,对教育发展、教学过程和学生学习的本质有更深入的了解。

SEDA的核心价值观包括:(1)加深理解人们如何学习;(2)以学术性、职业

---

① 张蕊、周小虎:《英国教师组织及其影响教育政策制定的策略》,《外国教育研究》2011年第3期,第51-55页。
② 吴薇、陈春梅:《英国大学教师与教育发展协会:支持并引领教育变革》,《高教发展与评估》2014年第5期,第38-47页。

性和道德性的方式进行实践;(3)与学习共同体合作和发展;(4)重视多样性和促进包容性;(5)不断反思实践,发展自己、他人。

英国大学教师与教育发展协会网址:http://www.seda.ac.uk

4. Teacher's Education Branch of the National Association of Higher Education

Teacher's Education Branch of National Association of High Education[①], founded on September 25, 2003, is a non-governmental academic association focusing on educational research.

The National Association of Teacher's Education is a non-governmental academic organization for K-12 teachers and educators. Within three years, nearly 1,000 teachers, educators, education experts and school principals from more than 500 normal universities, education research institutes and administrative organizations for education became members of the Association.

TENET OF TEACHER'S EDUCATION BRANCH

Under the direction of the Ministry of Education, the National Association of Higher Education, guided by Marxism-Leninism, Mao Zedong Thought, Deng Xiaoping Theory, and "Three Represents" important thought, executing the education policies and "Two Hundreds Policy" made by Chinese Communist Party, adhering to the principle of theory combined with practice, organizing and holding together teachers, education researchers, and other teaching staff who are devoted to the research of teacher's education and administration. We aim at promoting Chinese teacher's professional development by studying the problems in teacher's education and administration, disseminating and spreading useful experience, and exploring scientific methods.

MISSION OF TEACHER'S EDUCATION BRANCH

1) To implement the Ministry of Education's policy of the concerning teaching staff, to conduct academic research concerning teacher's education and to solve

---

① Teacher's Education Branch of the National Association of Higher Education, http://www.teacherclub.com.cn/tresearch/channel/company/xhgk.html, 2017-11-21。

problems in administrative theory and practice, to accelerate the development in educational areas;

2) To collaborate with governmental educational administrative departments, conduct surveys, research, evaluation, and to provide materials for democratic and scientific decision-making on educational policies;

3) To organize seminar and conferences about teacher's education and administration;

4) To organize and promote the development of technical works, textbooks, and online resources about teacher's education and administration;

5) To provide professional training and consulting services;

6) To organize competitions and presentations of teacher's education research.

中国高等教育学会教师教育分会简介

中国高等教育学会教师教育分会[①]（Teacher's Education Branch of the National Association of Higher Education）是2003年9月25日正式成立的教师教育学术团体。教师教育分会是面向广大中小学教师和教师教育工作者的群众性学术组织。在全国教育改革与发展的新形势下，全国教师教育学会以先进的教育理念、优质的教育资源、科学的管理制度、现代教育技术手段，共同搭建教师发展的阶梯，为建立教师的终身学习机制、促进教师的发展、建设一支高素质的教师队伍而努力。

教师教育分会的宗旨是在教育部和高教学会的领导下，以马列主义毛泽东思想、邓小平理论和"三个代表"重要思想为指导，贯彻执行党的教育方针和"双百"方针，坚持理论联系实际的原则，团结和组织有志于教师教育和教师管理研究的广大教师、教育科研人员及其他教育工作者，进行教师教育和教师管理的理论与实际问题的研究，配合各级教育行政部门组织开展力所能及的科研与教育教学改革实践活动。

教师教育分会的任务包括：（1）贯彻执行教育部关于教师队伍建设的方

[①] 《中国高等教育学会教师教育分会简介》，http://www.teacherclub.com.cn/tresearch/channel/company/xhgk.html, 2017-11-21。

针、政策,开展以教师教育和教师管理理论与实践问题为主的学术研究,推进教师教育事业及教育科研工作的发展;(2)接受教育行政部门委托,开展相关的课题研究、调研、评估、教改实验等活动;(3)举办教师教育和教师管理的理论研讨会,开展国内国际学术交流活动;(4)组织、推动有关教师教育与教师管理的学术论著、课程教材、远程教育资源的开发与研制工作;(5)组织开展教师培训活动和咨询服务;(6)组织教师教育科研成果的评选和展示等活动。

不仅中国高等教育学会成立了教师教育分会,中国教育学会于2016年11月23日领导成立了"中国教育学会教师培训者联盟"[1],并举办了首届"教师培训者专业发展论坛",为教师培训者的专业发展提供交流平台、研究基地与系统化解决方案,使其研究更具系统性,实践更具专业性。

"中国教育学会教师培训者联盟"是在中国教育学会领导下,由上海市教育学会和华东师范大学联合倡议并协同上海市师资培训中心、山东省中小学师训干训中心,以及北京师范大学、东北师范大学、华中师范大学、西南大学、陕西师范大学、西北师范大学、上海师范大学等高校的相关学院共同发起,并吸纳多家高等院校、各级教育学院、教师进修学校(院)等从事教师培训的专业单位以及个人组建的公益性、合作性、专业性的行业协作平台,以"成就教师培训者的专业梦想"为宗旨,致力于为教师培训者创设相互学习、研讨的学术交流机会,共同探索教师培训的系统解决方案以及教师培训者的专业发展路径。

联盟的目标任务是以"中国教育学会教师培训者联盟"为交流研讨平台,关注与适应国际国内教师培训发展的趋势,聚焦我国教师在职培训的理念、内容、模式、技术等关键问题,通过整合国内外优质教师培训资源,创新教师培训资源流通的灵活机制,为教师培训者的专业发展提供交流平台、研究基地与系统化解决方案,探索培训者专业发展的有效机制与途径。

联盟的行动目标是建立成员之间的常态化研讨与交流活动,加强成员间的深度沟通、协同与联动,加强培训行业自律,形成教师培训者学术研究、实践交流、资源共建共享的平台。具体体现在:(1)合作开展研究,共同攻克教师培训理论与实践中的瓶颈问题;(2)定期举办年度会议,发布专业资讯、调查结果、

---

[1] 《中国教育学会教师培训者联盟介绍》,http://mp.weixin.qq.com/s/DaiblEddkXEYpOV6BoHHAQ, 2017-06-06。

分析报告和应用数据等研究成果；(3)通过征集、遴选、评审等方式评选各类培训实践典范；(4)研究与构建培训者能力框架与标准，规范与提升培训者团队专业水准；(5)探索新技术、新模式在教师培训中的应用；(6)提炼与分享优质课程资源、优秀培训模式，形成资源联动互通、共建共享的氛围与机制。

资源链接：

华东师范大学教育学部网址：http://www.ed.ecnu.edu.cn

东北师范大学教育学部网址：http://edu.nenu.edu.cn

首都师范大学教育学院网址：http://jyxy.cnu.edu.cn

上海师范大学现代校长研修中心网址：http://web.shnu.edu.cn/mprtc/main.htm

教育部全国高校教师网络培训中心网址：http://www.enetedu.com

中国教师研究网网址：http://www.teacherclub.com.cn

教育部小学校长培训中心网址：http://pdn.bnu.edu.cn

教育部中学校长培训中心网址：http://www.ntcssp.ecnu.edu.cn

上海市师资培训中心网址：http://www.shttc.org

〖导读〗中外大学校训

校训（University Mottos）是广大师生共同遵守的基本行为准则和道德规范，是学校办学思想、文化精神、建校传统、办学特色、治校精神的综合反映，也是教风、学风、校风的集中体现，校训是校园文化建设的重要内容，在很大程度上反映了大学文化精神的核心内容。很多国外名校的校训来自拉丁文，根据部分中英译文[①]，进一步了解国外高校的育人理念和文化。

（一）外国大学校训

Cambridge University: Here light and sacred draughts

剑桥大学：求知学习的理想之地

Harvard University: Veritas (Latin for "truth")

---

① 整理于名校官方网站和《中国各大名校校训（双语）》http://kyfy.xdf.cn/201207/3297455.html。

哈佛大学：真理

Massachusetts Institute of Technology: Mind and Hand

麻省理工学院：手脑并用（创造世界）

Oxford University: The Lord is my light

牛津大学：上帝乃知识之神

Princeton University: In the Nation's Service and in the Service of All Nations

普林斯顿大学：为国家服务，为世界服务

University of Chicago: Let knowledge grow from more to more; and so be human life enriched

芝加哥大学：益智厚生

University of Sydney: The stars change, but the wisdom is constant

悉尼大学：繁星纵变，智慧永恒

Yale University: Truth and Light

耶鲁大学：真理和光明

（二）中国大学校训

香港理工大学：开物成务 励学利民

Hong Kong Polytechnic University: To Learn and to Apply for the Benefit of Mankind

北京大学：爱国 进步 民主 科学

Peking University: Patriotism, Advancement, Democracy and Science

清华大学：自强不息 厚德载物

Tsinghua University: Self-discipline and Social Commitment

中国人民大学：实事求是

Renmin University of China: Seek Truth from Facts

复旦大学：博学而笃志 切问而近思

Fudan University: Rich in Knowledge and Tenacious of Purpose; Inquiring with Earnestness and Reflecting with Self-practice

武汉大学：自强 弘毅 求是 拓新

Wuhan University: Improve Yourself, Carry Forward Stamina, Seek Truth and

Develop Innovations

浙江大学：求是创新

Zhejiang University: Seek Truth and Be Creative

山东大学：气有浩然 学无止境

Shandong University: Noble in Spirit; Boundless in Knowledge

南京大学：诚朴雄伟 励学敦行

Nanjing University: Be Honest and Intelligent, Study Hard and Act Sincerely

东南大学：止于至善

Southeast University: Strive for Perfection

厦门大学：自强不息 止于至善

Xiamen University: Pursue Excellence, Strive for Perfection

中山大学：博学 审问 慎思 明辨 笃行

Sun Yat-sen University: Study Extensively, Enquire Accurately, Reflect Carefully, Discriminate Clearly, Practise Earnestly

（三）师范大学校训

北京师范大学：学为人师，行为世范

Beijing Normal University: Learn to be an Excellent Teacher; Act as an Exemplary Person

华东师范大学：求实创造，为人师表

East China Normal University: Seek Truth, Foster Originality; and Live up to the Name of a Teacher

华南师范大学：艰苦奋斗、严谨治学、求实创新、为人师表

South China Normal University: Foster the spirit of working hard; Pursue studies with utmost rigour; Seek truth from facts to blaze new trails; And be a model of virtue for others.

当前有4所高校开设教师教育博士点，14所高校开设教师教育硕士点，其校训有何特点？与国外大学、其他大学的校训有什么不同？如何翻译？

东北师范大学：勤奋创新，为人师表

上海师范大学：厚德 博学 求是 笃行

首都师范大学：为学为师、求实求新
天津师范大学：勤奋严谨，自树树人
河北师范大学：怀天下，求真知
南京师范大学：正德厚生，笃学敏行
浙江师范大学：砺学砺行，维实维新
杭州师范大学：勤慎诚恕　博雅精进
华中师范大学：求实创新、立德树人
湖北师范大学：诚、毅、勤、敏
广西师范大学：尊师重道，敬业乐群
四川师范大学：重德　博学　务实　尚美
云南师范大学：刚毅坚卓

本章小结

随着教育国际化的发展，教师教育发展成为一个世界性课题，要了解教师教育国际最新动态、领域研究前沿，掌握国际一手资料，同时将国内最新研究成果，向世界展示交流，最有效途径之一就是学好专业英语，融入国际话语体系。本章"教师教育国际视野"简要回顾了教师教育的发展历史，展示了21世纪教师教育研究现状和特征，翻译并介绍了世界一流大学、教育学院及其教师教育专业方向、人才培养、课程设置等情况，进一步介绍了教师教育协会、学会和联盟的情况，最后分享了中外大学校训。本章从中文阐释、译文到中英文对照、翻译解析的层层递进的结构编排，为教师教育专业词汇、语句翻译、篇章阅读和专业写作等篇章做铺垫。

第二章 教师教育专业词汇

英语三大要素包括语音、语法和词汇，因此词汇是英语学习的基础，是英语学习过程中的重要部分。随着教育国际化的到来，教师教育专业英语教学目标的不断提高，教师教育专业性不断增强，对专业英语词汇、专业词组的要求不断提高，撰写论文的中英文题目、摘要、关键词中，也涉及专业词汇的精准翻译，因此，学好英语词汇至关重要。本章主要分为关键词、词汇、词组三部分；首先介绍了教师教育学术论文的高频领域及高频关键词；其次介绍了教师教育常用词汇及其教育含义；再次对教师教育易混词组进行辨析，最后阐述了专业英语识记技巧，包括利用词典学好单词、如何记忆英语词组、如何与"健忘"做斗争等。

一、教师教育"关键词"

为了准确把握21世纪以来中国以及国外教师教育的研究主题，运用NoteExpress对中国知网以及Library of Congress进行各个学科以及关键词全网搜索（见图2.1和图2.2）。学科频数高低反映了不同学科的学者们对教师教育领域的研究关注度，关键词是对文献主题的简要概括和对作者研究重点的提炼，通过学科分析和关键词分析，在一定程度上展现教师教育领域的研究热点。

中国知网近十年有关教师教育文献的学科分布可以看出：(1)教育理论与教育管理、高等教育、中等教育、学前教育、初等教育，是出现频次最高的类别，(2)体育、美术书法雕塑与摄影等冷门学科的出现，教师教育研究的领域在不断地扩大。

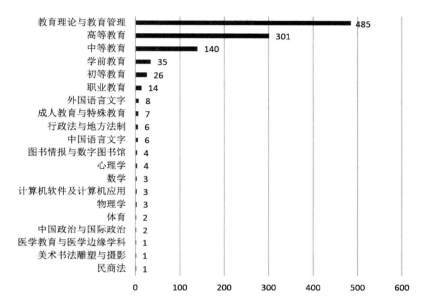

图2.1 中国知网近十年教师教育文献的学科分布

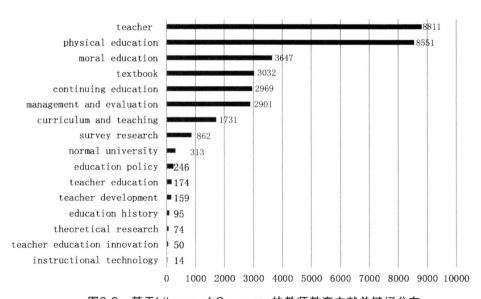

图2.2 基于Library of Congress的教师教育文献关键词分布

从高频关键词的角度讲，teacher, curriculum and teaching, management and evaluation, continuing education, textbook, moral education, physical education等是文献研究样本中出现最高的关键词，而且这些研究课题有较多交叉。

进一步对上述关键词进行检索，以"teacher education"为例，对近10年（2008年—2017年）中国知网文献库中的文献量（其中2017年是预测值）进行整理，可以看出教师教育研究数量总体呈上升趋势，研究数量每年递增。

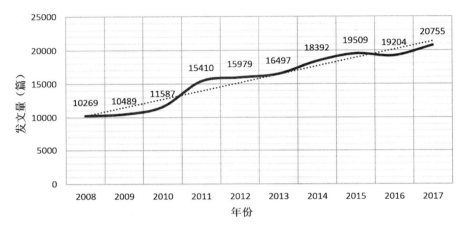

图2.3 "teacher education"主题文献发表年度趋势

教师教育研究成果数量逐年呈上升趋势，在理论和实践层面极大地促进了教师教育学科的发展。这十年中（2008年—2017年），国内众多研究者对教师教育学科的研究提出了颇具建设性的思路。上海师范大学现代校长研修中心陈永明教授等人，从教师教育的专业实践导向、学科制度建设、课程体系建设和专业学科队伍建设四个角度对教师教育学科建设提出了自己的看法[1]，王健指出教师教育学科构建的重点应放在学科制度与课程体系上，基石是学科队伍与研究水平[2]，把"专业的教师"作为教师教育学的逻辑起点[3]。浙江师范大学杨天平教授从"教师教育"概念本身出发，认为教师教育学科建设的核心概念是"教师教

---

[1] 陈永明、王健：《"教师教育学"学科建立之思考》，《教育研究》2009年第1期，第53—59页。
[2] 王健：《教师教育的学科化建设及其思考》，《教师教育研究》2014年第26期第2卷，第92—93页。
[3] 王健：《教师教育学的逻辑起点探究》，《教师教育论坛》2014年第27期第8卷，第12页。

育",主张通过科研等途径,号召专业研究人员,组建研究团队,完善教研制度等措施[①]。杭州师范大学肖正德教授根据系统论理论把"教师教育学"划分为三大部分,即教师教育哲学与历史(教师教育哲学和教师教育史)、教师教育活动与过程(教师教育课程论、教师教育教学论以及教师专业成长)以及教师教育政策与管理(教师教育政策与法规、教师教育管理理论)[②]。在教师教育学科建构不断完善的同时,我们还应当看到,当前教师教育的相关研究在学术界仍然处于初始阶段,教师教育理论体系与实践研究还有待进一步加强。学术期刊需提升国际影响力,打造国际化学术交流平台。学者应增强国际交流意识,增加国外期刊投稿量。学术机构应加强国际交流合作,向国际顶尖团队靠拢。学术研究须注重积淀,营造可持续学术领域[③]。

二、教师教育常用词汇

语言是一种社会现象,是人们凭借信息的输入与输出进行交际的行为。而对于英语初学者来说,主要是通过听、读等方式进行大量的信息输入,待语言积累到一定程度,将对所学知识进行交流运用——即语言输出,对英语初学者来说词组则是具有语意作用和语用价值的最小信息单元,是英语初学者在英语学习中的必经之路,每个英语学习者都必须通过对这些最小的语用单元的积累、运用进而循序渐进地达到英语学习的最高峰。教师教育专业学生需要掌握专业基本词汇,满足专业学习的要求。

本章整理的教师教育专业词汇及词组主要来源于1998年8月由上海教育出版社出版的《教育大辞典》(12卷本)及之后的增订合卷本;(英)德·朗特里主编,陈建平等译,1988年3月由上海译文出版社出版的《西方教育词典》;周南照编,2003年4月由科学出版社出版的《英汉教育词典》等。为了强化教师教育的专业性,主要选取了教师教育关联性较强的词汇,并主要从教育学相关角度对其解释,单词、词义与释义呈左、中、右排列,词义和释义供参考。

---

① 杨天平:《呼唤现代教师教育学的学科建设》,《教育理论与实践》2009年第19期,第28-32页。
② 肖正德:《系统论视域下教师教育学科体系之特质与构架》,《教育研究》2014年第7期,第101-108页。
③ 吴向文、王志军:《2001—2015年境内外教师教育研究文献计量分析及其启示》,《教师教育研究》2016年11月第28卷第6期,第113页。

ability	能力，技能	一个人的能力是他在从事某些体力或脑力活动时所展现的才能。~ of imagination 想象力；~ of cognition 认知能力
abitur	中学毕业证书	以考试为基础的中学毕业证书，凭此证书才能有资格接受高等教育
abstract	摘要，概要	是以提供文献内容梗概为目的，不加评论和补充解释，简明、确切地记述文献重要内容的短文。其基本要素包括研究目的、方法、结果和结论
accreditation	认可	校外被认可的公正机构对某教育机构的学术标准（academic standards）所给予的承认和赞同
academy	①专科院校	指经国家教育部批准设立，进行专科教育的普通高等学校
	②研究院，学会	一种专门鼓励和发展艺术、文学、科学等的官方组织
academic	①大学教师	高等教育场所中的教师以及研究人员
	②学术的	学术活动方面的，特别是关于一门学科方面的
academy	①中等学校	私立中学或私立中等学校
	②学校	苏格兰和加拿大的私立或公立学校（maintained schools）
	③高等专科院校	特种高等教育院校，如军事学院（military academy）
	④学会	促进艺术、音乐、文学或科学的机构，如皇家学会
	⑤柏拉图学园	柏拉图（Plato）建立的并以他讲授哲学的校园命名的哲学学校
academician	院士	院士是某些国家所设立的科学技术方面的最高学术称号，一般为终身荣誉。在中国，院士通常指中国科学院院士或中国工程院院士
accredited	鉴定合格的，达到标准的	符合官方的质量和标准； a fully accredited school/university/course充分鉴定合格的学校/大学/课程
achievement	成绩	一是指"成功的业绩，成效"；二是指"工作或学习所取得的成就、收获"
acquired	后天的	与"先天的（innate）"相对，教育学上指个体出生后获得的个性品质。 ~ character 人或生物在后天生活中由学习得来的心理特性，如语言、知识、技能和技巧、价值观念、道德规范、行为习惯等

续表

adviser	指导员	在地方教育当局（LEA）工作的人员。他的职责是在教授某一门课程或对一定年龄的儿童进行教育的教学方法，协助挑选新教师和提供在职培训（in-service training），有时候也尽视导员（inspector）的职责
aides	助手	同 auxiliary 辅助员或英国的 helper 辅导员，他们在课堂上协助教师，通常担任非教学辅助工作，如收午饭费或装置教具
aims	目的	表示为教师为学习者所做的打算。在美国，常用goals（目的）代替aims
alumni	校友	一所学校、学院或大学原本的学生和原学校有关系的学生
applied	应用的，实用的	多指以解决工程实际问题、社会实际问题为研究对象的，实践岗位性的属于应用学科，如工程类、管理类、设计类、技术方面等专业
appraisal	评价，鉴定	对某人或某事的价值或表现做出判断
apprenticeship	学徒制	一定期限的契约安排。根据此契约，雇主雇佣青年人，安排他接受某一特定行业或手艺的系统训练，通常在一名公认能手的指导下一起工作
apprentice	学徒	跟着某行业的前辈一起学习东西的新手，就叫学徒或徒弟
aptitude	天资，天赋	天赋是成长之前就已经具备的成长特性。在某些的事物或领域具备天生擅长的能力或者极大的热情，而使其可以在同样经验甚至没有经验的情况下以高于其他人的速度成长起来，而且有它的独一性和特殊性
argument	争辩，辩论	一般指两个或者多个人由于目的或者价值观的差异，无法和别人达成一个共同的结论，而互相表达自己观点的一个过程
article	文章，论文	特指在报纸或杂志等上围绕一个特定的主题写的内容
articles	①工读合同	学生按合同在他所选职业的开业者的事务所里工作，而开业者则向他传授有关的经验和提供为培养专业资格的学习机会
	②行政管理条例	说明英国公立学校（maintained schools）、学院（college）或多科性工学院（polytechnic）中学校理事会（governors）的权力和职责的文件

续表

assessment	评定	一个人（通常是教师或主考官）试图确定另一个人（学习者）具有的知识、能力或技能的过程，如小测验、考试和口头测验等。 continuous ~ 经常性评价；summative ~ 积累性评价；terminal ~ 期末评定
assignment	工作，任务	通常指交派的工作，担负的职责、责任
assistant	助理教员	通常指在英国学校中至少工作一学年（academic year）的外国教师，这些教师以本国语进行教学。~ professor 助理教授；~ teacher 一般教师，助理教员
attainment	成绩	学习者在学校学科或特殊技能方面计量过的能力和达到水平
attendance	参加，出席	Attendance at these lectures is not compulsory. 这些课不是硬性规定要听的。
attitude	态度	一个人对某些人（或情景、物体、想法等）所持有的感觉和行动倾向。~ test 态度测试
auditor	（大学课程的）旁听生	一个人参加了大学课程的学习，但不用参加考试，也不会获取学分
authority	机构	更具体指的是地方教育当局
autonomy	①自主	许多课程理论家认为，学生的自主是学生能自由地做出合理的、理解的选择。他们把这作为一项重要的教育目的（aims）
	②自治	在日常教育中，常被英国的主任教员（headteacher）用来指他们能自由地治理学校，最小限度地接受教育当局的指示
average	平均，中等	~ pupil 中等学生（常用来指既不特别难教又不特别容易教的学生）；~ ability 中等能力；~ standard 中等标准
backer	赞助人	特别是指经济上的支持
bachelor	学士	~'s degree 学士学位：通常指学生在大学或其他高等教育（higher education）机构经过三或四年学习所取得的初等学位 ~ of Education（B Ed, Ed B）教育学学士：在英国，经过三或四年课程的学习，其中包括教育和其他学科以及教学实习（teaching practice），才能获得这一学位，通常伴有教师资格

续表

banding	能力分组	同年级的学生可以平均分为一般能力较高或较低的两个或两个以上的班,然后每一个班可以分成两个或两个以上的组,每个组由组内能力最强和能力最差的儿童组成
basic	①基本的,基础的	~ research 基础研究:对(如教育)理论和实践的基本假定和含义的长期研究
	②实际的	~ skill 实际技能:在学校教育领域指实际能力
batch	批改	修改文章、作业等并加批语: to process a batch job 处理一批作业
behaviour	行为,行为表现	任何生物体对可能来自于内部的或外界的刺激所做出的反应
belt	天赋,爱好	是人们根据自身的环境所产生的对某种事物或行为的喜爱和兴趣。He has a belt for mathematics.他有数学天赋。
bibliography	书目,文献目录	指一批图书的目录式排列,书目类型多样,可以是书名,也可以详细编辑出各书的内容提要、作者介绍等信息
biennial	两年一次的	a biennial convention 两年召开一次的大会
bilingual	使用双语的	这两种语言一种是学生的本族语/母语,另一种是学生所在地区的通用语言(第二语言)或学生所学习的目的语(外语); a bilingual dictionary 双语词典
biography	传记	文体名,主要记述人物的生平事迹,根据各书面的、口述的回忆、调查等材料,加以选择性的编排、描写与说明而成。传记一般不虚构,纪实性是其基本要求
blank	记忆空白,遗忘	识记过的内容在一定条件下不能或错误地恢复和提取都叫遗忘
blurb	书籍封面的简介	即简明扼要的介绍,是书籍作者全面而简洁地介绍情况的一种书面表达方式
borderline	及格分数线	对学生成绩接近评分量表中的截止点所使用的评分词汇
bookcase	书柜,书橱	是书房家具中的主要家具之一,即专门用来存放书籍、报纸、杂志等书物的柜子
brain-storming	头脑风暴	最早是精神病理学上的用语,指精神病患者的精神错乱状态而言的,如今转而为无限制的自由联想和讨论,其目的在于产生新观念或激发创新设想
branch	分科	一个大纲或学习课程的细目。既根据学生个人的爱好和倾向,也根据可能由诊断性测验(diagnostic testing)所反映的不同学习需要而决定

续表

break	休息	同美语的recess课间休息,指学校上课时间表(timetable)中课间的休息。可能是上午中间有一次休息,下午中间也有一次休息
bursar	财务主管	在学校或学院中管理财务事务的人
bursary	学费资助	助学金或减免学费,以帮助某些有天赋的学生在收费学校或高等教育机构就学。另见 scholarship 奖学金或 fellowship 研究奖金(美)
byways	学科的次要领域,冷僻部分	学科领域中不太重要的部分
calendar	大学概览	学院或大学每年出版的刊物,载有学年中的重要日期,并详细介绍教职员配备、管理结构、规章制度和课程设置等。作用与学校简介(prospectus)相似,但通常内容更为详细。(美)bulletin 或 catalog
campus	校园	学校、学院或大学的场地(通常的含义也包括学校建筑物)。~ school 示范学校,实验学校;~ culture 校园文化
calibre	能力	尤指人的能力,是完成一项目标或者任务所体现出来的素质
caption	说明文字	描述或解释一幅画等的内容
capture	表达	是将思维所得的成果用语言语音语调、表情、行为等方式反映出来的一种行为。表达以交际、传播为目的,以物、事、情、理为内容,以语言为工具,以听者、读者为接收对象
career	生涯	指从事某种活动或职业的生活经历
caretaker	看管人	(英)负责打扫和保养学校大楼和场地的人,可以充当教学人员和当地人民之间的非官方的重要消息渠道。(美)janitor 学校工友或 custodian 监护人
carrel	工作阅览桌	自修室的书桌或工作桌,三面用隔板围住,使每个学生不因有其他学生而工作分心(或影响他人)
case	个案	~ study 个案研究:根据此办法,向学生提出一种真实的或假设的情景(例如,用口头叙述、电影等形式),以便学生进行讨论或对在这一情景中他们确定的问题提出可能解决的方法
censorship	审查,审查制度	指官方较权威机构如政府部门对面向公众的文学、艺术、网络资源等领域的检查筛选,以达到其所预期的目的。press censorship 新闻审查制度

续表

certificate	文凭,结业证书		代表一个人受教育的程度,但不能把文凭与能力对等,文凭也不等同于文化
chaining	连锁学习		学生把按一定次序接连出现的一组个别的反应(response)联系起来,每一个完成的反应即充当下一个反应的刺激(stimulus)
chair	讲座		高等学府(或其他某个较有名望的教育机构)中享有高度威望的学术职位,担任此职位的人通常称为教授(professor)
chancellor	①名誉校长		在英国大学中为最高决策集团的主席,名誉校长的作用是名誉性的,由不从事学校日常事务、德高望重的人担任
	②校长		美国的某些大学中,是大学校长(president)的别称
chapter	(书的)章、回、篇		章节是文章的组成部分,通常一本书分为若干章
cheat	作弊,舞弊		指用欺骗的手法去做违背制度或规定的事情,尤指在考试过程中的欺骗行为
chronicle	编年史		是一个整体对纪年的统一的体裁,是一种形象化的历史记录方式,特点是以时间为经、以事件为纬来记载历史事件
civics	公民课		(美)学习行政管理和公民权利及义务的课程。课程通常首先强调学生在其本地区的地位
class	①班		一批小学生或大中学生,在一起学习和(或)因管理原因经常聚在一起
	②年级		(美)学校里具有同年级(grade)水平的全体学生
	③毕业班		(美)某一年在一个学校里一起毕业的全体学生
	④等级		所获得的成绩学位的级别,如一等
	⑤阶级		social ~ 社会阶级
classics	①经典著作		在一个领域或一门学科(discipline)中具有持久重要地位的文献(literature)
	②古典课程		~ study 古典课程研究
coaching	指导练习		指在运动和体育方面的训练,也指一种对个别儿童的专门私人的讲授,以提高其在特定学科方面的技能(或者帮助准备考试)
coherence	连贯性,条理性		意为连续的情况或状态,部分与部分之间的连续性,但各个部分必须具有一定的内在联系或逻辑关系

commencement	毕业典礼	学校庆祝毕业（graduation）举行的仪式
collaboration	合作，协作	是个人与个人、群体与群体之间为达到共同目的，彼此相互配合的一种联合行动、方式
collation	核对，校勘	对书籍或散页文稿的校对，亦指对于一本书的文献学的描述，即用一个公式中的不同符号描述该书的大小、帖码、页码等情况
colloquium	学术研讨会，学术会议	学术研讨会通常是由某一学会或是一群拥有同样研究兴趣的学者组织开办的，较大型的会议可能会由专业研讨会组织进行办理
college	学院	指一些中等学校（secondary school）（如伊顿公学），但一般多指中学后教育（post-secondary education）机构。~ of education 教育学院
community	①社区	~ college 社区学校：（美）地方性学校面向具有中等学校以上水平能力的学生，提供继续教育（further education）课程，一般学制为两年，课程的设想密切结合当地需要。社区学校也称为初级学院（junior college）和城市学院
	②乡村	~ college 乡村学院：（英）本质上为中等学校（secondary school）。其校舍和设施也供地区成人之需，作为文化、教育和社区中心
compendium	汇编，概要	指对书中某题材的事实、图片及照片等的收集和概括
composition	①作文	对学生就规定的题目所写的短论或长篇散文的一种过时的称法
	②构思创作	艺术方面，指一幅画中各种形状的安排；在音乐方面，指学生创作的乐曲，或作曲的过程或研究
	③作文课	（美）关于教授论文写作和有关技巧的课程活动
comprehension	理解力，领悟能力	意指"抓住总体"，是对某个事物或事情的认识、认知、转变过程的能力
concept	概念，观念	人类在认识过程中，从感性认识上升到理性认识，把所感知的事物的共同本质特点抽象出来，加以概括，形成概念。概念有内涵和外延之分。
conscientious	勤勉认真的，一丝不苟的	形容某人办事认真，连最细微的地方也不马虎
consensus	共识	一致的意见。reach a consensus 达成共识

续表

conservatoire	音乐/戏剧专科学校/学院	专门训练学生音乐或戏剧的学校
contributor	撰稿人,投稿人	撰稿人是为新闻单位撰写某一专门领域文章的人士,有特约撰稿人和一般撰稿人两类
corpus	文集,文献汇编	人物作品的汇编,多由书面的和口语的合成
course	课程	指一学期半学年期间的一系列课,是学生全部教学计划(可能包括二十门或二十门以上课程)中一门独立的学科,也用来指一年的学习(所有学科)或指在获取特定资格过程中的总学习。~ team 课程组:负责编制和教授一门课程的一群教学人员和教师
court	管理处	特别指苏格兰某些英国大学的管理机构
crammer	①填鸭式学校	付费学校或学院,它不是为了教育而是为了让学生能通过考试而设立的,而是指学校为达到目的,采取只向学生填塞事实、多次反复、依靠机械学习(rote learning)和强调记忆等方法而不重学生理解力的发展
	②填鸭式教科书	与上述目的和方法相同的使用的教科书
credentials	证书	指学位、毕业文凭、毕业证书、证明、鉴定书、推荐信和其他的陈述(通常是书面的)。从这些材料中可以估价一个人的一般品质和对某种特定环境的适应性
credit	学分	学生在一门特定课程(course)中学习成绩得到承认的证明。北美大学的学位(degree)要一百二十个左右学分。英国的开放大学(Open University)学分制,普通学位(ordinary degree)仅需六个学分,荣誉学位(honor degree)需要八个学分
crib	①直译文本	曾指学拉丁语或希腊语的学生所使用的不加润饰按字面翻译的文本
	②抄袭作弊	现多表示抄袭教科书或其他学生作业的欺骗行为
criterion	标准	~ behaviour 标准行为:期望学习者在顺利完成有计划的一系列教学后所能展现的能力 ~ test 标准测验:把学生在一系列教学结束时的成绩和某个合理成绩的标准做比较的一种测验
contact	接触	~ time/hour 面授时间/课时:教师每星期向学生面授的时间数

续表

curriculum	课程	指一个教育机构设置的整个思想和活动结构,以满足学生的学习需要并达到所期望的教育目的(aims)。有些人仅用课程表示所教授的内容。另一些人也用课程指所包括的教和学的方法、评价学生成绩的措施以及教育的基本理论和哲学。~ development 课程编制;~ studies 课程研究
custodian	监护人	(美)caretaker看管人,也称作 janitor 学校工友
dean	教务长	学院或大学的高级负责人。他主要负责纪律或管理,而不是负责学术成就或教学
declamation	朗诵,雄辩	指清清楚楚地在众人面前表达自己的行为,就是把文字作品转化为有声语言的创作活动
delegacy	代表	学院(college)或大学(university)里授权具有一定职责(如负责进修教育)的一批人
degree	学位	指学生获得的一种资格(qualifications),一般由学院(college)、多科性工学院(polytechnic)或大学(university)授予,或由受托认可(accreditation)其他学校资格的某个机构授予
deschooling	非学校化	反对有组织的教育(效果差、不民主、收费高),主张以社区的独立性学习和合作性学习代替,以及利用图书馆,而这些教师不一定都是经过训练的
demonstrator	示范人员	示范人员的主要工作通常是指导学生从事实验室工作或其他实际工作。demonstration school示范学校
detention	课后留校	学校的一种惩罚方式。在其他学生可自由回家时,犯过失的学生被罚留在学校
didactic	教导的	一般用于被认为过分注重严格管教的教学中。告诉学生期望他们掌握的一切知识,而不给他们机会去发现或使用自己的方法去探索学科
differentiation	适应个别差异教学	指根据学生不同需要和能力实行个别教学
diploma	①毕业文凭	(英)经过一两年学习后获得的一种资格。毕业文凭一般低于学位(degree)级别,但也有一些文凭相当于研究生(postgraduate)级
	②毕业证书	(美)中学(high school)毕业生和某些学院毕业生获得的证书
discussant	讨论会主持者	(美)被指定对会议发言人的正式发言(presentation)发起讨论的人。一旦发言结束,立即做出正式反应

续表

英文	中文	释义
disquisition	专题演讲,专题论文	针对特定的问题进行长时间细致的演讲或书面报告
docent	非正式教授,临时教师	指在公立学校中没有事业编制的临时教师
doer	实干家,实行者	指切切实实做事的人。
don	学监	(英)出自西班牙头衔,原指17世纪中期以来牛津大学和剑桥大学的研究院(fellow),现在常用来指大学教师
dormitory	学生宿舍,学生公寓	在英国,指中小学生就寝的房间。在美国,指学生就寝的大楼(如住宅或宾馆)
draftsmanship	绘画天赋	优秀绘画的能力
drill	操练	原为体育教育(physical education)用语;现仍指(特别在军事方面)身体运动或思维活动的反复练习,使这些活动成为自动行为,如步枪操练或乘法表
dunce	差等生	指完全无力完成学校作业的学生
dyad	双方	能互相交流的两个人,如父亲(或母亲)与孩子,或教师与学生
edition	版本(出版形式)	a paperback edition 平装本
editor	主编,编辑	既是一种工作类别,也是一类职业身份
educationalist	教育学家	educationist(教育者)的同义词。指教育领域中知名的研究者或理论家和具有比教师威信更高的人
educator	教育工作者	指从事与教育有关的各级领导、专家、研究人员、教师以及各级各类学校、教育机构管理人员,教学辅助人员和其他专业技术人员的总称;教育工作者的主体是教师
elocution	演说术	教导学生如何说话清晰,也许教他们按公认的形式发音,需要学习发声、陈词和使用姿势来达到有感染力的演讲和朗诵
endowment	捐赠	私人资金或商业资金对设立和维护教育机构的大量捐助
enrolment	入学	学生向学校、学院或大学注册的过程,或指入学学生的总数
environment	环境	环境是指在学生周围实际世界中学生可感知或可受影响的事物、事件和人;如环境影响学生智力发展
exercise	①训练	一种教育方法,训练偏重于通过外在的甚至是强制性实践,实现教育目的,如学生军事训练、体育训练以及品德、习惯、艺术技巧和其他技能的训练
	②培训,学习	通过专业训练,增加专业知识

续表

elicitation	启发	指在学生积极学习、力求通达的情况下,教师针对其理解知识、表达思想上的障碍,予以点拨使其豁然贯通的活动
erratum	文字错误	书刊中的文字上的错误,列于书前或书后
essay	短论写作	长达数百字或数百字以上的、非小说类的学生写作,由教师或主考人出题目或提问题,要求学生显示分析题目、组织观点、推演论据和阐明问题的能力
ethos	风气	一个学校的主要精神(情调、情操、气氛等)
evaluation	评价	鉴别效果和判断学习经历(learning experience)(如一堂课)或一门科目或一套完整课程(curriculum)的有效性
examination	考试	对学生学习情况的正式评定(assessment),特别指一门课程结束时对他们学习的评定
example	实例,例证	实际的例子,用来解释或者支持自己的观点
exclusion	除名	指英国公立学校(maintained schools)学生暂时被阻止进入学校。有时作为纪律处分手段,有时因其他原因(疾病等)
exeat	短时间离校许可	准许学生在校正常学习期间离开学校一段时间
exhibition	①成绩展览	具有教育作用的项目演出
	②奖学金	颁发给在某些学院或大学(或某些付费学校)就读的学生的奖学金(scholarship)
expectancy	预期	教师根据自己对一个学生的接触或对他认为与这学生类似的接触,期望这个学生可获得一种成就和水平
expertise	专门知识,专门技能	关于某一个特定的专业、活动或工作的知识和技能
extinction	消退	一段时期未受强化后,曾由刺激引起的熟练反应停止产生的过程
extract	摘录,选录	从书或音乐中选择需要的部分记下来
facilitator	促进者	他的任务是鼓励小组(例如讨论组或课程编制组)成员创造性地相互作用;他的作用不是提供专业性知识,而是引导和协助组员增加专业性知识
faculty	①系	学院、工学院或大学的一个部门或若干个部门,如法律系或理科系
	②全体教学人员	学校、学院或大学的全体教学工作人员 ~ evaluation 大学教学人员工作成绩评定:由学院或大学的地位较高的人员、学生或指定的专门评定员对教学人员的专业工作进行评定

续表

feedback	反馈	在教育方面意为"知道结果"或一个人接收到关于他自己行动结果的信息。如果学生自己不满意这些结果,可以采取新的行动
fellow	①高级教员	原指牛津大学和剑桥大学(Ox-bridge)有用房和用膳权的高级教师,可以在学院和大学同时受薪教学
	②研究员	许多学院和大学由对外机构付薪或在对担任学校教师研究员(schoolteacher fellowship)的教学人员或研究人员的称呼
fellowship	①研究员职位	指研究员(fellow)担任的职位
	②研究奖金	(美)指资助研究生(graduate student)学习费用的经济奖励
finals	①毕业考试	三年制或四年制学院或大学的学位课程结束时举行的考试
	②学期考试	每学期末举行的课程考试
fixation	注视	阅读时眼镜随着字行移动所停顿的时间和记住内容所花的时间
fluency	流利,流畅	形容话说得快而清楚,灵活通畅而不凝滞,或者文章读起来通畅
flunking	不及格	一门课程不及格或考试不及格。 ~ out 退学:(美)因学业不及格而被迫离开学校
forerunner	先驱,先行者	指在思想上和行为上走在前端的人
foreword	前言,序言	序言又称序,通常用来说明作者的创作意图和写作经过。也有他人代写的,多用来介绍和评论本书内容。常见的有作者序、非作者序言和译者序三种
form	①班级	主要用于中等学校(secondary schools),指几十个学生以一个组的形式从事大部分或全部的学习,虽然他们可能按学科能力分组(setting)分开,仍会与其他班级的学生合上某些课程
	②年级	用来泛指由若干班级组成的整个年级分类(例如一年级和二年级)
frame	结构	在教育中,结构是一组强制因素,它们决定或限制某特定教学情景中可能发生的情况
fraternity	大学生联谊会	学院或大学里的社团或俱乐部,联谊会的作用主要是社交性的。~ house 大学生联谊会会所:(美)大学生联谊会(fraternity)拥有的带膳食住宿设备的楼宇

续表

fresher	大学一年级学生	同 freshman
freshman	大学一年级学生	（美）学院或大学的一年级学生。在美国典型的四年级制课程中，二年级生称为 sophomore，三年级生为 junior，四年级生为 senior
game	游戏	一种教学或学习手段，它具有专门设计的有助学习的游戏规则和结构。学生借助这一手段，通过力图达到某种目标的方式，进行学习（或练习已学会的东西）
gang	团伙	通常是同年龄的自认是稳定的、有内聚力的一群学生，内部有公认的等级，相互之间以及在与其他团伙的关系上有不成文的规则
gating	不准出校门	夜间某一时刻以后禁止学生离开学院的纪律措施
generalist	通才	一个兴趣和知识广泛的人。如果他广博的知识在教育界特别受人尊敬的话，他可被称为博学者（polymath）甚至可以被称为文艺复兴时期的人（Renaissance man）
genius	天才	通常用来称作具备高度智能的学生，在研究领域或科学、艺术活动中做出了独特的创造性的贡献
governess	家庭女教师	通常指有教养的但个人收入微薄的女教师，受雇于家庭，指导其年幼子女学习
grade	①年级	同年级（year-group）学生在同一课程（curriculum）阶段内共同学习
	②等第	评定（assessment）后使用的字母，表明学生在课程作业（course work）或考试（examination）中的成绩
graduate	①大学毕业生	在高等教育（higher education）机构主办下完成一阶段学业或研究后获得学位（degree）的人
	②毕业生	在美国，指不必一定是在高等教育中，也可能是在初等学校（elementary school）、初级学校（junior school）或高级中学（senior school）中满意地完成学业的学生
graduation	①授学位	即授予学位（degree）
	②毕业	在学校、学院或大学修业期满
	③授予学位的典礼	同毕业典礼 commencement
grouping	分组	为方便教学而将学生分成不同大小或不同性质的小组。常见的分组有 banding 能力分组，setting 学科能力分组等
half	半学年	学年（academic year）分为两学期（每学期即为"半学年"），相当于 semester 一学期。
half-term	学期中期的短假	在一个学期中期放的几天假日

续表

handbook	手册	为一门课程或仪器设备的须知和用法指南
handicraft	手工艺	这一名称适用于学校里许多学科或活动,特别是指木工、金工,但也包括陶工、书籍装订、织工等
head	校长,主任教员	headmaster/mistress 校长/女校长或 headteacher 主任教员的缩写
holidays	假期	节日,假日,不用上学的"休假日""假期",还可指"出外度假时期"。其单数形式指包括含一天或一次的假期,复数形式指一次以上或一天以上的假期
homework	家庭作业	教师布置学生在夜间或周末在家中完成的任务
honour	①尊重,尊敬	指将对方视为比自己地位高而必须重视的心态及其言行;the guest of honour 贵宾
	②名誉	名誉是指社会对特定的公民的品行、思想、道德、作用、才干等方面的社会评价
humanism	人文主义	常指15世纪导致文艺复兴和注重传授"人文学科"教育的一场运动,这场运动旨在重新发现古典的语言、文学和思想
illiteracy	文盲	指不具备理应具备的阅读(或写)的能力的人
image	图像	在视听(audio-visual)媒介(media)屏幕上的图像
imagination	想象	在没有直接感觉刺激的情况下,对声音、视觉、味觉和动作构成心理意象的能力
imitation	模仿	仿效另一人的言词和行为;是学习的关键部分
imposition	罚学生做的作业	学生因轻微违反纪律(discipline)而被教师罚在课余所做的作业
inadequacy	不充分,不足,不够	(某物)供不应求的,不足需要的
incomplete	(学分)未修毕,未完成	未完成一门课程的任务而无法拿到所有学分
indoctrination	灌输	在学说或信念的教学中,学习者没机会持批评的眼光加以思考或与其他可替代的学说或信念进行比较
induction	归纳	在若干具体实例的基础上提出一项普遍规律或原理
inference	结论	是文字的收尾部分,是围绕文章所作的结束语,其基本的要点就是总结全文,加深题意
ingenuity	独创力	独特的创造力,形容想象力丰富,与众不同

			续表
innate	先天的		与"后天的"相对。教育学上指个体出生前具有的生理特点,包括遗传素质和不属于遗传素质的某些生理特点。前者指由遗传物质所传递的解剖生理特点,即人体各种器官结构及其功能;后者指非遗传物质决定的个别生理特点,如孕期残疾等
innovation	革新		提出新的概念和方法,尤其在课程(curriculum)方面
stitutionalization	①制度化		一种新思想或方法与一个集团内习惯的处事方式相结合,从而被视为可行的
	②适应收容环境		监狱、医院和寄宿学校(boarding school)等独立机构里共同相处的人可能会因这些机构浸透了他们特有的习俗和价值观,对适应日后的社会生活感到困难
instruction	教学		教学(teaching)和教育(education)两词的近义词;(英)指使学习者能运用日常技能的训练(training);instructional design 教学设计:教学课程和教材的设计和开发。系统的课程编制(curriculum development),目的是要达到教学目标(instructional objectives)
instructor	①教师		泛指任何种类的教师,特别指教工艺或心理运动技能(psychomotor skills)的,如在体育运动或工业训练(industrial training)中的教师
	②讲师		美国学院和大学里最低级别的教师
intelligence	智力		思维能力,一般的智力,从经验中学习的能力或对新情景做出恰当反应的能力、抽象推理、认识关系和做出论断的能力等
interact	交流,沟通,合作		特别指当你与他人工作、玩乐时候的谈话
internalization	内在化		将一个人从他人处听来的或自己领悟出来的态度(attitude)、价值准则(values)和思想化为自己的一部分
internship	①新教师见习期		新获得教师资格的见习教师要试用的一段时间
	②见习研究		有时试用期或实习期构成研究计划的一个部分
intersession	短假期		学期(term)间的短假期。可仅用作假期,或由额外的短期课程可读
interview	①口头审查		两人或两人以上的一种面对面的评定形式(以决定是否给面试者工作或求学机会)

	②访问谈话		在社会调查（social survey）和启发性评价（illuminative evaluation）中常用的一种研究技术。研究者向被访问者提出问题，以确定被访问者的习惯、意见、历史等
introduction		序言，引言，导论	多用于演讲或文章的开头部分，即是提出问题，明确中心论点，使读者对文章所要论述的内容，首先有一个概括的了解，并引起注意
invigilator		监考人	举行考试时负责监督和保证应试者行为得当的人
judgement		判断力，识别力	判断力，是人对现实做出什么样的态度和表现出什么样的行为方式的决定因素。判断力是通过选择和抉择的形式将其价值观付诸在事件上的性格体现能力
kindergarten		幼儿园	一种学前教育的机构，通常招收三岁至六岁的儿童。其任务是解除家庭在培养儿童时所受时间、空间、环境的制约，让幼儿身体、智力和心情得以健康发展
knowledge		知识	个人经过生活经验和经过教育所获得的见闻和认识的总体
laboratory		①实验室	备有为科学实验或演示用的仪器的房间
	②专用室		备有为非科学项目做实际工作用的设备的房间，例如语言专用室（language laboratory）
	③专题讨论会		专题学术讨论会（workshop）的替代词，意指一种课程或专题讨论会
language		语言	任何习用的标记和符号体系（例如书面或口语词汇、手势、图画和数字等）。~ arts 语言艺术
laurea		学位	特指意大利大学授予有"毕业生"称号者的初级学位（first degree）
learning		学习	通过经验获得的在知识（knowledge）、态度（attitude）或技能（skill）方面的持续变化
lecturer		讲师	用来指认何使用演讲法（lecture method）从事教学的人。在继续教育和高等教育学校中，更具体地指大多数教学人员的学术职称：助理讲师、讲师和高级讲师
lesson		课	一门课程中的单独上课时间，教师和学生在此时间内集中于一个特定的论题 ~ plan 教案：教师在一堂特定课中希望与学生共同完成的任务的概要。它可能列入目的（aims）和目标（objectives）、教学要点（teaching points）、媒介（media）和资源（resources）、教学法（teaching methods）和评定（assessment）方法等

续表

letters	文学文化	在文学博士(doctor of letters)或文学院中指广义的文学文化(文学、历史、哲学和音乐研究等)
lines	罚做作业	罚学生做的作业(imposition)(学校的一种处罚形式),犯过错的学生被规定把作业进行抄写
literature	①文学作品	文艺批评家认为具有质量的出版物(剧本、散文和诗歌)
	②文学	对上述作品,包括文学历史原则和文学批评原则的系统学习
	③文献	关于某一特定题材的主要出版物(书、期刊文章等) ~ search 文献研究:指探索和评定与某一特定专题有关的书籍、文章和研究报告的过程; ~ survey 文献评述:关于某一题材的"文献"的评述,叙述和评论至今为止的研究结果。学者通常在自己开始做调查研究前从事这一工作
maieutic	助产的	希腊语助产学一词的形容词,指关于通过一系列问题和回答去启发或发展学生知识的苏格拉底问答法(Socratic method)
major	主修	学院和大学中学生的主要学科领域,例如学生主修历史或经济,可以说他是历史专业学生或经济专业学生
manual	指南	关于指导或资料的手册(handbook),可能与一门课程或一件器械配在一起
marking	评分	对学生作业写上字母等第(grade)、数字或百分数(有时是评语),是评定过程的常见形式
marks	分数	教师使用的数字或字母等第,表示对学生作业的质量做出评定
mathemagenics	问题促悟法	来自程序学习(programmed learning),把问题插入原原本本的学习材料(learning materials)以提高学生理解能力的方法
memory	记忆	一个人对往昔心理经验和感觉经验的记录。记忆的某些方面可以通过个人在回忆(recall),再认(recognition)和重学(re-learning)方面的灵活性进行衡量
meritocracy	英才教育	表明社会中人们获得的地位和权力不是由父母亲的财富或社会阶级决定,而是由他们自己以社会尊重的方式所展现的业绩决定的

续表

methodology	①方法论	对某一具体学科(discipline)、工艺或专业特有的调查方法和技术
	②教学法	学校里的各种教学方法(teaching methods)
microteaching	微格教学	师资培训(teaching training)时为分析和发展特定的教学技能而使用的方法。实习教师花了二十分钟左右教一小群学生,着重于教学的一个特定方面,紧接着在指导教师或同事以及录像资料的协助下分析这堂"微课";然后教师可能再教一遍"微课",并设法利用他已得到的反馈(feedback)
midterms	期中测验	中学、学院或大学在学期中间进行的测验或考试,用以评定学生成绩或鼓励学生的进步,并且考虑计入最终的课程等第之内
minor	①未成年	法定年龄以下的人
	②副修科	学生学位课程中的辅助科目,学分的要求一般比主修科(major)少
mode	①众数	统计学中平均(average)的一种形式。众数是一个变量(variable)最常见的值
	②样式	向学生展示的方式(如讲话、图片、实物等)
model	①模式	在试图理解或解释某个复杂社会过程或情景时,可以采用简单的图示法,可以用图表、数学、口头总结或类推法
	②典范	学生可以学习的榜样。~ school 模范学校,同示范学校(demonstration school)或实验学校
module	单元	一门主修(major)课程的一个学习单位,包括课堂作业和自学教材(self-instructional materials),或两种方式兼有,通常还配有为评定(assessment)学生用的现成材料
monitor	①班长	由教师指定,负责班级日常工作(如擦黑板、发书等)的学生
	②导生	在19世纪的导生制(monitorial system)中,导生是负责教小年龄的大年龄学童
	③监考员	指考试时担任监考人的人
motivation	动机	指唤起和维持指向目标的行为,这些目标可以是内在的或外在的
multiversity	多科大学	由许多个学院和研究所组成的大学。这些机构可能分散在不同地点,具有较大的独立性,如英国的伦敦大学等

续表

negotiation	谈判	教师协会（或工会）与聘用主管部门决定教师的工资待遇的讨论过程
nomination	提名，推荐，任命	在评选或选举前提出有当选可能的人或事物名称
note	笔记，记录	把所见所闻通过一定的手段保留，并作为信息传递
numeracy	计算能力	指计算技能（number skills）的熟练程度；standards of literacy and numeracy读写和计算的水平
nurture	培养	使学生掌握系统的科学文化知识和技能，形成思想品德、健全体魄的过程
objectives	目标	课程编制（curriculum development）的一个重要的术语，有时是指预期的学习或教育的成效，有时也明确特指学习者应当以可测量的方式表现出的行为
off-campus	校外	指学院或大学在本校校园外的某个场所提供的教学设施或组织的活动，如校内教学（extra-mural teaching）
ombudsman	校务监督员	一所中学、学院或大学内由选举产生的专门听取学生批评意见的人
on-roll	在册	指那些正式登记作为该校学生的数字
option	选择	供学生自由选取的多个项目中（如选修课或考试、测验中的选择题等）的一项
oracy	语言能力	用语言流利交流思想的能力
organizer	组织者	同指导员（adviser）
orthodoxy	正统观念	大众普遍能接受的观点
osmosis	耳濡目染，潜移默化	形容听得多了，见得多了，随着时间和过程的推移，自然而然受到影响
outcome	成果	课程编制（curriculum development）的一个术语，指期待通过一门课程的学习经历（learning experience）或一项教育革新能取得的结果
outlet	出路，表现机会	把自己内心的情感和思想通过一个方法表达出来
outline	概述，梗概	指粗略大概的内容、要点或讨论题的主要原则等。梗概也是一种应用文体，常用于电影、电视和小说的故事简单介绍等
overlearning	超量学习	对于经过练习学到的只需短期记住的知识或技能进行反复不断的超量学习

续表

pacing	定速	学生接受学习材料（learning materials）（如听讲课和看电影课）的速度，或自己选定他所学习的项目，如学习教科书（textbook）或自学教材（self-instructional materials）的速度
package	课件	为个人或集体学习的多媒体材料（multimedia materials），附有如何使用的建议说明
paper	论文	一篇文章、学术报告或研究报告，或一篇向一个会议或专题研讨会（symposium）宣读的博学的讲演
paradigm	范式	指一个人在执行任务、解决问题或从事他的事业时所持有的一系列看法。它包括这个人在实践时所持有的观点、假设、价值准则（values）、方法论以及检验的标准和精确度等
paraprofessional	专业辅助人员	受过训练作为完全合格的专业人员的助手的人，如充任课教师的助手（aides）或辅导员（auxiliary）
pedagogue	①教师 ②学究	原出希腊语，意思是专职照顾主人儿子的奴隶 原来简单地指校长。当前用来指那些不管别人是否要听，却一味冗长乏味地卖弄或灌输知识的人，或者是墨守成规的人
pedagogy	教育学	教学工作的原则、方法论和职业
peer	同辈	同等地位的人，如同级同学、同年龄儿童、有相同学业水平的学生。~ teaching 同学互教活动：学生负起部分责任，彼此互教互学
period	课时	安排上课时间表的基本时间单位。每一课时通常为30-45分钟，也可用上课时间（session）这个词
perseverance	坚持	在面临疲惫、无趣或其他困难时，一个人所能持续努力做某种工作的程度
perspective	看法	指一个人对问题的处理方式或方针。侧重于指出，任何处理方法都含有潜在的设想、理论或范式
place	学额	用于"学生名额"（student place）中，指学生进入学校的机会。因此，能接受一百名学生的学院可以说有一百个学额
plagiarism	抄袭	把他人的作品作为自己的作品，教师经常抱怨学生的抄袭行为
plenary	全体会议	召集班级、专题研讨会或会议的全体成员参加讨论的会议，会前或会后分成小组独立讨论

		续表
ploughing	不及格	课程通不过或考试失败
portfolio	代表作选	学生课程作业(course work)作品选,公开展示以给予评定(assessment)
postgraduate	研究生	指取得初级学位(first degree)的人,或指从事的继续学习或课程,如攻读研究生学位(postgraduate degree)
potential	潜力	一种被认为某人身上尚未体现的潜在的能力
practicum	①实用大全 ②实习科目	实用手册或指南(manual) 关于教育某方面内容的实践课程
preceptor	教师	对教师或导师的过时称呼
prescriptive	规定的	教育干预方法中的用语。着重指示人们应该做些什么,而不是帮助做出自己的抉择
president	大学校长	学院或大学的主管人
pre-test	预试	对学生在开始从事一门课程或一段学习经历前进行的考试。考试目的可以检验学生具有合适的入学行为和确定他所掌握的知识
principal	校长	在英国,一般指高等教育机构的行政主管人;在美国,指一所初等学校或中学的主任教员
probation	试读	美国的一些中学对某些不能提供符合要求的课程作业的学生实行试读
profession	专业	指任何有声望的职业。一般来说,从事专业的人员不仅报酬丰厚,而且需要具有系统知识体系的长期学术的(academic)训练,在日常工作中能行使自由地抉择,认识活动的伦理准则,服务于社会,在实践专业时能继续学习并发展专业等
professor	教授	多指在大学或社区学院中执教的资深教师与研究员,教授是大学教师职称的最高级别
programme	①大纲 ②程序	一般指有计划的连续的学习或研究 指一系列的程序学习(programmed learning)
project	设计	具有下列部分特点或全部特点的学习任务:为学习者的利益而产生,要求原始的调查或实验,关心发展态度(attitude)和技能(skill)更甚于具体知识(knowledge),可单独进行或分小组进行,运用跨学科方法(interdisciplinary method)。在初等学校和研究生教育中,设计使用较多

续表

prospectus	学校简介	英国教育机构向未来学生介绍本校课程和设施而出版的小册子
protocols	答卷	填写调查问卷(questionnaire)或测验(test)答题纸
punishment	惩罚	施于个人或集体的处罚,旨在制止某些行为(behaviour)和(或)鼓励其他行为。其范围(在教育上)从体态语言(body language)到口头指责、课后留校(detention)、罚做作业(lines)和其他强迫措施,以至到体罚(corporal punishment)、停学(suspension),甚至开除学籍(expulsion)
pupil	学生	年龄最小的学生,年龄稍大的学生称为"student"
qualifications	资格	认为能使某人适合担任某种职务的教育方面的造诣或生活阅历
questionnaire	调查问卷	印就的表格,内载若干编成的问题;这些问题或者是多项选择题(pre-coded question),或者留出地方供人书写答案。常在调查问卷时使用。调查问卷是须精心设计并经过试验性研究(pilot study)的考验
questions	提问	提问既可作为了解学生学到些什么和能做什么的手段,又可作为教学技巧的一部分。旨在引导学生逐步做出教师预期的回答,或鼓励学生为了培养他们自己的洞察力而对他们的亲身经验进行考查
quotation	引文	主要是为了充实文章的内容,用具有权威性的思想来代替自己所要表达的思想,或是作为论证的论据,以起到强化主题思想的作用
rank	等级	经等级评定(ranking)形成的顺序中人或物的地位
ranking	等级评定	将若干人或物进行排序的过程,判断根据是按照他们或它们所具有的某些质量或变量(variable),如高度、美、智力、诚实等
rating	测定	评定的一种方法,或者把学生的作业与代表不同水准的每一样本进行比较,或者将某人成绩的若干方面进行评级
rave	热烈讨论,奋笔疾书	说话、书写用一种非常热烈的形式

续表

reader	①高级讲师	在英国次于教授（professor）的学术地位；与美国相比，介于副教授和正教授之间
	②审稿人	审阅提供出版的手稿（manuscript）的质量并向出版者提出意见的人
	③读本	帮助儿童学习阅读而编写的课本
	④文选	参考资料汇编，通常冠以编辑的引言和有关的评论
readiness	准备	指的是一个人在学习新知识或新技能前有必要进入准备状态（即不仅是思想有准备和表示愿意，还必须在脑力和体力方面都具有能力）
reading	阅读	~ skills 阅读技能；~ week 阅读周：在学院或大学课程进行期间，有一段时间停止上课或没有指导导师在场，让学生自由补上所缺的阅读，准备应付考试等
realia	实观教具	教育活动中的实物和实事
recitation	背诵	学生们熟记长诗，然后当众背诵
rector	校长	学院或大学（特别在欧洲）的校长
re-examinee	补考学生	指考试没有及格需要重新考试的学生
referee	鉴定人	学刊（learned journal）编辑向其征求关于提交出版的论文（paper）质量方面意见的人士
reference	①参照	一册书或一篇论文（paper）中的注解，告诉读者应该查阅另一出处（或同书或同篇论文的另一章节）
	②参考书目	上条释义中提到的章节或资料来源
register	①注册人数	正式注册为一所学校的学生或某一班级学生的人数
	②点名簿	载有学生名单和他们每日上课、缺课情况的簿册
reliability	信度	指测验结果的一致性、稳定性及可靠性，一般多以内部一致性来表示该测验信度的高低；效度 validity
remake	改编	改进一门课程设立的过程和结果，方法是变更无效益的或过时的部分，但并不取消和替代这个课程
report	报告单，报告	教师向学生的父母所做的定期书面报告，对学业、品行、态度等加以评语
requirements	①必要条件	作为一种入学资格
	②作业	在一门课程中，要求一个学生做出的任何活动或达到的标准（standards）
	③必要学分	取得学位所必须要拿到的学分（credit）类型和总数
respond	回答，回应	指口头或书面的答复，多为偏正式的形式

residence	学生宿舍,学生公寓		更多的是供高等教育机构的学生使用的宿舍。其中有附有书房的寝室、公用洗手间等设施
retardation	落后		未能充分发挥学习潜力的学生的情况,这样一个学生在总的方面或具体某一方面的知识和技能造就低于他应达到的水平
retrain	再训练		为使一个人更新知识和技能而设计的训练,通常的目的在于使其胜任一种新的工作
reversal	倒序		阅读或书写字母或数字时次序颠倒,诵读困难(dyslexia)的一般症状
revision	复习		重温早期学过的材料,旨在刷新记忆或加深理解,或将该材料与最近获得的概念联系起来
saccade	扫视		指在阅读时,一个人的眼睛沿着一行印刷字母的飞快掠过
schedule	①问题表		要求回答的问题表格,例如,调查问卷或访问谈话的问题提纲
	②课程表		为每一班、每一教师或为一整体教育组织制订的明细表,指出一周内什么时间学习什么学科
scholarship	①学术成就②奖学金		学术知识和高质量的技能。~ committee 学术委员会: 学院或大学负责检查学术标准的委员会 对一个有前途的学生授予经济奖来资助其继续攻读
school	①学校		为到达一定年龄的学生提供教育的机构
	②学院		一所大学里的一个或一组部门
	③学派		一群思想家都同意某一套概念、主义或方法
score	分数		学生在一项测验或考试中得到的数字分数或结果
screening	选拔		鉴定或选择人的任何过程(如根据背景、经验、能力、学习困难程度等),其目的可能是为了提供特别教育的便利或工作的机会
script	试卷		在一次考试中学生所写的答卷
secondment	兼职		担任一项临时职位或任务而离开本人的正规工作地点,并且可能受雇于另一个雇主
self-instruction	自学		由学生自己教自己的过程,没有老师的直接帮助
semester	学期		学期是一学年中上课时间的一个单位。不同的国家有不同的学期制,较常见的有两学期制、三学期制和四学期制,中国两学期制居多

续表

seminar	①专题讨论会	一个小组集体讨论会,通常根据已经口头向小组提供的一篇论文或研究报告进行讨论
	②研究班	定期与一位导师进行上述讨论的学生小组
	③研究班课程	包含若干次专题研讨会的一个短期课程,允许相当数量学生参加
sensory	感觉的	属于或有关感官的。如"感觉输入",即一个人通过视觉、嗅觉、触觉等觉察到外界事件或情况
shorthand	速记	将口述信息快速书写记录的方式,它使用缩写和特别记号来代替文字
signing	打手势	用手势语言(sign language)作为与人交流的手段
sit	参加	有时与"take"和"go in for"替用,即"参加"考试
skill	技能	teaching skill 教学技能
specialization	专门化	在一个单科内或狭小领域内的集中研究
specialist	专家	指在学术、技艺等方面有专门技能或专业知识全面的人;特别精通某一学科或某项技艺的有较高造诣的专业人士
standards	标准	要求学生达到的成绩或学业水平,据此予以一定等级的认可,特别是授予某种证书
statistics	统计方法	是指有关收集、整理、分析和解释统计数据,并对其所反映的问题做出一定结论的方法
stem	问题的题干	选择题中在选择答案前面的那一部分
strategy	策略	指不同的人在思想、学习和记忆方面使用不同技术或风格
subject	学科	一个有组织的知识体,常在学校的课程(curriculum)中具有被公认的、确立的学科地位,如地理、物理、数学等
subject-centred	以学科为中心	一种有关教学的方法,重点是传递校外权威所规定的若干内容或题材,而不是适应学生的个人兴趣或由师生协商一个双方同意的课程提纲
subjective	主观的	多用于诸如分析、方法、描述或判断等方面,因为人们对价值、意见、态度、爱好、偏好等各不相同,容易产生分歧
suspension	停学	一种惩罚(punishment)形式,即学生被通知离开学校、学院或大学
syllabus	课程提纲,教育大纲	一门课程(或教科书)里论及若干题目的提纲

续表

symbol	符号		符号是给任何人、物或事任意确定的一个为公众所同意的含义,并且人们已经学会接受它代表某种东西而不是表示它自己
symposium	①专题讨论会		许多人聚集在一起,听取并讨论大家都感兴趣的题目的若干篇论文
	②论文集		通常指要编排出版的论文集。这些论文可在专题讨论会上提出来
syndicate	自助小组		行动不受导师约束的一群学生,如一个学习互助组(self-help group)
teach-in	研讨会		对一个大家都感兴趣的题目召开的一个非正式的并可能是匆忙的会议。通常在学院或大学内举行,并且经常是由学生而不是教学人员组织的,会上有具有不同观点的各种人发言,以引起热烈的讨论
technician	技师		在学校里,是一个人的工作职称,他的任务多在实验室等场所准备和维修器材
technology	技术		创造性地用科学和其他系统性知识解决实际问题的一门学问,通常包括工具和技术两者
telling	讲授		用在正规的讲解式教学(expository teaching)上,只允许极少数学生参加
tenure	任期		承认一个人在退休前有权在某一工作岗位或机构中连续工作,此权只允许在试用期令人满意后生效
term	①学期		学期指的是一学年中上课时间的一个单位。不同的国家有不同的学期制,目前较常见的学期制有两学期制、三学期制和四学期制
	②半学年		在美国,一学年分为两个半学年(half),每半个学年通常被称为一学期(semester),有时候也称term
test	测验		以观察或指出并予以评价甚至衡量一个学生的缺席、出席、某种品质或能力的量和质的任何方法
text	①文本		在一本印刷、打印或手抄的书籍或文件里的文字
	②正文		一本书或文件里的主要部分,相对脚注、图解等而言
	③题目		讨论或演讲的主题或主体
textbook	教科书		一门所学课程的主要思想所基于的,或从中引证例子、研究事例和习题等的一本书。编写的书可能使用总论、摘要、目标、例解、学生习题等手段

续表

theme	①主题	指作品中或者活动所表现的中心思想，泛指主要内容。教育活动中多指教学法中的主要思想
	②作文	学生的短论写作或作文（composition）
theory	理论	educational theory 教育理论
trainability	可训练性	一个人（如果进行正常的训练）在适当的时间内学习一种特殊任务或工作的能力
trait	品质	一个人对于各种处境以特殊方式反应的一种持久的人格（personality）特征
transcript	记录	演讲、讨论等内容的书面记录
transfer	转学	从一个教育机构转入另一个教育机构，以便继续同一水平的学程
trip	旅行	由学生举行的有教育意义的访问和旅游，作为他们学习的一部分，例如一次校外考察旅行
tuition	①教诲	在教一门课程期间给学生的教导
	②学费	学生为所学的课程而付的费用
tutor	导师	高等学校指导教师的简称。一般指承担对学生进行某种个别指导任务的教师。 tutorial system 导师制：该教育制度由来已久，早在14世纪，牛津大学就实行了导师制，其最大特点是师生关系密切。导师不仅要指导他们的学习，还要指导他们的生活
tutorial	导师个别指导	一个导师和单独一个学生会见，在会上经常是根据学生写的书面资料进行面对面的深入教学和讨论
underachiever	未能充分发挥学习潜力的学生	指一个学生的学业成绩远未达到预期能够达到的成绩，这种预期希望是根据对他潜力的估计所作出的
underclassman	低年级学生	中学、学院或大学一年级或二年级学生；参照高年级学生 upperclassman
undertaking	任务，项目	是日常生活中，通常指交派的工作，担负的职责、责任，尤指特别重大或艰巨的
university	大学	高等教育机构，它可以授予学位，有些具有大学水准的机构被称为学院或研究所
unravel	阐述	详细地解释，使概念清楚易懂
upperclassman	高年级学生	中学、学院或大学学程中的三、四年级；参照低年级学生 underclassman
urtext	原始文本	可供参照的最早的版本
usher	教师	教师或助教的老式称呼

续表

vacation	假期	教育机构内两个学期(semester)或半学年(term)之间的阶段,这时教职员工和学生可以度假或进行自学或做研究工作
validation	审定	一个教育机构可以把所开新课的正式计划提交给外部机构办理审定批准手续
validity	有效性,效度	效度是指测量工具或手段能够准确测出所需测量的事物的程度。效度是指所测量到的结果反映所想要考察内容的程度,测量结果与要考察的内容越吻合,则效度越高;反之,则效度越低。效度分为三种类型:内容效度、准则效度和结构效度;信度 reliability
values	价值准则	对一个人的决策和行动起指导作用和使之前后一贯的道德和美学原则、信念和标准
vignette	短文,简介	清晰展示人物特征、局势等的一小段文字
virtuosity	高超技艺	表演或演奏方面有高层次的技巧
visitation	视察	一项官方视察,旨在检查或考核一所学校或者学校里的学生情况
visitor	大学视察员	大学或学院里的一个荣誉位置,通常由一个著名大学老师担任,可以就学术问题向校长等提供咨询意见,也可以作为全体师生的意见搜集人
vocabulary	词汇	一个人在自己的语言和写作中使用的他所理解的全部单词或对别人的语言和写作中他能够理解的大部分单词。~ test 词汇测验
way	方法,手段,途径	一般是指为获得某种东西或达到某种目的而采取的手段与行为方式
washback	重修	学生重新学习教学大纲中原先学习过的部分的过程
wastage	退学率	学生从学院或大学进程中的退学率
weave	编成,编纂	编辑,撰述;按照一定的题目、体例和方法编辑档案文献的活动,多指资料较多、篇幅较大的著作
weighting	津贴	在一些情况下,付给教师的一项额外补助费
verify	核实,核准	检验和查证,审核是否属实
winnow	遴选,选拔	慎重选择,严格选拔,优中选优之意
workshop	专题学术讨论会	与会者研究同一话题,旨在制定解决办法或至少也要阐明他们对这一问题的认识
year-group	同年级	同年级的学生,可能分布在几个班级
zoning	分区制	在一个特定地区为学校确定就学区(catchment area)

三、教师教育易混词组

要想很好地学习教师教育英文文献,不仅要掌握专业词汇,还必须掌握相关专业词组。对于一篇全新的专业外文文献,词汇量匮乏对英语初学者来说不是主要障碍,其主要障碍在于对整个篇章理解不足。因此,熟悉专业词组非常重要,要在平时教学活动中,不断积累与夯实专业词汇及固定词组搭配,在学习过程中努力培养上下文猜词的能力,尝试读懂句子和理解整篇文章,为篇章学习打下坚实的基础。

(一)各类教育

教师教育(teacher education)

《维基百科全书》认为,教师教育是指为培养教师能在课堂、学校乃至社会有效履行其职责所需知识、态度、行为、技能而设计的政策和程序,可分为职前教育、入职教育和教师发展三个阶段。[1]《教学和教师教育国际百科全书》认为教师教育分为职前、入职和在职三个阶段,这三个阶段是一个连续的过程。[2]国内较权威的定义是2002年发布的《教育部关于"十五"期间教师教育改革与发展的意见》,认为教师教育是指"教师的职前培养、入职教育和在职培训的统称"。[3]黄葳在《教师教育体制》一书中也认为教师教育是"培养与培训师资的专业教育"。

义务教育(compulsory education)

义务教育是根据宪法规定,适龄儿童和青少年都必须接受,国家、社会、家庭必须予以保证的国民教育。其实质是国家依照法律的规定对适龄儿童和青少年实施的一定年限的强迫教育的制度。义务教育又称强迫教育和免费义务教育。义务教育具有强制性、公益性、普及性的基本特点。我国《义务教育法》规定的义务教育年限多为九年(小学六年,初中三年,部分省市为小学五年,初中四年)。

---

[1] http://www.answers.com/teacher%20education.
[2] Dunkin, M. J. *The International Encyclopedia of Teaching and Teacher Education*. Oxford: Pergmon Press, 1987:73.
[3] 黄葳:《教师教育体制》,广州:广东高等教育出版社,2003年9月。

学前教育（preschool education）

学前教育是由家长及幼儿教师利用各种方法，科学地有系统、有计划对儿童各方面逐渐完善而进行的教育。学前教育是构成学前教育学的科学体系的一部分。儿童是人生智力发展的基础阶段，又是发展最快的时期，适当、正确的学前教育对幼儿智力及其日后的发展有很大的作用。儿童的形成、发展，无一不与适当、正确的学前教育有关，尤其是智力方面的学前教育对儿童的茁壮成长更为关键。

初等教育（elementary education）

初等教育即小学教育，或称基础教育，是受教育者打下文化知识基础和做好初步生活准备的教育阶段。通常指一个国家学制体系中的第一个正式阶段的教育，对象一般为6-12岁儿童。初等教育对提高国家民族文化水平极为重要。

中等教育（secondary education）

在初等教育基础上继续实施的中等普通教育和中等专业教育统称为中等教育。实施中等教育的各类学校为中等学校，其中普通中学是其主要部分，担负着为高一级学校输送合格新生以及为国家建设培养劳动后备力量的双重任务。中等专业学校包括中等技术学校、中等师范学校，担负着为国民经济各部门培养中等专业技术人员的任务。

高等教育（higher/tertiary education）

高等教育是在完成中等教育的基础上进行的专业教育，是培养高级专门人才的社会活动，其发展历史可以追溯到中世纪的大学，后来历经发展，主要是英国、德国、美国的大学的不断转型，形成了高等教育的四项职能，即人才培养、科学研究、服务社会、文化传承创新。我国高等教育事业自从改革开放以来取得了蓬勃的发展，初步形成了适应国民经济建设和社会发展需要的多种层次、多种形式、学科门类基本齐全的社会主义高等教育体系，为社会主义现代化建设培养了大批高级专门人才，在国家经济建设、科技进步和社会发展中发挥了重要作用。

通识教育（general education）

通识教育作为教育形式的一种，目标是在现代多元化的社会中，为受教育者提供通行于不同人群之间的知识文化和价值观。在高等教育阶段，指大学生均应接受的共同内容的教育，通常分属若干学科领域，是关于人的生活的各个领域的知识和技能的教育，是非专业性的、非职业性的、非功利性的、不直接为职业做准备的知识和能力的教育,其涉及范围宽广全面。

成人教育(adult education)

成人教育指区别于普通全日制教学形式的一种教育形式,进入成人教育学习阶段的学生不限年龄和性别。通过这个教育过程,提高成人生活能力、普遍知识、科学技术和专业准入资格,或使他们在参与社会经济、文化活动中的时候态度和行为得到改变。

职业教育(vocational education)

职业教育指受教育者获得某种职业或生产劳动所需要的职业知识、技能和职业道德的教育。职业教育的适用范围较广,如对职工的就业前培训、对下岗职工的再就业培训等各种职业培训以及各种职业高中、中专、技校等职业学校教育等都属于职业教育。职业教育的目的是培养应用人才和具有一定文化水平和专业知识技能的劳动者,与其他教育形式相比较,最大的不同是职业教育更侧重于实践技能和实际工作能力的培养。职业教育的目的是满足个人的就业需求和工作岗位的客观需要,进而推动社会生产力的发展,加快国家产业结构的调整与转型。

(二)各类教师

在职教师(in-service teacher)

在职教师(狭义)指全国各地教职工中的中小学教师,由所在地人事部门建立人事档案的执教人员,有正式教师的涵义,由教育系统管理。与此相对的教师专业名词是代课教师(广义),是指由教育部门颁发聘书,现工作在教育系统所有大、中、小学教师及学前教育系统的教师。

职前教师(pre-service teacher)

职前教师是即将进入正式教师岗位的在校学生。教师职前教育包括职前认识自我并评估时空环境,树立新教育信念构建教育知识体系和技能结构。

实习教师(student teacher)

传统的师范教育用"实习生"这一概念指参加教育实习的师范生。从教师专业化的视角来看,教师教育包括职前培养和职后发展。"学生"这一概念对于教师发展的亦"师"亦"生"的双重身份显得过于狭隘,因此采用"实习教师"的概念来指高师院校职前教育阶段培养的准备做教师的人。

助教(teaching assistant)

助教是大学教师职称的最低等级,是高等学校教员老师中职称低于讲师的一种初级职称,助教在一般情况下不能单独授课,或不能教授一门学科的全部课程,应跟随讲师或教授进行辅助教学的工作。

表2.1 各类教师

教师	含义
teacher	教师,使用范围最广
instructor	教员,教练,指导员
trainer	训练员,教练,驯兽师
coach	(体育运动)教练,私人教练
tutor	私人教师,家庭教师

(三)各类学生

应届毕业生(this year's graduates)

应届毕业生,即将毕业的学生。当一名学生进入其教育层次中的最后一学年的时候,这一年当中,该学生为应届毕业生。比如三年制研究生研三学生,四年制本科的大四在校生,三年制专科的大三在校生等。

在职研究生(on-job postgraduate)

在职研究生是国家计划内,以在职人员的身份,半脱产,部分时间在职工作,部分时间在校学习的研究生学历教育的一种类型,属于国民教育系列。在职研究生在报名、考试要求及录取办法方面,不同种类有所不同。

在职博士生(on-job doctorate)

在职博士生是指学习方式相对脱产形式而言,即通过正常入学考试(统考或单考)取得入学资格,在培养单位教学或培养方案许可的情况下,一边工作一边学习的博士生。

表2.2 各类学生

学生	含义
schoolboy/schoolgirl/schoolchild	童年或学龄时期学校的男生、女生、学童、小学生，较少用于教学中
pupil	指学生，尤指小学生
student	指在校学习的学生，尤指年龄较大的学生
freshman	大学一年级学生
sophomore	大学二年级学生
junior	大学三年级学生
senior	大学四年级学生
postgraduate	研究生，在英国英语中为常用词，在北美英语中则为正式用语，通常用 graduate student 取代

（四）学位名称

学士学位（Bachelor's Degree）

学士学位是学生在高等教育的本科阶段授予的学位名称。它表示学位取得的毕业生较好地掌握了本门学科的基础理论、专业知识和基本技能，并具有从事专业研究工作或担负专门技术工作的初步能力。

硕士学位（Master's Degree）

硕士学位是介于学士学位及博士学位之间的专有学位名称，拥有硕士学位的毕业生通常具有专业上的独立思考能力。拥有硕士学位者，通常能够掌握并精通于某一学术领域。在主修的学术专业中，合格的硕士学位取得者必须能同时了解学术理论与现实情况，运用专业基本理论来解决实际问题，并且比学士学位取得者更能解决复杂问题，拥有更加细致的思考能力。

博士学位（Doctor's Degree）

博士学位是指博士研究生的受教育程度和专业学术水平达到本专业的顶尖标准的学位称号。在世界上大多数国家的学位体系之中，博士学位是最高一级学位称号。取得博士学位意味着该学生真正具备出原创成果的能力，能够从学习阶段进入学术阶段。

（五）课程类型

基础课（basic course）

指各类学校根据专业培养目标而开设的关于人文和自然的基本理论、基本技能的课程。在课程种类的设置上，与"专业课"相对。特别指出的是，关于大学和中专的基础课的任务，是学生具有高等和中等专业入门的基本文化水平，为学习专业基础课和专业课打下基本理论和基本技能的基础。同一科类的各个专业，基础课程大致相同。为了达到专门人才的培养目标和基本要求，各专业的基础课都规定为必修课。为了提高教育质量，增强学生适应科技迅速发展的能力，高等学校都十分重视加强基础课程的教学，选派经验丰富、水平较高的教师担任基础课教学工作。如大学一年级的基础课有外语、高等数学、思想道德、计算机、法律基础等课程。

专业课（specialized course）

专业课指学校根据专业培养目标所开设的专业知识和专门技能的课程，与"基础课"相对。专业课的最终目标是使学生掌握必要的专业基本理论、专业知识和专业技能，了解本专业的前沿知识和发展趋势，培养分析解决本专业范围内实际问题的能力。由于专业知识的更新周期较短，而且专业知识的范围也在不断扩大，专业课的内容变化也较为迅速。但专业课的主要课程内容，在一定时期内具有相对的稳定性。

必修课（required course）

必修课指学校中学生要修习的课程。通常包括公共课、基础课和专业课，每一种类的课程都根据关联性有一定的学分要求。

选修课（optional/selective course）

选修课指在学校中学习某一专业的学生可以有选择地修习的课程。有些选修课的设置是为扩大学生知识广度；还有些选修课设置的目的是为了满足学生的兴趣爱好，挖掘每个学生在某一方面的才能。选修课可分为限制性选修课与非限制性选修课。限制性选修课指学生只能在某一学科门类或一组课程中选修；非限制性选修课则不受上述规定的限制。为了适应个别差异，因材施教，发挥专长，学生修习的选修课在专业教学计划中应占一定比例，但也不应过多，以免影响培养专门人才的课程设置。

(六)学科分类

基础学科(basic sciences)

基础学科指研究社会基本发展规律,提供人类生存与发展最基本知识的学科,一般多为传统学科,如数学、物理、化学、哲学、社会科学、历史、文学等。基础学科,特别是其中的人文学科,很难具备直接创造经济效益的条件。基础学科的研究目的是获取被研究主体全面的知识和理解而不是去研究该主体的实际应用。在我国的教育体制中,基础学科为语文、数学和英语。

应用学科(applied sciences)

应用学科指以解决工程实际问题、社会实际问题为研究对象,例如工程类、管理类、设计类、技术方面等专业(工商管理、行政管理、财会、金融、贸易、旅游、工业设计、计算机科学技术、工业工程、农学、临床医学、口腔医学)。

艺术(arts)

在学科体系中多指艺术教育。艺术教育的目标是要提高人们对美的感受,培养对艺术的创造力和表现力。想要掌握艺术教育的精髓,就必须要进行必要的训练,不能停留在单纯的感受艺术和鉴赏艺术之上,而是必须要掌握一定的艺术技能。"艺术教育"有两种不同的含义和内容。狭义地可理解为培养专业艺术人才所进行的各种理论教育和实践活动,如各种专业艺术院校的培养方案即是如此,戏剧学院培养出编剧、导演和演员,音乐学院培养出作曲家、歌唱演员和器乐演奏员等。广义地讲,"艺术教育"是美育的核心,根本目的是培养全面发展的人,而不仅仅是培养专业艺术工作者,因为在当代社会中,人的生活与艺术存在着密切的联系,例如看电影、听音乐、赏字画等。因此,艺术教育强调普及艺术的基本知识体系和基本原理,通过对优秀艺术作品的欣赏和评价,来提高人们的审美修养素质和艺术鉴赏力,培养人们健全的人格。

理科(science departments)

理科一般是指自然科学、应用科学以及数理逻辑等学科的统称,与文科对应。理科学科主要有:数学、物理学、化学、生物学、计算机软件应用、技术与设计实践等。理科的诞生与发展是人类智慧发展的结果,标志着人类真正懂得了思考自然,因此理科的发展也是人类科学与自然思维发展的关键。

(七)关于"教"

教学实习(teaching practice)

教学实习指在教师指导下,学生运用专业基础课程的知识和相关技术技能与教学实际相联系,不断深入了解与本专业有关的基本操作方法和思想教育的实践教学形式,通常是在中小学进行。教学实习目的和任务有:①使学生获得本专业基础知识,为学习专业理论知识做准备。②培养学生的职业情感、职业意志、职业道德以及尊重他人、学习他人和与人合作的良好品质。因此,教学实习的重点在于基本功训练,以教学为主,不强调完成生产任务。教学实习一般由实习准备、讲解示范、操作训练、巡回指导、总结讲评等五个环节组成。

见习(school visit)

实习教师参观一所学校,获得学校观摩(school experience)的机会。见习,不是教学实习。

教师培训,师资培训(teacher training)

教师培训目的是提高教师态度、专业知识和实践水平,促发教师专业发展,帮助教师适应教育环境的快速变化,采取各种形式将教师组织起来进行的一系列培训和学习活动。

学年(school year)

学校的教学年度。一般从秋季始业,到次年夏季为一年。一学年分为两个学期,即第一学期、第二学期,也称上学期、下学期。第一学期从9月1日前后开学,次年1月份结束。第二学期一般2月下半月开学,当年6月末7月中结束。全年教学时间一般为45周,每学期为22周或23周,另7周为寒暑假时间。

(八)关于"学"

习得目标(learned goal)

非先天因素(innate factors)或生理的而是后天获得的目标或目的(例如通过社会的相互影响和增长的知识)。

学习资源(learning resources)

不仅指学习材料(learning material),而且指学生可以学习的对象(教师、同学、技能楷模和精通某门学科的人)。

学习材料（learning materials）

世界上任何东西都可成为学习材料，只要它有助于学生学习。通常指记录有教育内容的书籍、练习册、电影等，或指由教师或其他附带材料传授教育内容的自然物体（如岩石标本或准备好的显微镜承物玻璃片）。

学习风格（learning style）

学习风格指学习者在研究和解决学习任务时所表现出来的具有个人特色的方式。学习风格具有独特性，在学习者个体神经组织结构及其机能基础上，受特定的家庭、教育和社会文化的影响，通过个体自身长期的学习活动而形成，具有鲜明的个性特征。同时它也具有稳定性，学习风格是个体在长期的学习过程中逐渐形成的，一经形成，即具有持久稳定性，很少因为学习内容、学习环境的变化而变化。但是学习风格的稳定性并不表明它是不可以改变的，它仍然具有可塑性。

学习成果（learning outcomes）

学生通过某种学习经历（learning experience）而获得的知识（knowledge）、态度（attitude）和技能（skill）等。这些成果包括非预期的和预期的学习结果。

学习策略（learning strategy）

各位学者从不同的研究角度和使用不同的研究方法对"学习策略"的概念提出了各自不同的看法，至今仍然没有达成一个统一的认识。有的指具体的学习技能，诸如复述、抄写、默写和列提纲等技能；有的指一般的自我管理活动，诸如计划、领会、监控等；有的指组合几种具体技术的复杂策略。

学刊（learned journal）

与学术团体（learned society）有联系的、有威信的定期出版物。刊物上发表在某一特定学术学科内主要学者的最新思想和研究中的发现。

学术团体（learned society）

某一特定学术学科（discipline）领域中学者的联合会，通过研究和出版致力于推进该学科知识。

学生会（school council）

在中国，学生会一般指中华全国学生联合会（简称全国学联）在各院校的分支机构。它的基本任务是：遵循和贯彻党的教育方针，促进同学德、智、体全面发展，团结和引导同学成为热爱祖国、适应有中国特色社会主义现代化建设事业要求的合格人才；发挥作为学校联系同学的桥梁和纽带作用，表达和维护同学的具体利益；倡导和组织自我服务、自我管理、自我教育，开展健康有益、丰富多彩的课外活动和社会服务，努力为同学服务。

（九）学习方式

对比学习（learning by contrast）

对比学习指针对某一个或几个问题，集中有关材料，进行比较和分析的学习方法。这种学习方法的优点是：①兼取诸家之长，对问题的认识和理解更为全面。多个材料往往从不同角度对某一问题进行阐释，可以相互补充和借鉴；②由于各个材料的观点和研究方法不尽相同，甚至有时完全对立，这就需要进行分析比较，有利于培养独立思维能力；③有明确的目的性，针对某一问题而进行的集中学习，提高了学生的学习效率。

比较学习的步骤和要求是：①定题。确定对比学习的课题，课题应是可以研究学习的和值得被研究学习的；②选材。选择有关比较学习课题的著作、期刊等材料，这些材料应该有各自的代表性，尽量不选择内容和引用雷同的材料；③阅读。有针对性地进行阅读，只读材料中有关课题内容的部分，不必对整个材料进行全面的解读；④比较。对各个材料中不同的观点和研究方法进行分析比较，取其精华，去其糟粕；⑤综合。通过上述步骤，学生形成了自己的观点。比较学习有定题、选材、阅读、比较和综合等一系列步骤和要求，是一种较高层次的学习方法，主要适用于研究性的学习。

实践学习，做中学（learning by doing）

实践学习指在实际情境中，学习者通过融入实践活动中，扮演角色和融入关系而进行的知识经验学习的一种学习方式。这里的实践活动并不仅仅指学校依据教学要求开设的实践活动，也包括学习者日常生活中的各种实践活动，另外，实践学习的内容也不仅仅是操作技能、书本知识，也包括各种隐性社会知识经验。

体验学习（learning by experience）

体验学习指人在教育实践过程中，通过反复观察、实践和练习，对情感、行为、事物的内省体察，最终认识知识，掌握专业技能，养成行为习惯，乃至形成某些价值、态度、观念的过程。

在中小学教育中，体验学习主要应用于情感态度的学习和技巧学习，而目前一些隐性课程、社会实践活动，包括生物学科教育活动，也都需要通过体验学习来形成或深化其学习成果。

顿悟学习（learning by insight）

顿悟学习是一种经常在理念类课程中使用的学习方法。"顿悟"指对问题情境的突然理解，它导致了迅速地学习，突然地理解了目的物和取得目的物的途径的关系。要做到顿悟学习，必须具备对问题思考的量的积累、外界情境的触发等要素的综合作用。

思考的过程很重要，过程越长越深入。顿悟还需要有一个触发的情境，在学习中注意结合学习的内容，积极创造一个相应的学习环境，对于激发顿悟的感觉十分有益。而且，顿悟完全是一种个人体验，与个人的领悟情况紧密联系。最后是观念的接受和转变。观念的接受必然带来行为的转变，因为观念接受不是最终的目的，转变行为才是最终的结果。所以一定要注意学会将观念接受以后，尽快实现行为的转变。

模仿学习（learning by modeling）

个体仿效特定方式的动作或行为模式的学习方法。

机械学习（learning by rote）

美国著名心理学家奥苏伯尔（D. P. AuSubel）提出的机械学习，指符号所代表的新知识与学习者认知结构中已有的知识建立非实质性的和人为的联系，即对任意的（或人为的）和字面的联系获得的过程。例如，学生仅能记住乘法口诀表，形成机械的联想，但并不真正理解这些符号所代表的真正含义。机械学习是一种单纯依靠记忆学习材料，而避免去理解其复杂内部和主题推论的学习方法。平时多称为死记、死背或死记硬背。

（十）学习用具

参考书，工具书（reference book）

参考书主要用于查询而不用于连续阅读的书籍（如字典、百科全书、地图册）。

简明词典 （concise dictionary）

每本词典也都以一定范围的读者为目标，一般收词七八万条的是简明词典。

袖珍词典（pocket dictionary）

每本词典以一定范围的读者为目标，一般收词5万左右的是袖珍词典。

（十一）各项活动

社会实践（social practice）

社会实践即平时所说的假期实习或是在校外实习。对于在校大学生具有加深对本专业的了解、确认适合的职业、为向工作岗位过渡做准备、增强就业竞争优势等多方面意义。

留校勤工俭学、家教、零工等更侧重经济利益，是一些家庭困难学生的首要选择；具有一定经济基础的学生选择做义工、支教、支农，既锻炼了能力，又奉献了爱心；更多学生则倾向于选择和专业相关的单位实习（包括有偿和无偿），在中小学也有在实践基地或军训基地的活动，亦称"社会实践"，主要是对于陶艺、手工、电脑、户外拓展等进行训练。

课外活动（extracurricular activities）

课外活动是培养全面发展人才的不可缺少的途径，是课堂教学的必要补充，是丰富学生精神生活的重要组成部分。

课外活动又可以分为校内活动和校外活动，二者的区别在于组织机构的不同。校内活动多为教师及学校其他部门或个人组织指导的活动；校外活动是由校外教育机构组织指导的活动。其中，校内活动并不仅仅限于学校范围之内，也可以在校外组织活动，它与校外活动的区别只是在组织和领导方面的不同。这里将校内活动和校外活动统称为课外活动。

体育活动（physical activities）

它是指学生利用课余时间参与的，以锻炼身体、愉悦身心为目的的活动。体育活动作为体育课的补充、学校体育的组成部分和教育的手段，已有近百年的历史，在世界上已成为一种教育制度，且在内容和形式上都有新的发展。体育活动是学校体育工作的重要组成部分，是实现学校体育目标和任务的重要途径之一。

文娱活动（recreational activities）

文娱活动是指一些和文化、娱乐相关的有一定组织和规模的群体社会活动，包括但不限于与以文化、娱乐为主要内容的演出、讲座、展览、比赛、体育运动、小型现场等的活动。

学术活动（academic activities）

学术活动是指与学术研究、学术交流有关的活动，比如参加学术研讨会，访学、讲学、参加某个课题的研究等都是学术活动。

社会活动（social activities）

社会活动指某个人参加的有关社会上各行各业或者某一社会性质问题调查或走访的活动，具有以社会为媒介的性质，是基于"社会"这一事物而产生的。

（十二）考试类型

期中考试（middle exam）

学期进行到大约一半的时候，为了检验学生掌握知识程度而进行的一次考试，有利于学生检验平时自己的学习水平。期中考试的主要目的是考查学生前半学期的学习成果，根据期中考试的成绩，学生可以及时地调整学习心态和方法，教师可以针对性地为每位学生制定更有效率的下一阶段学习计划。学生应在考试之前做好复习工作，调整心态等措施，这些都有利于学生在期中考试时的发挥。

补考（make up）

补考是各办学单位集中组织，对象为考试不及格或因故未参加考试的学生的考试。学生的成绩不论有几科不及格，均需进行补考；学生因病或其他特殊原因，未能参加考试者，须出示缓考凭证，可准予补考；对考试违纪的学生进行批评教育后，可准予补考。补考多在开学初两周内进行，每个学校可根据情况自行调整。试题的范围、难易程度和评分标准等应与正式考试相同。

小测验（quiz）

多指在教室中的随堂小考，事先无准备，随时进行的短促的测验，也可以是抽查的形式。小到提个问题，其他诸如日考、周考、月考等小考都属于小测验的范畴。

测验（test）

多为单元考试、考查，一般预先宣布考试时间。

口试（oral test）

基本考试的一种考察形式，要求参与考试者口头回答问题。在常规考试或面试中，考生要用相应的语种回答考官的试题，按照考生回答的基本情况和语言等标准得到相应的分数。

（十三）教育评价

形成性评价（formative assessment）

形成性评价的概念是由斯克里文1967年所著《评价方法论》中首先提出来

的。这种评价形式是在教学进程中对学生的知识掌握和能力发展的评价，因此又称过程评价，是在教学过程中进行的评价，目的是为了引导教学过程正确、完善地前进而对学生学习结果和教师教学效果采取的评价。形成性评价不只是为了选拔少数优秀学生，而是为了发现每个学生的潜质，强化改进学生的学习，并为教师提供反馈。心理学的研究成果和教育实践经验表明，经常向教师和学生提供有关教学进程的信息，可以使学生和教师有效地利用这些信息，按照需要采取适当的修正措施，使教学成为一个"自我纠正系统"。

终结性评价（summative assessment）

终结性评价就是对课堂教学的达成结果进行恰当的评价，指的是在教学活动结束后为判断其效果而进行的评价。一个单元，一个模块，或一个学期的教学结束后对最终结果所进行的评价，都可以说是终结性评价。终结性评价是对一个学段、一个学科教学的教育质量的评价，其目的是对学生阶段性学习的质量做出结论性评价。

诊断性评价（diagnostic assessment）

诊断性评价也称教学性评价、准备性评价，一般是指在某项教学活动开始之前对学生的知识、技能以及情感等状况进行的预测。通过这种预测可以了解学生的知识基础和准备状况，以判断他们是否具备实现当前教学目标所要求的条件，为实现因材施教提供依据。

（十四）学校荣誉

优秀团员（excellent league member）

通常授予表现优秀、工作成绩突出，能起到带头作用的共青团员。"优秀团员"应符合一定的评定条件，并有制定的标准对其进行全面考核。同时开展的还有优秀共青团干部、五四红旗团支部（总支）、五四红旗团委的评选活动。

优秀干部（excellent leader）

优秀干部是在学生群体中担任某些职务，负责某些特定职责，协助学校进行管理工作中给予做得出色的学生的荣誉称号。

三好学生（"Three Goods" student）

三好学生是中国的学校给予被评选出来的优秀学生的一种荣誉称号，三好是指思想品德好，学习好，身体好。

（十五）教育研究

定量研究（quantitative research）

定量研究是指确定事物某方面量的规定性的科学研究，就是将问题与现象用数量来表示，进而去分析、考验、解释，从而获得意义的研究方法和过程。定量，就是以数字化符号为基础去测量。定量研究通过对研究对象的特征按某种标准进行比较来测定对象特征数值，或求出某些因素间的量的变化规律。由于其目的是对事物及其运动的量的属性做出回答，故名定量研究。定量研究与科学实验研究是密切相关的，可以说科学上的定量化是伴随着实验法产生的。定量研究设计的主要方法有调查法、相关法和实验法。

定性研究（qualitative research）

定性研究是指通过发掘问题、理解事件现象、分析人类的行为与观点以及回答提问来获取敏锐的洞察力。几乎每天在每个工作场所和学习环境下都会进行定性研究。

定性研究是研究者用来定义问题或处理问题的途径。具体目的是深入研究对象的具体特征或行为，进一步探讨其产生的原因。如果说定量研究解决"是什么"的问题，那么定性研究解决的就是"为什么"的问题。

定性研究通过分析无序信息探寻某个主题的"为什么"，而不是"怎么办"，这些信息包括历史记录、会谈记录脚本和录音、注释、反馈表、照片以及视频等。与定量研究不同，它并不仅仅依靠统计数据或数字来得出结论。它也有像"扎根理论""人种学"等正式的研究方法。

调查问卷（questionnaire）

调查问卷，是以问题的形式系统地记载调查内容的一种研究方法。问卷可以是纸质版本的，如今又推出了网上问卷的新形式。设计问卷是该调查研究方法的关键。完美的问卷必须具备两个功能，既能将问题传达给被调查者又能使被调查者乐于回答。要完成这两个功能，问卷设计时应当遵循一定的原则和程序，运用一定的技巧。

调查研究（survey research）

研究者深入现场进行考察，以探求客观事物的真相、性质和发展规律的活动。它是人们认识社会、改造社会的一种科学方法。

（十六）"五育"

德育（moral education）

德育是培养学生正确的人生观、价值观，培养学生具有良好的道德品质和正确的政治观念，培养学生形成正确的思想方法的教育。

智育（intellectual education）

智育是授予学生系统的科学文化知识、技能，发展他们的智力和与学习有关的非智力因素的教育。

体育（physical education）

体育是授予学生健康的知识、技能，发展他们的体力，增强他们的体质，培养他们的意志力的教育。

美育（aesthetic education）

美育是培养学生的审美观，发展他们鉴赏美、创造美的能力，培养他们的高尚情操和文明素质的教育。

劳育（labor education）

劳育是培养学生进行劳动观念和劳动技能的教育。

（十七）需求层次[①]

生理需求（physiological needs）

如果呼吸、水、食物等需要（除性以外）任何一项得不到满足，人类个人的生理机能就无法正常运转。换而言之，人类的生命就会因此受到威胁。在这个意义上说，生理需要是推动人们行动最首要的动力。马斯洛认为，只有这些最基本的需要满足到维持生存所必需的程度后，其他的需要才能成为新的激励因素，而到了此时，这些已相对满足的需要也就不再成为激励因素了。

安全需求（safety needs）

马斯洛认为，整个有机体是一个追求安全的机制，人的感受器官、效应器官、智能和其他能量主要是寻求安全的工具，甚至可以把科学和人生观都看成是满足安全需要的一部分。当然，当这种需要一旦相对满足后，也就不再成为激励

[①] 《马斯洛需求层次理论》，百度百科，http://baike.baidu.com。

因素了。这个层次的需求包含人身安全、健康保障、资源和财产所有性、道德保障、工作职位保障、家庭安全等。

爱和归属感（love and belonging）

这层需要主要包括友情、爱情和性亲密。人人都希望得到相互的关心和照顾。感情上的需要比生理上的需要来的细致，它和一个人的生理特性、经历、教育、宗教信仰都有关系。

尊重（esteem）

人人都希望自己有稳定的社会地位，要求个人的能力和成就得到社会的承认。尊重的需要又可分为内部尊重和外部尊重。内部尊重是指一个人希望在各种不同情境中有实力、能胜任、充满信心、能独立自主。总之，内部尊重就是人的自尊。外部尊重是指一个人希望有地位、有威信，受到别人的尊重、信赖和高度评价。马斯洛认为，尊重需要得到满足，能使人对自己充满信心，对社会满腔热情，体验到自己活着的用处价值。

自我实现（self-actualization）

自我实现的需要是最高层次的需要，是指实现个人理想、抱负，发挥个人的能力到最大程度，达到自我实现境界的人，接受自己也接受他人，解决问题能力增强，自觉性提高，善于独立处事，要求不受打扰地独处，完成与自己的能力相称的一切事情的需要。也就是说，人必须干称职的工作，这样才会使他们感到最大的快乐。马斯洛提出，为满足自我实现需要所采取的途径是因人而异的。自我实现的需要是在努力实现自己的潜力，使自己越来越成为自己所期望的人物。

〖导读〗英语识记技巧

英语作为一种交流沟通的工具，已经成为人们生活、学习中的一项基本技能，许多学校的专业在招生复试的时候都会考虑到求学者的英语水平，因此帮助学生掌握较好的英语技能，才能帮助他们以后更好地进行学术活动。要想提高自身的英语能力，必须先有量的积累，之后才能获得质的飞跃。

（一）如何利用词典学好单词

英语单词是学习英语的基础，无论听、说、读、写哪个基本技能，都必须掌握一定量的词汇，并且能够恰如其分地运用，所以单词的学习就显得尤为重要。如果当学生遇到生僻的单词时必定会求助于词典，因此帮助学生用好词典，不仅仅只是查出词义，更要学习掌握词汇，并学以致用、触类旁通。

英语词典大致可分为普通词典和专业词典，《教师教育专业英语导读》中的单词汇编在严格意义上属于专业词典的范畴。在学习研究时，要专攻与专业相关的英语单词，查找专业词典、多功能词典及成语等针对性较强的词典。但无论是普通词典还是专业词典，词典所表现的特点还是一致的：

（1）用词频率。所涵盖的词汇都是教师教育专业领域中最常用、最常见的词。词汇的解释和含义也是按照每个词汇使用频率的程度排序。辨识一个单词的使用频率是低频还是高频，对于一个学习者来说都是十分必需的，如果一个学习者没有区分高频低频词汇的能力，只是简单地把单词的不同意思进行记录，那么学习将会没有效率。词汇学家对高频和低频词汇做过一个调查，结果显示一个人只要掌握了2000个左右的词汇量，就能识别期刊、杂志等文章的近80%的内容，因此识别高频词汇对于英语学习是十分有必要的。

（2）单词搭配。在查阅本书的教师教育专业单词的同时，不仅要看一个单词原本的含义，更要熟悉它们常用的搭配组合，即什么词与什么词搭配形成特定的含义，之后把所学过的单词建立起词汇网络，灵活搭配使用。单词搭配是有一定英语基础的学生必须要通过的重要程序之一。

（3）合适例句。本书不光给出了单词的意思和它们的固定搭配，还编写了不少例句，便于更好地掌握词汇。例句搭配都经过编写委员会精心挑选，具有一定的代表性。但是由于篇幅原因，不能列举太多例句，如有需要，请结合上下文和阅读材料挑选单词最合适的意思。

随着科技的发展和英语翻译事业的进步，手机上的各种翻译软件的功能已渐趋完善，而且使用起来方便快捷，但是软件中的翻译时常不更新，单词含义也是残缺不齐。因此随意查一个英语的基础含义还是勉强可以，如果用它们学习专业英语，会发现问题百出。

授人以鱼不如授人以渔。在教师教育学习过程中，单词汇编不仅要让学生掌握单词的基本含义、常用搭配和合适的例句，更要培养学生对于英语学习的良好方法和习惯，让学生学会自主地去掌握关于单词的一切，而不是简简单单地背诵单词，合理巧妙使用词汇表，积累词汇量，才能为全面提高学生的英语学习能力打下坚实基础,达到事半功倍的效果。

(二)如何记忆英语词组

对英语作为外语的学习者来说,词组和常见惯用语比较难以记忆和掌握,对准硕士研究生来说亦是如此。了解一些关于英语词组的理论和知识可以事半功倍。教师教育专业英语词组的构成形式是多种多样、十分复杂的,有些词组的含义,从构成这个词组的各个单词进行思考即可得出具体的含义,但是大部分的英语词组,不能拆分各个单词的含义而对整个词组的含义进行判断。

在学习活动中只要进行有意识的锻炼,掌握记忆规律和方法,就能改善和提高记忆力。提高英语词组记忆能力有十个方面:(1)集中注意力。(2)提高对英语词组的兴趣。(3)理解记忆。(4)过度记忆。(5)及时复习。(6)经常回忆。(7)听、说、读、写相结合记忆词组。(8)运用多种记忆手段。(9)掌握最佳记忆时间。(10)科学用脑,适量记忆。①

(三)如何和"健忘"做斗争

德国著名的心理学家艾宾浩斯(Hermann Ebbinghaus,1850—1909),他在1885年发表了他的实验报告后,记忆研究就成了心理学中被研究最多的领域之一,艾宾浩斯正是发现记忆遗忘规律的第一人。记忆的保持在时间上是不同的,有短时的记忆和长时的记忆两种,人们接触到的信息在经过人的学习后,便成了人的短时记忆,但是如果不经过及时的复习,这些记住过的东西就会遗忘。

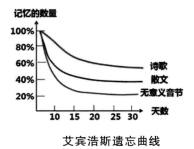

艾宾浩斯遗忘曲线

---

① 《记忆力》,百度百科,http://baike.baidu.com/item/%E8%AE%B0%E5%BF%86%E5%8A%9B/5383640#viewPageContent.

观察这条遗忘曲线,你会发现,学得的知识在一天后,如不抓紧复习,就只剩下原来的25%。随着时间的推移遗忘的速度减慢,遗忘的数量也就减少。有人做过一个实验,两组学生学习一段课文,甲组在学习后不久进行一次复习,乙组不予复习,一天后甲组保持98%,乙组保持56%;一周后甲组保持83%,乙组保持33%,乙组的遗忘平均值比甲组高。

另外,遗忘的进程不仅受时间因素的制约,也受其他因素的制约。学生最先遗忘的是没有重要意义的、不感兴趣、不需要的材料。不熟悉的比熟悉的遗忘的要早。人们对无意义的音节的遗忘速度快于对散文的遗忘,而对散文的遗忘速度又快于韵律诗。在学习过程中,对一种材料达到一次完全正确的背诵后仍然继续学习,叫作过度学习。过度学习可以使学习的材料保持得好。要让记忆效果事半功倍,更牢、更深刻、更持久,就要真正把及时复习、理解记忆、联想记忆、过度学习运用到学习中。

记单词其实并不难,难在忘得快,可以采取三种方法和遗忘做斗争。

(1) 建立多种意义联系,让每个单词都有音、形、义。学会一个单词的基础就是要建立这三者之间的联系。在词汇学习的初级阶段,所学的单词中抽象单词比较少,因此记忆时可和图像联系起来。还有一种最常见的方法是把单词放在句子里记,放在句子里结合上下文,词义就不再是一个孤立的、零散的东西。

(2) 提高复习的质量为了巩固学习效果,不轻易遗忘所学的知识就需要适当的、合理的复习。那种临时抱佛脚,搞突击,纯粹为应付考试的复习,记得快,忘得快,并不可取。复习的质量取决于很多因素。首先是复习的次数和复习时间的间隔。根据遗忘先快后慢的规律,合理的复习的时间间隔应先短后长。复习的次数固然重要,但复习的程度也重要。这里所谓复习的程度就是指"单词记熟的程度"。复习的质量还取决于复习的方式。复习可以连续地进行,也可以在复习之间增加一些间隔,前者称为集中复习,后者称为分散复习。实验证明,一般情况下,用同样的时间,分散复习比集中复习的效果要好。这其中的原因是,在集中复习的过程中神经容易受到抑制的积累,而分散复习可使抑制得以消除。

(3) 分类归类记的单词比单个记的单词不容易忘记。在英语学习过程中可以根据自己的记忆特点进行词汇的归纳,比如词义归类法、符号缩写归纳法、正反义词归纳法等。①

本章小结

  第二章"教师教育专业词汇"是本书的主体章节之一,以"词"为中心,展现教师教育专业英语学习中常见的关键词、词汇、词组,内容涉及教师教育、教师、学生、课程教学、教学管理与评价、教师教育改革、教师发展、教育研究、教育政策等方面,为语句阅读(第三章)和篇章阅读(第四章)打下基础。由于每个人的学习方式和阅读偏好各有不同,所掌握的词汇量有多有少,对词汇的理解和难易认知存在差异,为了更好地掌握专业英语词汇,本章最后分享了专业英语词汇识记技巧、利用词典学好单词、健忘做斗争等内容,希望对读者学习专业英语词汇有所帮助,通过掌握更多的专业词汇,能更好地理解专业英语语句和篇章。

---

① 《英语单词学习》,百度百科,http://baike.baidu.com。

第三章　教师教育语句透析

通览教师教育专业英语词汇，想必读者对教师教育英文文献略感亲切，但是要真正读懂教师教育专业英文语句，必须要对语句翻译有更加深刻的理解，逐步加深对教师教育内涵与外延的认识。本章第一部分"论文题目双语研学"，从CSSCI中国社会科学引文索引中，摘取近年来发表的学术论文，将其中文标题与英文标题以对照形式进行简要介绍，既让读者对近年来教师教育研究热点有所了解，又从研究方法、研究对象、研究视角、国际比较、多元关系研究等方面进行梳理，为选择研究题目和研究方向提供参考。第二部分"经典语句汉英翻译"与第三部分"专业英语长句解析"，通过摘取近年来国内外教师教育研究领域相关文献、时事报道以及论文著作中的经典语句，进行语句释义与解析研读，进一步介绍教师教育专业与学科的相关内容。最后分享了教师教育名言警句，从而扩展读者的知识面。

一、论文题目双语研学

论文题目是一篇文章的核心，通常要体现研究对象、研究内容、研究方法、研究视角、研究特色与亮点等内容。为了开阔研究思路，拓宽研究视角，这里从中文社会科学引文索引（Chinese Social Sciences Citation Index）中选取核心刊物具有代表性论文的题目，并提供英文对照翻译。题目遴选上尽可能兼顾多种社会学科，如教育学、心理学、社会学、语言学、历史学等领域，并根据研究方法、研究内容、研究视角、研究对象、国际视野、关系研究等维度进行多样化呈现。学习过程中，可以结合主题，将核心词汇标记出来，进一步掌握中英论文标题的翻译方式和翻译技巧。

（一）多元研究方法

1. 反馈促进新教师教学反思能力发展的行动研究

Action Research on Improving Novice Teachers' Competence of Teaching Reflection with the Help of the Feedback Information

2. 教育实习对师范生职业发展的影响：基于典型个案的质性研究

The Influence of Teaching Practice on Pre-service Teachers' Professional Development: A Qualitative Study

3. 实践共同体与职前教师实践性知识发展——基于教育实习的叙事研究

A Narrative Research on Development of Pre-service Teacher's Practical Knowledge During the Teaching Practice

4. 2001—2015年境内外教师教育研究文献计量分析及其启示

The Biliometric Analysis of the Domestic and Foreign Teacher Educational Research Thesis and the Enlightenments from 2001 to 2015

5. 不同职业类别教师心理健康水平的横断历史研究(1995—2011)

Changes in Mental Health of Teachers' Sub-major Groups (1995—2011): A Cross-temporal Meta-analysis

6. 高校教师职业心理资本结构的实证研究

Empirical Analysis on the Structure of University Teachers' Professional Psychological Capital

7. 中国当代乡村教师身份认同中的困境研究——基于一位乡村教师的口述历史

Study on the Identity of Teachers in Rural Area of Contemporary China—Based on a Case Study of an Oral History

8. 智慧型教师情意品质的发现与认同——基于智慧型教师成长的案例研究

The Discovery and Identity of Affective Qualities of Intelligent Teachers: A Case Study Based on Intelligent Teachers' Growth

9. 国外教师权力研究热点与脉络演进——基于Cite Space知识图谱方法的透视

The Research Hotspots and Evolution of Teachers' Power Aboard—Visualizing

Mapping Knowledge Domain with Cite Space

10. E空间教师的自主发展特点研究——以现象学分析方法为视角

A Study on the Features of Teachers' Self-Development in the E-space: A Phenomenological Analysis

（二）多元研究对象

1. 教师教育者五大角色探析

Study of the Roles Played by Teacher Educators

2. 小学英语实习教师实践性知识发展研究

A Case Study of the Development of A Primary School EFL Student Teacher's Practical Knowledge

3. 农村薄弱学校骨干教师的流失与应对

Dropouts of Core Teachers in Rural Weak Schools and its Counter Measures

4. 农村小规模学校的师资建设困境与治理思路

On the Difficulties and Governance Way of the Faculty Construction of Rural Small Size School

5. 论中师教育传统的当代价值

On the Contemporary Value of Traditional Secondary Normal Education

6. 乡村教师培训存在的问题分析及对策思考

Research on the Existing Problems of Rural Teacher Training and Its Countermeasures

7. 聚焦我国民办幼儿园教师队伍的发展：问题、影响因素及政策建议

Focus on the Development of Non-government Kindergarten Teachers in China: Issues, Influence Factors and Policy Suggestions

8. 研究型大学教师科研合作与科研生产力——以北京师范大学教育学部为例

Research Collaboration and Productivity in Research-orientated University—A Empirical Study Based on Faculty of Education of BNU

9. 特教教师心理资本与职业倦怠的关系研究

On the Relationship Between Special Education Teachers' Psychological Capital and Job Burnout

10. 大学教师工作压力与心理韧性关系研究

Relationship of University Teachers' Mental Resilience and Work Stress

(三)多元研究视角

1. 教师专业发展的自我心理结构模型研究

Model of Self-structure for Teachers' Professional Development

2. 走进人文精神的教师专业发展

Teacher Professional Development in the Humanistic spirit: Reflection and Methods

3. 教师教育专业质量评估路向探究

Analysis of the Approach to Quality Evaluation of Higher Teacher Education

4. 上海教师入职教育规范化培训体系探析

On the New Induction Education System for Primary and Secondary Teachers in Shanghai

5. 论教师培训的需求评价要素:模型建构

On the Training Needs Assessment Element of Teacher Training: Constructing A Model

6. 教学场域中教师教学行为的规约与释放

Stipulation and Release of Teachers' Teaching Behavior in the Teaching Field

7. 职业教育教师实践共同体建设研究

Research on Building of Communities of Practice for Vocational Education Teachers

8. 教师权威的丧失与重建

The Loss and Reconstruction of Teacher Authority

9. 义务教育教师流动问题的非正式制度探析

In the View of Informal Institution to the Problems of Teachers' Mobility of

Compulsory Education

10. 翻转课堂教学模式下教师角色转变与综合素养提升

Research on the Teacher's Role and Professional Development in the Flipped Classroom

（四）国际比较研究

1. 中美教师数学教学知识比较研究

A Comparative Study of Mathematical Knowledge for Teaching Between Chinese and US Teachers

2. 提升教师教育质量：德国教师教育见习制度发展新趋向

Improve the Quality of Teacher Education: the New Trends of the Teacher Education Probation System in Germany

3. 日本特别支援教育教师资格认证制度的分析与启示

The Analysis and Implications on the Qualification System for Special Support Education Teachers in Japan

4. 国外教师幸福感研究进展

A Review of Overseas Research on Teacher Well-being

5. 英国代课教师现象研究及启示

The Study and Revelation of Supply Teachers in UK

6. 亚洲教师教与学状况分析与提升路径探讨——基于2013年教师教与学状况的国际性大数据调查项目

The Analysis and Exploring of Improving Pathways about Asian Teachers' Teaching and Learning Situation—Based on 2013 International Teaching and Learning Data Survey

7. 东方和西方国家教师建构主义教学观念与实践比较研究：基于"教与学国际调查"数据的分析

A Comparative Study of Concepts and Practice of Constructivism Teaching between Oriental and Western Countries: Based on the Data from "Teaching And Learning International Survey"

8. 国内、外特殊体育教师研究现状述评及展望

Review and Prospects on Teacher of Special Physical Education in China and Abroad

9. 英国、加拿大、新加坡体育教师培养模式对我国体育免费师范生培养模式的启示

Revelation of Physical Education Teacher Training Mode in Britain, Canada and Singapore to China Physical Education Major of Free Education for Undergraduates in Normal Universities Mode

10. 欧美国家大学教师身份及多元认同

College Teachers' Status and Multiple Identities in Western Countries

（五）多元关系研究

1. 变革型领导风格对中小学教师工作投入的影响：心理资本的中介和调节作用

The Influence of Transformational Leadership on Teachers' Work Engagement, the Mediating and Moderating Effect of Psychological Capital

2. 教师薪酬满意及其对教师绩效的影响

Payment Satisfaction: Differences and the Impact on Teacher Performance

3. 农村幼儿教师社会支持与离职意向的关系研究——以职业承诺为中介变量

The Research on Rural Preschool Teachers of the Relationship Between Social Support and Turnover Intention—Professional Commitment as the Mediator

4. 以学习为中心的校长领导力与教师领导力关系研究

A Research on the Relationship Between Learning-centered Principal Leadership and Teacher Leadership in Elementary and Secondary Schools

5. 幼儿园教师职业生涯适应力与离职意向的关系

The Relationship Between Kindergarten Teachers' Career Adaptability and Turnover Intention

6. 教师关怀行为与学生学业成绩的关系：学习效能感的中介作用

The Relationship of Teachers' Caring Behavior and Students' Academic

Development: The Mediating Role of Learning Self-efficacy

7. 团队认同对教师人格与职业倦怠关系的跨层调节作用

Personality and Job Burnout in Teachers: Cross-level Moderating of Group Identification

8. 社会经济地位与新教师入职适应的关系研究

The Relation Research Between Socioeconomic Status and Beginning Teachers' Occupational Adaptation

9. 教学临场感与中小学教师网络研修行为的关系研究——以上海初中英语网络研修为例

A Study on the Relationship Between Teaching Presence and K-12 Teacher Online Learning Behaviors: A Case Study of Secondary School English Teacher Training in Shanghai

10. 师生人际关系对教师教学反馈及学生行为的影响研究

Effects of Interpersonal Relationships Between Teachers and Students on Teacher Feedback and Student Behavior

二、经典语句汉英翻译

"教师教育"得到越来越多的专家学者的关注，在教育领域中的地位举足轻重。该部分选取近年来公开发表且具有代表性的"教师教育"相关论文中重点内容和经典教育学著作以及教育家有关"教师教育"观点的阐述，与读者共同探讨教师教育内涵与外延。进一步地结合我国当今有关加强推进教师队伍建设等方面的政策意见，了解"教师教育"发展新动态，以增强对"教师教育"作为一门学科发展的重要性与必要性的认识。

（一）教师教育标准体系

原文：从持续专业发展角度来看，把教师职称标准、荣誉标准、教师绩效工资标准、教师资格标准更新等融合为一体，保障教师持续专业发展的质量，从而使教师教育的每个环节都有质量保障，最终以教师教育标准建立完整的教师教育质量保障体系。①

译文：In the aspect of sustainable professional development, we shall integrate teachers' professional title standard, credit standard, teacher performance salary standard and teacher qualification standard renewal, ect., so as to guarantee the quality of teachers' sustainable professional development, to guarantee the quality of each link of teacher education, and finally establish complete quality guarantee system of teacher education with teacher educational standard.②

解析：教师专业发展是教师教育研究领域的热点与焦点问题，如何从质量上考察与保障教师专业发展的有效性是教育研究者需要考虑的实际问题。北京师范大学朱旭东教授认为教师教育质量由教师职称标准、荣誉标准、教师绩效工资标准、教师资格标准等因素共同构成，其中任何一个因素缺失或发展不当都会影响教师队伍质量。

中国有300万乡村教师，乡村教师队伍建设是教育改革发展的重要问题，是实现"四个全面"战略布局的重要举措，2015年国家出台"乡村教师支持计划"，将乡村教师队伍建设上升为国家战略，逐步形成"下得去、留得住、教得好"的乡村教师新局面，目标到2020年，努力造就一支素质优良、甘于奉献、扎根乡村的教师队伍，为基本实现教育现代化提供坚强有力的师资保障。《乡村教师支持计划》提出了一系列重要举措，包括全面提高乡村教师思想政治素质和师德水平，拓展乡村教师补充渠道，提高乡村教师生活待遇，统一城乡教职工编制标准，职称（职务）评聘向乡村学校倾斜，推动城镇优秀教师向乡村学校流动，全面提升乡村教师能力素质，建立乡村教师荣誉制度等③。

（二）教师教育学科建立

原文：在"教育学"一级学科下建立"教师教育学"二级学科是我国百余年师范教育演变史以及当今教师教育事业需求之必然产物，也符合教师教育发展

---

① 朱旭东：《教师教育标准体系的建立：未来教师教育的方向》，《教育研究》2010年第6期，第30页。
② 同上，第36页。
③ 《国务院办公厅关于印发乡村教师支持计划（2015-2020年）的通知》，http://www.moe.edu.cn/jyb_xxgk/moe_1777/moe_1778/201506/t20150612_190354.html. 2017-06-06.

的内在逻辑。①

译文：To establish the secondary level discipline of "teacher pedagogy" under the first level discipline of "pedagogy" is the inevitable outcome of our history of teacher educational evolvement for over one hundred years and the current requirement of teacher educational undertaking, which is also in accordance with the internal logic of the development of teacher education.②

解读：教师教育专业作为"教育学"一级学科下的二级学科是对教育学科体系的完善与发展。从历史上看，教育学作为一门学科处在不断分化发展过程中，学前教育学、比较教育学、职业技术教育学、成人教育学等，都是随时代发展需要应运而生的，因此作为以研究教师教育活动一般规律及其实际运作为己任的"教师教育"专业，同样应取得独立学科地位，并在教育学研究领域中占有一席之地，实现学科发展历史性与现实性的统一。

从教师教育应作为独立学科的内在逻辑看，"教师教育"学科的建立符合促进教师教育专业化的发展逻辑。从全国范围看，不仅师范院校，包括众多综合院校在内的高校纷纷将"教育学院"更名为"教师教育学院"或新成立"教师教育学院"独立于教育学院之外，旨在培养专业化、一体化的高学历青年教师。"要培养专业化的教师，在高等教育中就必须有开展教师教育的专业活动；专业又是以学科为基础的，要实现教师的专业化，实现教师教育的专业化，建设教师教育学科就是最急迫的任务。"③

（三）教师教育一体化

原文：教师教育职前职后一体化发展是当前我国教师教育改革与发展中的重大战略主题之一。在全面推进教师教育职前职后一体化发展过程中，其相应的体制机制创新是深化改革的关键和难点。当前，我国教师教育一体化改革进程中还面临着一些困难与障碍，应通过明确统筹主体、统筹规划教师专业发展目标、建立制度规范、形成协同机制、共建共享优质资源、搭建共生发展平台、完善评

---

① 陈永明：《"教师教育学"学科建立之思考》，《教育研究》2009年第1期，第53页。
② 同上，第59页。
③ 李学农：《教师专业化实践的困境与教师教育学科理论的生长》，《教育理论与实践》2007年第4期。

价与问责制度等,促进教师教育一体化发展的体制机制创新。①

译文: The integration of pre-service and in-service teacher education has become one of the major strategic themes in the reform and development of teacher education in China. The innovation of corresponding government institutions and mechanisms is the key in intensifying reform during the process of fully implementing the integrative development of teacher education. At present, there are still some problems in the process of the reform of the integrative development of teacher education. In future, we should designate the planning subject, plan the goal of teachers' professional development as a whole, establish regulations and norms, develop collaborative mechanism, co-build and share resources with high quality, construct platforms for intergrowth development, and improve the regulations on evaluation and accountability, etc., so that the innovation of institution and mechanism in the integrative development of teacher education can be promoted.②

解析: 教师教育是一种培养师资的专业性教育。从传统观念上看,人们将"师范教育"与"教师教育"视为两个不同的范畴:"师范教育"侧重于教师在担任教职前所接受的正规学校教育,而"教师教育"知识体系有三大组成要素——"培养""任用"和"研修",三者是教师专业发展必要的基石,并且相互连贯、不可分割。③

2001年6月,中央召开了全国基础教育工作会议,公布了《国务院关于基础教育改革与发展的决定》,其中提到要"完善教师教育体系,深化人事制度改革,大力加强中小学教师队伍建设",正式提出了"教师教育"这一概念。会议提出"完善以现有师范院校为主体、其他高校共同参与、培养培训相衔接的开放的教师教育体系。"这是第一次在政府文件中以"教师教育"替代了长期使用的"师范教育"概念。为此,时任教育部师范司司长马立女士在接受记者采访时认为,"教师教育"是对教师培养和培训的统称。过去的"师范教育"也是包括对教师培养和培训两个部分,但是长期以来,培养和培训相对分离,相互沟通不

---

① 刘义兵、付光槐:《教师教育一体化发展的体制机制创新》,《教育研究》2014年第1期,第111页。
② 同上,第116页。
③ 王健:《我国教师教育学的逻辑起点研究及学科体系构建》,华东师范大学公共管理学院2009届研究生博士学位论文,2009年3月,第22页。

够,因此容易被人误会"师范教育"仅指对教师的职前培养,不包括在职培训。

日本教师培养教育在战前称为师范教育。战后随着师范学校的废除,师范教育一词成了历史用语。"教员养成教育"作为战后开放型的教师培养教育取代了战前作为师范教育的封闭型教师培养教育,这是不同历史时期的不同概念。这也不仅仅是名称上的改变,更重要的是随之而来进行的实质性的变革。①

(四)教师教育改革创新

原文:借鉴发达国家教师教育改革与创新的成功经验,推进我国教师教育的改革,在宏观上,教师教育应由国家主导,统筹规划;在中观上,教师教育应建立"实践取向"的课程门类,把教师的在职学习纳入终身学习体系;在微观上,教师教育应建立高校与中小学联合体,形成教师教育协同创新机制,使基础教育和教师教育相互促进,共同发展。②

译文: To learn from the successful experiences of teacher education reform and innovation in developed countries and promote teacher education reform in China, teacher education should be led and planned by country overall at the macro level; "practice-oriented" curriculum categories should be established in teacher education at the middle level, and teachers' in-service learning should be brought into lifelong learning system; university and primary-secondary school association should be established in teacher education at the micro level, and the collaborative innovation mechanism of teacher education should be formed, so as to make the basic education and teacher education achieve mutual promotion and common development.③

解析:从上述观点来看,我国教师教育在发展过程中更多关注宏观方面和中观方面的建设,在微观方面少有提及,而其微观方面恰恰决定了教师教育发展的程度,正所谓"细节决定成败"。

从"教师教育"师资队伍自身来看,目前我国教师教育学科研究人员队伍单一,且多集中于高校,不少研究者没有基础教育阶段从教经历,并未真正深入

---

① 陈永明:《中日两国教师教育之比较》,上海:华东师范大学出版社,1994年,第1页。
② 关松林:《发达国家教师教育改革的经验与思考》,《教育研究》2014年第12期,第101页。
③ 同上,第108页。

中小学校园了解基础教育一线教师的工作环境及工作现状,因此很难切身感受研究对象教师职业生涯所面临的突出问题,不利于发现和解决实际问题。

从"教师教育"师资中小学教师队伍关系来看,当前我国教师教育研究队伍力量单薄,研究人员基本限于高等教育研究者和师范院校管理人员。然而广大一线教师作为一股尚待开发的力量,应作为教师教育专业研究者被纳入研究人才队伍,意味着教师教育专家学者应着重培养一线教师,将其打造成优秀的研究型教师,扩充教师教育专业人才队伍。

教师教育研究不能闭门造车,要想通过研究着实解决教师专业发展过程中的实际问题,教师教育专业学者应加强与中小学、幼儿园等各级各类教育当中教师之间的良好合作,深入学校及课堂切实了解教师实际工作情况,为其专业成长及发展提出切实可行的意见与建议,真正实现研究为发展服务。

(五)大学教师聘任制度

原文: 处在激烈变革的当今世界,大学既要讲究办学效益而实施聘任制,又要尊重大学教师的独立性和学术型而继续遵循"学术自由""大学自治"的金科玉律,这是发达国家进入新世纪优化高校师资队伍面临的两难课题。[①]

译文: In this drastically changing world, the university is in a dilemma because of the following two considerations: on the one hand, the university needs to implement the employment system for teachers because of the focus on university-running efficiency; on the other hand, the principles of academic freedom and university autonomy should be observed for the independency and profession characterized by university teachers' work.[②]

解析: 高校对教师实行聘任制即意味着高校对教师有规范和约束的权利,而高校作为知识传播与创新的学术高地,理应具有宽松的学术环境与氛围,作为高校教师应当享有"学术自由"的权利,如何平衡二者关系是作为新世纪大学需要认真考虑和对待的问题。

众所周知,世界上不存在绝对的自由,任何自由都是有条件的,是在一定范围

---

① 陈永明:《大学教师聘任的国际比较》,《比较教育研究》2007年第2期,第37页。
② 同上,第41页。

内的相对自由。因此作为高校教师,应在遵循元政策前提下践行"学术自由"与"大学自治",关注教育中的实际问题并利用理论知识切实解决问题。然而我国高校在实际建设与发展过程中,往往只重视其中一方面而忽视另一方面,从而走向"极端",这应当引起警惕并在实际工作中加以避免。

(六)教师影子学习

原文: 教师"影子学习"的价值定位是为儿童而研修、为成长而研修,它以建构知识(问题解决、实践改善)为目标,以真实情境中经验生成的、整合的知识为内容,依托主体多元的学习共同体,进行互动参与式和反思探讨式的、长期持续的自我指导学习。①

译文: Teachers' "shadow learning" serves for their personal development and for the valid study of children. With the aim of constructing knowledge, shadow learning applies the integrated knowledge from the real life experience to involve interactive, reflective, long-term and continuous self-guided learning in a multi-subjective learning community.②

解析: 作者在文中将"影子学习"归纳为四个方面:尾随与跟读;见习与观摩;批判和发现;扩充和补习。对于新教师来说,"影子学习"的重点是在见习、观摩中模仿;对于有经验的教师来说,"影子学习"的重点是体验与感悟;而专家教师"影子学习"的重点是反思与批判。③

教师"影子学习"的四个方面对应了教师专业成长的四个阶段,教师从一名准教师到新手型教师,再到经验丰富的教师并最终成长为专家型教师要经过一段时间的磨炼与沉淀。这一过程不仅需要教师的自我调整与反思,更重要的是教师作为教育者和研究者,要具有专业发展的意识与潜力,在影响教育他人的同时,具有自我教育与发现的本领,以帮助自己更好更快成长。

---

① 汪文华、潮道祥:《中小学教师"影子学习"的基本内涵与实现路径》,《教师教育学报》2015年第6期,第31页。
② 同上,第40页。
③ 同上,第32页。

（七）教师教育共同体

原文：教师教育共同体实质上是包含了三种意蕴的结合体：从成员之间思想信念的统一程度看，教师教育共同体首先是一种精神共同体；从利益共享和文化融合的视角看，教师教育共同体又是一种合作共同体；从问题解决的指向和过程看，教师教育共同体更是一种实践共同体。①

译文：The teacher education community consists of three parts: firstly, from the perspective of faith, it is a spiritual community; secondly, from the perspective of pooling of interest and culture integration, it is a cooperation community; thirdly, from the perspective of problem solving orientation and process, it is a community of practice.②

解析："共同体"作为一个概念最早出现于1887年出版的德国社会学家滕尼斯（Fernand Tonnes）所著的《共同体与社会》（Gemeinschaft und Gesellschaft，英译为Community and Society）一书中。滕尼斯认为作为"共同体"的成员有着共同价值观和传统，他们有共同的善恶观念、共同的朋友和敌人，存在着"我们"或"我们的"意识。③

教师教育共同体作为共同体概念的延伸，有着更为丰富的内涵与意义，不仅是精神共同体与合作共同体，还是一种实践共同体。理论来自实践，而实践又必须上升为理论，才能为后续实践进行有效指导，没有理论支撑的学科实践就如空中楼阁，随时有倾覆的危险。因此要加强教师教育理论方面建设，优化顶层设计。

（八）教师道德生活

原文：而长期以来，对道德生活的解读往往阻隔在真实情感之外，面对当下教师道德生活呈现出的可堪忧虑的情感—生命现状，教师道德生活向情感维度的转向迫在眉睫。④

---

① 张增田、彭寿清：《论教师教育共同体的三重意蕴》，《教育研究》2012年第11期，第93页。
② 同上，第97页。
③ 李慧凤、蔡旭昶：《"共同体"概念的演变、应用与公民社会》，《学术月刊》2010年6月第42卷，第20页。
④ 钟芳芳、朱小蔓：《论当代教师道德生活的困境与自主成长：基于情感自觉的视角》，《教师教育研究》2016年第6期，第1页。

译文: For a long time, the view of moral life has been cut off outside the true feelings. Teachers' moral life urgently need transfer to the emotional level by facing the present teachers' moral life presenting the crisis of emotional-life.[①]

解析: 学者在文中对"情感—生命现状"进行阐释,认为教师作为"活生生"的人的情感维度被严重遮蔽,教师迷失在"无我""无情"的道德生活困境之中。近年来,有关教师道德沦丧的报道,如幼师虐童、教师收礼、天价补课费等事件的曝光,影响极为恶劣。涉案教师掩埋了自己的精神世界,无视自己的教师身份,让教师职业黯然失色。师德是教师之魂,师德建设应向情感维度转变,让教师从内心真正热爱教学,体恤学生,真正为学生考虑,指引学生健康成长与发展。广大教师与准教师应切实从自身做起,遵纪守法,坚守道德底线,以自身实际行动为学生树立崇高榜样!

(九)高校思想政治教育

原文: 我国高等教育发展方向要同我国发展的现实目标和未来方向紧密联系在一起,为人民服务,为中国共产党治国理政服务,为巩固和发展中国特色社会主义制度服务,为改革开放和社会主义现代化建设服务。[②]

译文: The development of China's higher education goals needs to be realistic and closely aligned with the overall development and future direction of China. Any changes must serve the people, support and maintain administrative services for Chinese Communist Party rule. They must consolidate and develop the Chinese socialist service system for reform thus opening room for the construction of a socialist modernization.

解析: 2016年12月7日至8日全国高校思想政治工作会议在北京召开,中共中央总书记、国家主席、中央军委主席习近平出席会议并发表重要讲话。他强调,高校思想政治工作关系高校培养什么样的人、如何培养人以及为谁培养人这个根本问题。要坚持把立德树人作为中心环节,把思想政治工作贯穿教育教学全

---

① 钟芳芳、朱小蔓:《论当代教师道德生活的困境与自主成长:基于情感自觉的视角》,《教师教育研究》2016年第6期,第1页。
② 张烁:《习近平在全国高校思想政治工作会议上强调:把思想政治工作贯穿教育教学全过程开创我国高等教育事业发展新局面》,《人民日报》2016年12月9日,第1版。

过程,实现全程育人、全方位育人,努力开创我国高等教育事业发展新局面。[①]

此次会议将高校中的思想政治教育提高到一个新高度。高校历来是各种思想流派的舆论阵地,因此高校必须高度重视学生及教师的思想政治建设,心系祖国、心系人民,助力实现美丽"中国梦"。另一方面,随着世界交融日益频繁密切,多种多样的价值观随之而来,青年学生价值观正处于逐步建立过程中,意志尚不坚定,思想尚未成熟,面对世界范围思想文化交流交融交锋形势下价值观较量的新态势,教师的科学引导则显得尤为重要。高校教师应认真学习贯彻全国高校思想政治工作会议精神,引导学生树立科学的世界观、人生观、价值观,为社会主义建设添砖加瓦。

(十)教师教学国际调查

原文: 必须指出的是:TALIS调研不对任何国家、任何教学实践的有效性进行主观判断,而是通过展现大量的数据信息,帮助人们更全面地理解不同教育系统中教师的教学实践和参与专业共同体的学习情况。[②]

译文: It must be pointed out that a TALIS investigation against any country makes a subjective judgment of the validity of any teaching practice. By providing a lot of data and information, it helps people better understand the teaching practices of different education systems thus contributing to the professional learning community.[③]

解析: TALIS全称Teaching and Learning International Survey Programme,中文名称"教师教学国际调查",是经济合作与发展组织(OECD,以下简称经合组织)继PISA(国际学生评估项目)后组织的又一项大型国际教育研究项目,被称作"教师PISA"。教师教学国际调查于2008年首次实施,以问卷调查方式进行,分教师问卷和校长问卷,每个国家抽样200所初中,每个学校抽取20位教师和1名校长参加调查。通过调查教师的专业发展、教师职前准备、教育理念与实践、教师的工作环境条件,从而揭示教师对学生学业成就和成长发展的影响。

---

① 张烁:《习近平在全国高校思想政治工作会议上强调:把思想政治工作贯穿教育教学全过程开创我国高等教育事业发展新局面》,《人民日报》2016年12月9日,第1版。
② 王洁、张民选:《TALIS教师专业发展评价框架的实践与思考——基于TALIS2013上海调查结果分析》,《全球教育展望》2016年第6期,第88页。
③ 同上,第98页。

2016年2月18日,经合组织公布教师教学国际调查TALIS项目的"上海答卷",结果证明:沪上初中老师的表现总体上远超国际平均水平,相对于参加调查的38个国家和地区,至少在10个指标上取得"世界之最"。上海初中教师表现为年纪轻、学历高、专业准备充分、课堂时间使用高效等特点。其中,上海初中教师平均年龄38周岁(国际均值:43周岁),大学本科及以上的教师达98.5%(国际均值:92.7%),课堂时间中用于维持纪律的课堂时间占8%(国际均值:12%),学科内容方面准备充分占97.9%(国际均值:93.9%),教育教学方法方面准备充分占96%(国际均值:89.7%)。[1]

我国基础教育阶段师资主要由各大师范院校进行培养,高等师范院校学制一般为四年,意味着师范生在校经过四年学习并考取教师资格证之后便可通过相关考核进入中小学任教,而国外师资培养所需时间较长,过程也更为严格。例如在英国取得教师资格主要有三种途径:一是学士课程学习,二是硕士课程学习,三是在职人员学习。不仅对教师资格有严格要求,而且对教师教育机构也实行严格的督导制度。[2]法国对教师要求更为严格,一般要获得大学3年的文凭之后,才可以进入教师培训学院接受2年的硕士教育。因此要成为一名合格的中小学教师,必须要完成5年的学业,达到综合大学的研究生水平。[3]在世界银行看来,一位优秀的教师首先应该具有硕士或者博士学位,或者有着专业的学科背景知识,例如数学学科教育专业,其次是拥有学校教学经验。[4]因为从一定程度上讲,教师综合素质决定了作为国家最主要生力军"学生"的综合素养,有好老师,才有好的教育。

(十一)教师的教育技巧

原文:A.C.马卡连柯确认,教育技巧可能并应当成为每个教育者的财富:"应当只谈技巧……也就是应当谈教育过程中的实际知识……我根据自己的经

---

[1] 《"教师教学国际调查(TALIS)"结果公布 上海教师水平远超国际均值》,上海网,http://www.shanghai.gov.cn/nw2/nw2314/nw2315/nw4411/u21aw1106209.html,2016年12月20日。
[2] 关松林:《发达国家教师教育改革的经验与思考》,《教育研究》2014年第12期,第102页。
[3] 郑婉:《法国教师教育的改革现状及其借鉴》,《北京教育学院学报》2011年第5期,第35-39页。
[4] Secondary Education in India: Universalizing Opportunity, World Bank. [EB/OL]. http://documents.worldbank.org./curated/en/2009/01/10567129/secondary-education-india-universalizzing-opportunity-vol-1-2, 2017年2月24日。

验,得到了这样一个信念:以能力和熟练的业务水平为基础的技巧,才能够解决问题。"①

译文:A. C. Makarenko confirmed that education skills could and should be discussed in terms of wealth: "Skills... should talk about education leading to practical knowledge. According to my experience, a high level of business skills can solve practical problems.

解析:安东·谢苗诺维奇·马卡连柯(Антон Семёнович Макаренко 1888—1939),苏联著名教育革新家、教育理论家、教育实践家和作家。马卡连柯一生致力于劳苦大众儿童的教育,特别是在"问题少年"教育方面卓有成效,这与他的生活成长经历有一定关系。

马卡连柯出生于铁路工人家庭,从小亲眼目睹劳苦大众人民生活之不幸,对穷苦人家的儿童有着莫大的心疼与同情,加之受到马克思主义劳动教育思想的影响,经过大胆探索,马卡连柯创造性地提出"通过集体生产劳动来教育儿童"以及"在集体中进行教育"的原则和方法,把数千名少年违法者改造成社会主义建设人才,在为国家排解忧患的同时,为国家培养了大批栋梁之材,称得上是教育界的典范和奇迹。

与马卡连柯类似,陶行知作为我国"伟大的人民教育家",为了祖国乡村教育建设的需要,毅然决然放弃南京高师高薪工作只身前往晓庄,创办晓庄试验乡村师范(现南京晓庄学院),一方面培养了广大乡村学生,另一方面为当地培养了一大批师资力量,对中国基础教育的发展做出了伟大贡献!

(十二)教师联合会

原文:教师联合会、教育协会的名称只是一种表面的标志,实质上是促进智力的血统现象,是推动教学的有力证据,是推动教学的一个机构,是满足内在需要的手段,是教育思想的有机产品。②

译文:The teachers unions, which are a part of the Education Association, are a kind of superficial symbol. Their essence is to develop a cultural awareness that becomes an inherited level of knowledge across generations. This then presents strong evidence for

---

① [苏]马卡连柯:《马卡连柯全集》第五卷,北京:人民教育出版社,1956年,第229页。
② [德]第斯多惠:《德国教师培养指南》,北京:人民教育出版社,2001年,第202页。

promoting teachers. It is a mechanism to meet internal needs and is the organic product of ideas about education.

解析：第斯多惠是19世纪德国著名民主主义教育家，著有《德国教师培养指南》，被誉为"德国教师的教师"。

中西方教师联合会形式与内涵略有不同。美国的家长教师联合会体系像一个金字塔，最高的是全国家长教师联合会（National PTA），中间的是州家长教师联合会（State PTA），最基层的是地方家长教师联合会（Local Unit）。这三个层次的家长教师联合会各有分工，但他们的任务却是一样的，即：（1）在学校、社区以及任何政府机构和其他组织做出影响儿童的决定前，支持并为儿童代言；（2）帮助家长掌握养育和保护儿童的技能；（3）鼓励家长与公众参与美国公立学校的教育。[1]我国教师联合会一般以工会形式存在，主要致力于维护教师权益，为教职员工送温暖等。

实际上，教师联合会作为学校组织的一部分，其职责除维护教师权益，还应肩负孵化教育思想、助力学校发展等教育职能。一方面切实保障教师权益使之不流于形式，另一方面发挥集体聪明才智为学校健康良好发展积极建言献策。

（十三）教师专业发展研究中心

原文：中国教育学会"教师专业发展研究中心"15日在京成立。中心采用公益性、学术性、协作型的组织形态，是全国教师专业发展的研究平台、交流平台、成果推广平台和服务平台。[2]

译文：The China Institute of Education Teacher Professional Development Research Center was established in Beijing January 15, 2017. The center adopts the public welfare academic and cooperative organization, which are the research platform, communication platform, promotion platform and service platform.

解析：2017年1月14日至15日，中国教育学会"教师专业发展研究中心"成立大会暨"首届全国教师专业发展研讨会"在中国人民大学附属中学举行。中心将

---

[1] 陈峥、王建梁：《家校合作的纽带——美国家长教师联合会研究》，《外国中小学教育》2003年第5期，第22页。

[2] 赵婀娜：《教师专业发展研究中心成立》，《人民日报》2017年1月16日，第12版。

从促进学生健康成长出发,研究教师专业发展的基本规律,构建教师专业发展课程,探索教师教育资源建设机制,创新教师研修模式,致力于解决教师专业发展面临的重点问题和难点问题,为全国教师专业发展提供方向引领和专业支持。①

"教师专业发展研究中心"的成立,标志着我国对教师培养与培训的认识提高到一个新的高度。教师作为专业人员,理应具备其职业所要求的专业性。相应的,唯有实现教师专业化发展,规范师资队伍建设,才有助于实现教师社会地位的提高,有利于提升教师作为专门职业的社会认可度进而赢得国民对教师的尊重。

(十四)教学目标分类

原文:布鲁姆和他的学生们认为,"教学目标"包括三个主要方面,按他们的说法称为"认知领域""情感领域"和"技能领域"。②

译文:Bloom and his students believe that the "teaching objectives" include three main areas; what they call "cognitive domain" "affective domain" and "skill areas".

解析:早在1920年前后,博比特(Franklin Bobbitt)和查特斯(W. W. Charters)就曾经试图通过对"成人社会"的"活动分析"来确定课程目标。后来经过查特斯的门生泰勒(Ralph Tyler)和泰勒的门生布鲁姆(Benjamin S. Bloom)的发展,形成了完整的教学目标分类理论。③

在上述"教学目标"所包含的三个方面中,认知领域教学目标由布鲁姆于1956年提出,在其后的几年中,由布鲁姆的学生们逐步丰富完善教学目标理论。布鲁姆将认知目标从低到高概括为:知识、理解、运用、分析、综合、评价,这是一个阶梯式从低到高不断向上的过程。类似的,捷克著名教育家夸美纽斯在《大教学论》中也曾有过论述:假如能使孩子们先运用他们的感官(因为这最容易),然后运用记忆,随后再运用理解,最后才运用判断,这样才会次第井然;因为一切知识都是从感官的感知开始的;然后才由想象的媒介进入记忆的领域;随后才

---

① 赵婀娜:《教师专业发展研究中心成立》,《人民日报》2017年1月16日,第12版。
② 李秉德:《教学论》,北京:人民教育出版社,2001年,第51页。
③ 同上书,第50页。

由具体事物的探讨对普遍生出理解；最后才有对于业已领会的事实的判断。这样我们的知识才能牢实地确定。①"情感目标"由布鲁姆的学生克拉斯沃尔（David Krathwohl）于1964年提出，认为情感目标包括接受、反应、形成价值观念、组织价值体系、形成价值情绪（意即渗透到个性心理之中）。②"技能目标"由布鲁姆的学生哈罗（Anita Harrow）于1972年提出，认为技能目标包括观察、模仿、联系、适应。

教育界对于布鲁姆教育目标分类存在很多不同意见，比如有人认为他们的分类把完整统一的教学目标割裂成琐细的单元，忽视了认知、情感和技能三者之间的内在联系；还有人认为他们只重视外显的、可直接观察的行为目标，忽略了行为目标背后的意识活动；还有人认为，情感目标是难以用行为变化来说明的，因而提出这方面的目标分类是毫无意义的。他们认为情感因素，特别是价值观、态度、鉴赏力等主要是通过"隐蔽课程"潜移默化而获得的，因而是教学中难以控制的因素。③

布鲁姆的教学目标理论有可取之处，从本意上讲，他们并非要将三者分裂开来，只是为了更为详细地阐述每个领域教学目标的应然之意，在实际的教育教学过程中应综合考虑认知、情感与技能领域所应实现的教学目标。我国新课程改革所倡导的"三维目标"在此基础上，要求教师在课堂教学过程中综合实现学生知识技能、过程方法与情感态度价值观方面的教学目标，使学生通过课堂学习，不仅掌握基础知识与基本技能，还应了解相关学习方法并在价值观等方面有所进益。

三、专业英语长句解析

本部分以"Teacher Education"为关键词检索了外文新闻网站资讯消息以及期刊数据库中有关教师教育的相关文献，选择具有代表性的语句进行汉语翻译并对其观点进行阐述，解析部分仅供参考。

---

① 夸美纽斯著：《大教学论》，傅任敢译，北京：教育科学出版社，1999年，第97页。
② 李秉德：《教学论》，北京：人民教育出版社2001年，第51页。
③ 同上。

(一) 教师资格考试

原文: To enter the teaching profession, adults with diplomas from universities or normal colleges can take the Teachers' Qualification Examination, which includes a written test and an interview.①

译文: 毕业于普通高校抑或师范院校的具有学业文凭的成年人，如果想要进入教学行业，他们可以参加包含笔试和面试两部分的教师资格考试。

解析: 2000年9月23日，教育部发布了面向社会认定教师资格的操作性规定《教师资格条例实施办法》，教师资格制度在全国开始全面实施。2001年4月，教师资格认定工作全面实施进入实际操作阶段。2002年3月上海首次接受社会人员对教师资格的认定申请。②在我国，教师资格认定制度历经十余年发展，认定过程越来越严格化、规范化。自2015年起我国再次对教师资格证考试实行改革，改革后不再分师范生和非师范生的区别，意味着原本师范院校毕业只需注册就可领取教师资格证现象不复存在，不论是师范生与否，想要从教都必须参加国家统一考试，方可申请教师资格证。除此之外，改革后教师资格证考试实行国考，考试内容增加、难度加大，对人民教师的要求进一步提高。

我国教师资格证共分为七大类别，教师资格证考试除笔试、面试两部分外，还需要报考者在全省统一组织的普通话考试成绩中成绩达到二级乙等（中文专业为二级甲等）以上，提供相关政审材料以及在各地区指定医院进行体检达到合格标准等。需要注意的是，取得教师资格证只是具备了从教资格，想要真正成为一名人民教师还要进行一系列教师招聘考试。

(二) PISA

原文: Feng was among a group of teachers who were invited to Britain to teach children there arithmetic after Shanghai math teaching gained world attention when the 2012 results of the PISA survey of 510,000 students in 65 countries ranked the city No. 1 in mathematics competency.③

---

① PISA 2015 HIGH PERFORMERS, http://www.oecd.org/pisa/PISA-2015-china.pdf, 2016年12月29日。
② 龙英:《我国教师资格制度的问题及其改革对策研究》，东北师范大学硕士学位论文，2008年5月，第5页。
③ Yang meiping, "City teacher showing UK students how it all adds up," *Shanghai Daily*, February 9, 2015, A4.

译文： 2012年在由来自65个国家的510000名学生参加的PISA测试中，上海位列数学能力第一名，上海的数学教学因此获得世界关注。冯老师作为受邀到英国的教师成员组中的一员，在英国为学生们教授算术课程。

解析： PISA全称Program for International Student Assessment，中文译名"国际学生评估项目"。该项目是一项由经济合作与发展组织（Organization for Economic Co-operation and Development, OECD）统筹的学生能力国际评估计划，主要对接近完成基础教育的15岁学生进行评估，测试学生们能否掌握参与社会所需要的知识与技能。

PISA评估于2000年首次举办，此后每三年举行一次。评估主要分为三个领域：阅读素养、数学素养及科学素养，由这三项组成一评估循环核心，在每一个评核周期里，对其中一个领域进行深入评估，其他两项则进行综合评测。2009年上海市152所学校的5115名学生代表我国大陆首次参加由经济合作与发展组织进行的第四次国际学生评估项目，并一举取得阅读、数学、科学素养第一的佳绩，上海教育由此引发世界关注。2012年PISA首次尝试引入了基于计算机的问题解决测试，2013年12月，经合组织公布了全球65个国家和地区的2012年PISA测试结果，上海学生在阅读、数学、科学三个科目中均排名第一，但在计算机的问题解决能力方面稍显不足，屈居第六。

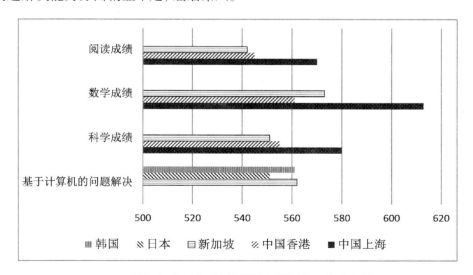

图3.1　PISA-2012测试各科目前三名分布图

PISA评估重在考查学生解决生活实际问题等方面的能力,测试学生们能否掌握参与社会所需要的知识与技能。PISA不是一场世界性竞赛,也不是一种选拔性的考试,而是一项多维度、实质性的国际教育调查研究,PISA的第一大特性就是其"政策导向"。①

经合组织强调,PISA旨在透过学生测试成绩和问卷调查,为各国政府和教育政策制定者提供多侧面教育信息,了解本国教育发展状况,认识造成当下教育状况的各种原因,从而为各国制定正确有效的教育决策及推进教育改革发展提供国际参照数据和成功经验。②总而言之,PISA测试的意义绝不仅仅是测量学生的学习成绩和排名,它的根本宗旨是通过测量各国(地区)15岁学生的学业素养,并进行国际比较,对各国(地区)教育体制及政策提出批判性、建设性的意见,从而促进教育质量的提升。

(三) TIMSS

原文: TIMSS assessment and questionnaire data provide an authoritative account of how the world's students are currently performing in mathematics and science, how performance has evolved over the past 20 years, and the changes that have occurred in curriculum, instruction, and other aspects of education that affect learning.③

译文: 有关全球学生目前在数学课以及科学课上是如何表现的,TIMSS的评估结果以及问卷数据提供了权威的解释,不仅如此,TIMSS的评估结果呈现了过去20年中国际数学与科学教育所发生的变化,以及发生在课程,教学以及影响学生学习效果的其他教育方面的变化。

解析: TIMSS全称Trends in International Mathematics and Science Study, 中文译名"国际数学与科学趋势研究",是由国际教育成就评价协会(the International Association for the Evaluation of Educational Achievement)发起和组织的国际教育

---

① OECD. *PISA 2009 Results, What Students Know and Can Do* (Vol. 1), Paris: OECD, 2010.
② 张民选等:《专业视野中的PISA》,《教育研究》2011年第6期,第4页。
③ Ina V.S. Mulls, et.al., *20 Years of TIMSS: International Trends in Mathematics and Science Achievement, Curriculum, and Instruction*, (Boston: TIMSS & PIRLS International Study Center, Lynch School of Education, Boston College and International Association for the Evaluation of Educational Achievement, 2016), p.3.

评价研究和评测活动。TIMSS主要测试四年级和八年级学生的数学与科学学业成绩,以及达到课程目标的情况。目前中国大陆没有参加项目测试,2012年12月10日,四年一届的TIMSS项目中,中国香港和台湾地区参与其中并取得骄人成绩。① TIMSS研究结果对我国的数学教育和科学教育有一定的启发和借鉴意义。

从国际视角来看,无论PISA测试还是TIMSS研究,均注重学生数学和科学方面素养的考察,凸显了数学与科学在当今世界教育发展中的重要地位。作为基础性学科,教师不仅要教授给学生基本理论知识,更应注重基础知识在社会实践中的应用,用以帮助我们解决实际生活问题。值得注意的是,作为一项大型的国际标准化考试,TIMSS被打上了深深的美国烙印。美国政府出于推行教育改革的需要,积极推动TIMSS在美国的实施。同时,通过各种灵活的宣传和激励手段,将美国学生差强人意的学业成就最大限度地展示到各界人士面前,引起了教育界的研究热潮,突出强调美国教育所存在的种种问题,再一次唤醒了美国民众所特有的教育危机意识,力争使全体美国人都认识到教育改革的必要性与紧迫性。②因此在分析TIMSS研究数据的过程中,应考虑到这一背景,在吸收借鉴时必须与我国的教育实际相结合,不可盲从。

(四)民主主义与教育

原文: Upon the educational side, we note first that the realization of a form of social life in which interests are mutually interpenetrating, and where progress, or readjustment, is an important consideration, makes a democratic community more interested than other communities have cause to be in deliberate and systematic education.③

译文: 在教育方面,我们首先注意到,由于民主社会实现了一种社会生活方式,在这种社会中,各种利益相互渗透,并特别注意进步或者重新调整,这就使民主社会比其他各种社会更加关心审慎的和有系统的教育。④

---

① TIMSS, https://baike.baidu.com/item/TIMSS/2843732?fr=aladdin, 2016年12月31日。
② 赵中建、黄丹凤:《教育改革浪潮中的"指南针"——美国TIMSS研究的特点和影响分析》,《比较教育研究》2008年第2期,第5页。
③ Jim Manis, *Democracy and Education by John Dewey*, (Philadelphia: the Pennsylvania State University, Electronic Classics Series, 2001) p.91.
④ [美]约翰·杜威著:《民主主义与教育》(第2版),王承绪译,北京:人民教育出版社,2001年,第97页。

解析： 本段文字摘自美国著名教育学家杜威的著作《民主主义与教育》。《民主主义与教育》是杜威的代表作，与柏拉图的《理想国》、卢梭的《爱弥儿》一同被誉为教育学上的三个里程碑。

约翰·杜威（John Dewey，1859—1952）是美国哲学家、教育家、实用主义集大成者。民国时期我国一些重要人物如胡适、陶行知、郭秉文、张伯苓、蒋梦麟等均曾在美国哥伦比亚大学留学，曾是杜威的学生。杜威的著作很多，涉及科学、艺术、宗教伦理、政治、教育、社会学、历史学和经济学诸方面，使实用主义成为美国特有的文化现象。在教育领域，杜威作为"现代教育"的领军人物，倡导以学生为中心，以活动为中心，以经验为中心，与以赫尔巴特为代表的"传统教育"认为的教师中心，教材中心，课堂中心形成鲜明对比。

杜威曾于20世纪初来访中国，足迹踏遍了山西、山东、江苏、江西、湖北、湖南、浙江、福建、广东等省市，对中国新文化运动及中国教育发展产生深厚影响。据此教育科学出版社于2007年出版图书《杜威在华教育讲演》，是系统收录教育家杜威在华演讲稿的精选集，适合教育工作者参考学习。

杜威秉承"实用主义"教育理念，认为民主社会的教育应摒弃传统的灌输式、填鸭式教育方式和机械式训练，教师要关爱学生，尊重学生，给学生以充分的自由，强调学生在实践中学习的教育主张。作为杜威的学生，我国伟大的人民教育家陶行知先生结合当时我国的实际情况，创造性地将杜威"教育即生活""学校即社会""在做中学"的教育理念演变为"生活即教育""社会即学校""教学做合一"三大主张并毕生践履。时至今日，杜威的教育思想依然值得广大教育工作者研究与学习，我们要善于从杜威教育思想这一庞大的知识宝库中凝练有助于当今教育发展的理念与文化，摒弃其中不合时宜的论点，实现当代教育理论新突破。

（五）绅士教育

原文： To form a young gentleman as he should be, his governor should himself be well-bred, understanding the ways of carriage and measures of civility in all the variety of persons, times, and places; and keep his pupil, as much as his age requires, constantly to the observation of them.①

译文：要想把一个青年绅士培养成他所应当培养成的那个样子，做导师的人自己便当具有良好的教养，随人，随时，随地，都有适当的举止与礼貌，此外还要在学生的年岁需要的范围以内，尽量使他经常遵守。②

解析：约翰·洛克（John Locke，1632年8月29日—1704年10月28日）是英国著名哲学家，在知识论上，洛克与乔治·贝克莱、大卫·休谟三人被列为英国经验主义（British Empiricism）的代表人物。本段文字摘自洛克1692年发表的教育著作《教育漫话》。全书的主题是论述"绅士教育"，即论述刚夺得政权的英国资产阶级与新贵族的子弟的教育。洛克认为，绅士要既有贵族的风度，能活跃于上流社会和政治舞台，又有事业家的进取精神，是发展资产阶级经济的实干人才；绅士应受体育、德育和智育等方面的教育。

《教育漫话》按主题分条目依次论述了影响青年学生品行习惯养成的各方面因素，提出了完整的绅士教育理论体系。在论述"导师"重要性这部分内容中，洛克认为教师身教重于言传，要想养成学生的行为标准，教师首先应达到绅士规范。从当今教育发展所暴露出的学生社会情感淡薄、狭隘自私等问题来看，三百多年前洛克的教育思想为我们提供了一个解决问题的新思路。

（六）导师的重要性

原文：The great work of a governor, is to fashion the carriage, and form the mind; to settle in his pupil good habits and the principles of virtue and wisdom; to give him by little and little a view of mankind, and work him into a love and imitation of what is excellent and praise-worthy; and, in the prosecution of it, to give him vigour, activity, and industry.③

译文：导师的重要工作在于养成学生的风度，形成学生的心理；在使学生养成良好的习惯，怀抱德行与智慧的原则；在逐渐将人世的真情实况显示给学生，在使学生喜爱，并且模仿优良的与值得被人称誉的行为，在当学生正在做这种行

---

① John Locke, *Some Thoughts Concerning Education*, UK: Modern History Sourcebook, 1692.
② [英]约翰·洛克著，傅任敢译：《教育漫画》，北京：教育科学出版社，1999年，第67页。
③ John Locke, *Some Thoughts Concerning Education*, UK: Modern History Sourcebook, 1692.

为的时候,给他力量和鼓励。①

解析: 在洛克看来,教师的责任与义务十分重大,教师对学生的影响是全方位的,是全纳式的。教师不仅仅要培养学生的绅士风度,帮助学生达成健康的心理,还要帮助学生养成健康良好的生活习惯,并对学生施以德智体美等全方位的教育。除此之外,还要向学生展示人间冷暖,将正义的、饱含真善美的事例展示给学生,让学生体会其间的真理与力量。重要的是,要鼓励学生学习那些被人称颂的行为,并在学生表现出这种美好品德时给予及时的反馈和鼓励。

与之类似,美国当代著名心理学家班杜拉在他的社会学习理论中提出"观察学习论"("榜样教育")。班杜拉认为,我们大部分社会行为都是通过观察他人、模仿他人而学会的。②宏观上看,教师在日常教学生活中可以通过树立学习榜样,倡导学生向榜样学习,从而帮助学生树立科学正确的世界观、人生观、价值观,以促进学生健康发展;微观上看,在课堂教学中,教师应以积极的言语引导学生,对于参与课堂教学、回答问题的学生应给予及时且有效的反馈,特别是当学生表现出色时,教师不可仅仅说"好""不错"等概括性语言,应该具体总结点评学生的发言,对学生发言为何"好"和"不错"在哪里给予明确说明,这样才能及时有效地对学生施以影响,达到预定的教学目标,取得预期的教学效果。

(七)教育目的

原文: Let the main ideas which are introduced into a child's education be few and important, and let them be thrown into every combination possible, the child should make them his own, and should understand their application here and now in the circumstances of his actual life.③

译文: 如果只给儿童教授一些少而精的科目,让他们对所学的东西进行自由的想象和组合,他们就会利用这些所学的知识去认识世界,并在现实生活中加以运用。④

---

① [英]约翰·洛克著:《教育漫画》,傅任敢译,北京:教育科学出版社,1999年,第74页。
② 林碧英:《班杜拉的"社会学习理论"与榜样教育》,《福建师大福清分校学报》1992年第2期,第74页。
③ Alfred North Whitehead, *The Aims of Education and Other Essays* (Macmillan, 1929) p.1.
④ [英]怀特海著:《教育的目的》,庄莲平、王立中译,上海:文汇出版社,2012年,第3页。

解析: 本段文字摘自英国教育理论家怀特海1929年发表的教育代表作《教育的目的》。阿尔弗雷德·诺斯·怀特海（Alfred North Whitehead, 1861—1947），英国数学家、逻辑学家、哲学家和教育理论家；过程哲学创始人，他创立了20世纪最为庞大的形而上学体系。怀特海与伯特兰·罗素（Bertrand Russell, 1872—1970, 英国哲学家、数理逻辑学家、历史学家）合著的《数学原理》标志着人类逻辑思维的巨大进步，是永久性的伟大学术著作之一；罗素起初是怀特海的学生，后来他们成为同事和朋友。

怀特海在《教育的目的》开篇第一章就论述道："我们的目标是，要塑造既有广泛的文化修养又在某个特殊方面有专业知识的人才，他们的专业知识可以给他们进步、腾飞的基础，而他们所具有的广泛的文化，使他们有哲学般深邃，又有艺术般高雅。"在怀特海看来，教育要培养的不是"面面俱到"的只有肤浅知识的"全才"，而是"广而专"的专业人才。怀特海还为教师提出了两条戒律：（1）不要同时教授太多科目；（2）如果要教，就一定要教得透彻。[①]

第一条很好理解，学生（特别是低年级学生）的精力是有限的，且学生的天性是活泼的，他们本具有无限的想象空间与创造力，却被学校一门门古板的学科知识所束缚。学生花费太多的时间与精力在那些杂糅交错的科目上，不仅没能培养学生广泛的学习兴趣，反而给学生带来沉重的负担与精神的包袱，厌学也由此而来。第二条看似简单，实则在落实的过程中对教师有着很高的要求。何谓"教得透彻"，就是对于某个具体问题，不仅教师要知其然还要知其所以然，学生也应达到这一程度才算合格。当学生真正明晰了相关知识定理，他们就会利用这些知识原理解决生活中的实际问题，并发现研究他们感兴趣的与之相关的其他新问题，教育才能真正在学生身上推进发展。

（八）校园欺凌

原文: The Supreme People's Procuratorate, the top prosecuting authority, received about 1, 900 cases related to school bullying in the first 11 months of this year, leading to 1,100 arrests and 2,300 prosecutions, according to data released on

---

① [英]怀特海著：《教育的目的》，庄莲平、王立中译，上海：文汇出版社，2012年，第1-3页。

Wednesday.①

译文： 根据星期三公布的数据，在今年前11个月中，最高人民检察院，最高检察机关大约收到1900宗与学校欺凌相关的案件，由此逮捕了1100人，有2300人被起诉。②

解析： 近年来，我国校园霸凌事件时有发生，通过各大媒体，特别是网络媒体的曝光，让校园中这一"毒瘤"暴露在公众视野之中。最高人民检察院公诉部门副主任史卫忠在新闻发布会上表示，中学生在校园欺凌未成年的嫌疑人当中占据更高的百分比，近期的案件表明校园欺凌以男生为主，但是女中学生涉嫌欺凌的案件正在上升。③

霸凌（bullying）一词主要在我国台湾地区使用，是西方bullying一词的音译。它伴随我国对暴力、冷暴力的研究而逐渐成为关注的焦点。④目前关于"霸凌"概念的分析主要依据Olweus的定义：主要是指一个人反复地暴露在一个或更多他人的负面行为之中，即是遭受到霸凌。⑤

从被欺凌学生的年龄来看，其最低值不断被刷新，施暴者年龄越来越小，甚至在小学阶段便出现严重的欺凌同伴的现象。值得注意的是，与以往人们观念中认为校园暴力是存在于男生之间的特有现象的印象不同，如今女生也陷入校园暴力的漩涡之中。如今校园女生遭欺凌的校园暴力事件经常被网络媒体曝光，施暴者手段凶狠残忍，令人不寒而栗。从视频曝光的校园暴力事件画面中可以看出，校园暴力事件多现于乡镇地区学校，以中学生居多，施暴者常有染发、文身、吸烟等学生不良行为。导致此类现象的重要原因之一在于学校对学生疏于道德与法律等方面的教育，造成学生法律意识淡薄，社会情感认知严重缺失。

教书育人是教师的天职，何谓"育人"，如何"育人"值得每一位教师深思。教

---

① Join hands to beat bullies, experts say, http://www.chinadaily.com.cn/cndy/2016-12-29/content_27808047.htm. 2016-12-30.
② Join hands to beat bullies, experts say, http://www.chinadaily.com.cn/cndy/2016-12-29/content_27808047.htm. 2016-12-30.
③ Campus violence rises in China, http://news.iyuba.com/essay/2016/12/31/52406.html，2017年1月20日。
④ 孙晓冰、柳海民：《理性认知校园霸凌：从校园暴力到校园霸凌》，《教育理论与实践》2015年第31期，第26页。
⑤ Olweus, D.A ggreession in the school:Bullies and Whipping Boys, Washington DC: Hem isphere, 1978.

师在对学生进行文化、技能等方面知识传授的同时，更要注重对学生的道德情感教育与养成，注重法律相关知识的普及，注重校园文化建设，让学生富有爱心、同情心、包容心，关爱身边人，关爱自己。新课程标准要求教师在课堂教学过程中全面考虑知识、技能、过程方法以及情感态度价值观等方面的教学目标，广大一线教师应将此要求贯彻落实到教学过程中，呵护学生美好的心灵，让学生在安全的校园环境中健康成长。

（九）爱国教育

原文：China's top education authorities said all elementary and middle school history textbooks will be revised to state that the War of Resistance against Japanese Aggression lasted for 14 years beginning September 18, 1931.①

译文：中国最高教育机构表示，所有中小学历史教材上抗日战争的持续时间都将修改成14年，从1931年9月18日算起。②

解析：近年来，在日本右翼势力极度扩张，国际风云变幻莫测的大环境下，爱国主义教育引起了教育界的高度重视。为落实中央关于纪念中国抗日战争暨世界反法西斯战争胜利70周年有关精神，加强爱国主义教育，教育部组织历史专家进行了认真研究，对教材修改工作进行了全面部署，日前基础教育二司又专门发函对中小学地方教材修订提出了要求。③

1931年9月18日，日本军队炮轰中国东北辽宁省沈阳驻地军营，标志着持续了14年的抗日战争拉开序幕。此前，中国教科书均采用"8年抗日战争"的说法，它是从1937年"七七事变"日军开始全面侵略中国开始算起。此次教材修改要求将8年抗战一律改为14年抗战，全面反映日本侵华罪行，强调"九一八事变"后的14年抗战历史是前后贯通的整体，应在课程教材中予以系统、准确体现，并要求在2017年春季教材中全面落实14年抗战概念。④

---

① China revises textbooks on length of War of Resistance against Japanese Aggression, http://news.iyuba.com/essay/2017/01/10/52650.html，2017年1月10日。
② China revises textbooks on length of War of Resistance against Japanese Aggression，http://news.iyuba.com/essay/2017/01/10/52650.html，2017年1月10日。
③ 赵婀娜：《中小学教材将落实"十四年抗战"概念》，《人民日报》2017年1月11日，第12版。
④ 同上。

"教书育人"乃教师之天职，新课标"三维目标"规定教师在课堂教学中要达成知识技能、过程与方法、情感态度价值观三方面的教学目标。换言之，教师（特别是中小学教师）在教学过程中，不仅要将学科知识传授给学生，还要教给学生学习相关知识的技能与方法，即"授之以渔"，另外还要将价值观教育融入课堂教学。作为教师，不仅在专业领域要终身学习、与时俱进，还应关注国内国际时事政治，正所谓"家事国事天下事事事关心"。对于此次教科书有关抗日史实内容的重大调整，当引起教师的高度重视：一方面在日常教学工作中，应更新历史概念，强调"14年抗战"的历史事实，强调中国战场是世界反法西斯战争的东方主战场，为世界反法西斯战争的最终胜利做出了重大历史贡献；另一方面在思想教育上，要重视爱国主义教育，凸显中华民族不畏强权、英勇抗击侵略的伟大民族精神。

（十）中国教师在英国

　　原文：China's teaching methods are intensive, with long days and the kind of discipline Westerners consider strict. British-style teaching allows students to share perspectives, express opinions and raise questions.①

　　译文：中国的教学方法很密集，经常是很长时间的学习，教学纪律也被西方人认为非常严格。英式教学则允许学生交流他们的观点、表达意见、提出问题。②

　　解析：2015年，英国广播公司（BBC）拍摄的纪录片 *Are Our kids Tough Enough? Chines School* （中文译名《中国老师在英国》）在BBC二台晚间播出，2016年该纪录片在中国网络走红，有关中外教育比较的话题再次成为焦点。

　　纪录片讲述了五名中国教师采用中国式教学法在英国博航特中学（Bohunt School）进行为期四周教学的故事。从纪录片中可以看出，中国教师初到班级前两周因文化差异引发师生之间的互不适应：中国教师对学生课堂纪律有及其严苛的要求，但英国学生主张彰显个性，对中国教师制定的班规熟视无睹；中国教师

---

① Chinese teachers adjust to British classrooms，http://news.iyuba.com/essay/2016/12/25/52295.html，2017年1月15日。

② 同上。

以传统讲授式方式授课，因进度较快且教学过程缺乏互动很难激发学生学习热情；中国教师注重体育锻炼，要求英国学生按照中国中学生体育中考的标准接受训练遭到部分英国学生的抵触等。

面对英国学生与中国学生在学习习惯及学习态度方面的巨大差异，中国教师并没有放弃任何帮助学生提高成绩的机会，教师们通过与学生及家长交流，逐渐化解师生间的隔阂并帮助学生认识努力学习的重要性。在中国教师的鼓励与督促之下，英国学生也慢慢转变了以往对待学习的态度，开始为了取得较好的考试成绩投身于之前并非十分热爱的学习活动中。四周教学实验结束，考试结果显示采用中式教学法的班级学生成绩整体好于接受英式教学法的学生。

纪录片揭示的结果与近年来国内媒体诟病我国基础教育呼声有所不同，中国式教育被证实并非想象中那样糟糕，加之中国连续在PISA测试中取得骄人成绩，说明中国基础教育走在世界先列，这与之"严苛的"课堂教学密切相关。"中国式"教育并非像外界所说的那样僵化、封闭、落后，在一定程度上它仍有众多可取之处，我们自己要对"中式教育"感到自信。

中西方教育的差异不仅仅是教育方法上的不同，从根本上讲，与中西方教育功能定位有关。中国的教育是底层向上攀登的阶梯，平民子弟要想成为精英，就必须吃苦受累。而西方的教育则是一个分层机制，它的大众教育只提供基本、有限的教育，要想成为精英，就必须从市场上另行购买教育，买不起的人则自然而然地被淘汰了。[1]中英两国的"公立中学"是完全不同的两个概念。中国公立中学尤其是重点中学，走的是精英教育路线，能被这类学校录取的学生在基础教育阶段已然受过较为严苛的训练，无论从学生智力还是学生学习能力而言，他们具有绝对优势；而英国公立中学不过是政府提供的最低标准的公共产品，是一种大众化的教育模式，学生在这里嬉闹散漫地度过也无妨他们毕业后进入社会过普通人的生活。这就出现了纪录片课堂上中国教师与英国学生的相互不适应，如果将学生换做英国诸如私立精英学校的学生，相信将展现另外一种不同的效果。

---

[1] 《中国老师在英国：BBC纪录片没敢讲的事》，http://learning.sohu.com/20150828/n419997076.shtml，2017年1月26日。

(十一)教学领导

原文： During the first decades of the twentieth century in the United States, the growth of education management as a profession saw conscious efforts to promote the status of school managers by emphasizing their managerial—as opposed to their instructional-responsibilities (Tyack and Hansot, 1982).①

译文： 美国在20世纪初的前几十年里，将"教育管理"作为专业内涵这一理念得到发展，认为可通过强调学校管理者的管理职能，而不是仅仅着眼于他们的教学责任，来有意识地提高学校管理者的地位。

解析： 任何组织都有管理者，都离不开领导，作为一种特殊的社会组织，一方面学校组织承担着重大的社会责任，另一方面随着社会的发展，现代教育组织面临着由自身发展所带来的越来越多的挑战。从组织到教育组织以及学校所发生的这一系列变革表明：传统的教育行政和教育管理不尽适应现代社会的发展和现代教育的需要，必须站在时代发展的前沿，从战略的高度思考并领导教育组织及其事业的发展。②校长作为一所学校的最高管理者与领导者，其领导理论与思维在一定程度上成了学校能否健康发展的关键。

教学领导是校长的核心职能，教育学界对此没有异议，但是作为学校的最高管理者，校长不仅肩负保证教学质量的责任，还肩负学校发展前进的重任，"教育管理"作为校长职能应当加以重视，"管理职能"与"教学责任"共同构成学校管理者的基本职能，二者并非对立的关系。

上海师范大学现代校长研修中心是以"教师教育"（包括校长）研究作为安身立命之本，曾为制订我国百万校长的专业标准，积极帮助教育部事先筹划、精心设计并倾力参与"中国中小学校长专业标准研究"，并承担该项目的主要研究工作。2013年2月，中华人民共和国教育部门户网站刊登教育部关于印发《义务教育学校校长专业标准》的通知，对我国义务教育阶段校长职能做出具体要求，将校长职能分为规划学校发展、营造育人文化、领导课程教学、引领教师成长、优化内部管理、调适外部环境等六大部分，每一职能又被细化为三个方面。该标准是

---

① P. Hallinger, K. Leithwood, R. H. Heck, "Leadership: Instructional," Leadership and Management-Leadership Types, 2010, 18.
② 陈永明等：《教育领导学》，北京：北京大学出版社，2010年，第209页。

对义务教育学校合格校长专业素质的基本要求,是制定义务教育学校校长任职资格标准、培训课程标准、考核评价标准的重要依据。①

(十二)教师评价体系

原文: As the traditional administrative and summative appraisal system came under increasing criticism, the construction of a new teacher appraisal system for professional development was increasingly advocated by education researchers and practitioners alike, with some schools independently making efforts to establish developmental teacher appraisal system (Guo, 2006; Tao,2005; Wang, 2005).②

译文: 鉴于传统的行政性评价和总结性评价体系受到越来越多的批评,越来越多的教育研究者和教育实践者倡导建立一种新型的教师专业发展评价体系,一些学校也在独立的为建立发展性教师评价体系而努力。

解析: 如何确立一种合适的教育评价范式来指导我们的教育是每一个教育工作者都应该深刻思考的问题。③在教育学中我们曾掌握"教学评价"概念及其相关内容。教育评价是对教师的教学工作和学生的学习质量做出客观的衡量和价值判断的过程。④美国心理学家布鲁姆根据评价在教学活动中的不同作用将教育评价分为诊断性评价、形成性评价和终结性评价,这主要是针对教学活动过程中学生学习质量的评价方式,而教学活动是师生的双边活动,在教育评价领域中,教师评价亦占有举足轻重的地位。

百年大计,教育为本。教育大计,教师为本。教师教育研究是提高教师素质与职业道德水平的基础,而教师评价研究是建立教师管理制度的重要方面和首要环节。⑤教师评价是评价者依据一定的评价标准和程序,采取多种方法搜索评

---

① 《教育部关于印发<义务教育学校校长专业标准>的通知》,http://www.moe.edu.cn/publicfiles/business/htmlfiles/moe/s7148/201302/xxgk_147899.html,2017年1月26日。
② Xiao-feng Zhang and Ho-ming Ng, "An Effective Model of Teacher Appraisal: Evidence from Secondary Schools in Shanghai, China," *Educational Management Administration & Leadership*, 2015, 2.
③ 温雪梅、孙俊三:《论教育评价范式的历史演变及趋势》,《现代大学教育》2012年第1期,第52页。
④ 李秉德:《教学论》,北京:人民教育出版社,2001年,第307页。
⑤ 蔡永红、黄天元:《教师评价研究的缘起、问题及发展趋势》,《北京师范大学学报(社会科学版)》2003年第1期,第130页。

价资料,对教师个人的资格、能力及表现进行价值判断的过程。[①]不同国家,不同时期对教师的要求不同,教师评价内容与体系自然也不同。随着时代的发展,世界各国的联系日益密切,各国教学也存在众多相通之处,不妨借鉴发达国家和地区教师评价的有关经验用以指导我国教师评价体系的建成与完善。

西方教师评价主要集中于评价教师的教学能力和行政能力(如教师处理日常工作事物的能力),评价方式以总结性评价(亦称终结性评价)为主。近年来随着教育理念与教师角色的发展,西方传统教师评价模式越来越多地受到教育学界的批评,许多教育学者和学校意欲将教师专业发展纳入教师评价内容,致力于建立教师评价新体系,然而这一趋势被2009年发起的"教师绩效工资"制度所中断。上海师范大学现代校长研修中心张晓峰教授在其论文中介绍到,"绩效工资"制度将教师的收入划分为两部分,70%的基础工资和30%的效能工资共同构成教师收入,而其中30%的效能工资主要参照标准是教师的教学质量,换言之即学生的学业成绩,这就再次巩固了教师评价过程中总结性评价的地位,削弱了教师专业发展作为教师评价内容的分量,使得教师评价体系的重构一事搁浅。需要明确的是,教师评价的最终目的不在于甄选和选拔,而是让教师学会自我评价,让教师在评价过程中肯定发展自己的能力,了解改善自己的不足,并能在日后的教学工作中不断提升自己。

(十三)教师评价标准

原文: Scriven (1994) classified teachers' duties into five areas, which together lay the foundation for teacher appraisal: knowledge of subject matter; instruction competence; assessment competence; professionalism; and, other duties to the school and community.[②]

译文: 斯克里温(于1994年提出)将教师职责划分为五个领域,这五个部分共同构成教师评价的基本内容,他们分别是:学科知识、教学能力、评价能力、专业素养以及教师对于学校和社会所承担的其他职责。

解析: 本段文字摘自张晓峰教授发表于《教育管理行政与领导》(*Educational*

---

① 申继亮、孙炳海:《教师评价内容体系之重建》,《华东师范大学学报(教育科学版)》2008年第26卷第2期,第38页。
② Xiao-feng Zhang and Ho-ming Ng, "An Effective Model of Teacher Appraisal: Evidence from Secondary Schools in Shanghai, China," *Educational Management Administration & Leadership*, 2015, 3.

Management Administration & Leadership）杂志的论文《教师评价的有效模式：基于中国上海中学的（研究）证据》（An Effective Model of Teacher Appraisal: Evidence from Secondary Schools in Shanghai, China）。与张晓峰教授在论文中谈及的观点略有不同，著名学者斯克里温（Scriven）在经过无数次的课堂观察、与学校领导的深度访谈以及与教师的座谈以后，认为教师评价标准应该基于教师的核心职责（core duties），即教师在法律上必须承担的职责。[①]

1994年，斯克里温把教师评价标准的范畴划分为五个板块，即学科内容、教学能力、学生评价、伦理道德以及个人对学校和社区的服务。[②]（1）学科知识：教师在教学中最首要的角色是知识的传授者，这个角色对于其他角色而言，是一种核心的或者中心的角色。教师的主要任务是向学生传授科学文化知识，这就要求教师具有渊博的知识，精通所教学科的基础知识，熟悉学科的基本结构和各部分知识之间的内在联系，了解学科的发展动向和最新研究成果。（2）教学能力：现代教育不再需要只有某种专业知识的教书匠式的教师，而需要既有专业知识，又有教育理论和教育能力的教育家式的教师。教师要学习掌握基本的教育学、心理学理论知识，并将其内化于心，用于指导自己的教学实践，将丰富的学科知识科学、系统、高效地传授给学生。（3）评价能力：主要指教师对学生学业评定的能力，教师在评价学生过程中，应综合运用诊断性评价、过程性评价、总结性评价等评价方式，通过学生评价激发学生学习热情，使学生在评价过程中能够认识自己的优势与不足，并能与同伴分享自我探索的体会与成长的喜悦。（4）专业素养：主要指教师专业发展。教师专业发展是教师个体通过不断接受新知识和增长专业能力，逐步成为一个相对成熟的专业人员的发展过程。教师专业发展一般要经历四个阶段：适应阶段、成长阶段、成熟阶段、专业化阶段。[③]（5）其他职能：教师对于学校及社会所承担的其他职能主要包括传递新式教育理念，营造良好育人文化，营造学习学术氛围等教师对于个人和社区的其他服务职能。教师在学校对学生进行显性教育教学，在校外同样充当教育者的角色。教师可以通过自身言行将最先进的教育理念传递给社会民众，普及教育知识，赢得社会群

---

① 王斌华：《教师评价标准的研究》，《教师教育研究》2009年第26卷第6期，第54页。
② Anthony J Shinkfield & Daniel Stufflebeam, *Teacher evaluation: Guide to Effective Practice*, (NLD: Kluwer Academic Publishers, 1995), pp.87–88.
③ 北京师范大学出版社组编：《教育学专业基础》，北京：北京师范大学出版社，2011年，第102页。

众对学校的理解与支持,使得学校、社会和家庭形成合力,共同促进我国教育事业大发展。

对于教师评价内容,华东师范大学王斌华教授在论文《教师评价标准的研究》中写道:"最近几年,由于教师评价理论的深化以及教师评价实践的拓展,许多国家都在斯克里温提出的范畴的基础上,不约而同地增加了新的内容。……尽管美国、英国和澳大利亚增加的内容在文字表述方面有所差异,但是它们增加的是共同的内容,即近年来国内大力提倡的'促进教师专业发展'。"[1]王斌华教授认为"促进教师专业发展"这一评价内容为新加入的评价指标。不论新旧与否,教师专业发展作为当今教师教育领域热点话题,吸引着众多教育学者对其进行深入分析与研究。

(十四)教师发展评价

原文:Development-oriented appraisal, also called formative appraisal, provides information about teachers' strengths and weaknesses in order to facilitate remedial training, and thus promotes teacher professional development.[2]

译文:基于发展的评价,也称形成性评价,能够提供有关教师在工作中所表现的优势和不足等信息,以敦促教师在后期工作中进行补救,从而促进教师专业发展。

解析:教师专业发展是教师个体通过不断接受新知识和增长专业能力,逐步成为一个相对成熟的专业人员的发展过程。教师专业发展一般要经历四个阶段:适应阶段、成长阶段、成熟阶段、专业化阶段。[3]

教师专业发展首先强调教师是潜力无穷、持续发展的个体。知识是不断更新变化的,作为教师应当树立终身学习理念,在工作中不断为自己充电,关注学科发展最新动向,掌握学科最新发展成果。除此之外,在教学方法与技能方面教师也应与时俱进,将现代教育技术与传统教学方法有效结合,应用于课堂教学实践当中。

---

[1] 王斌华:《教师评价标准的研究》,《教师教育研究》2009年第26卷第6期,第54页。
[2] Xiao-feng Zhang and Ho-ming Ng, "An Effective Model of Teacher Appraisal: Evidence from Secondary Schools in Shanghai, China," *Educational Management Administration & Leadership*, 2015, 7.
[3] 北京师范大学出版社组编:《教育学专业基础》,北京:北京师范大学出版社,2011年,第102页。

教师的专业发展要求把教师视为"专业人员"。保障教师作为"专业人员"而受到社会认可,建立教师职业准入制度是教师专业化的关键,最基本的就是从业教师应当取得从业资格证书——教师资格证。

教师的专业发展要求教师成为学习者、研究者和合作者。随着教育理念的不断更新,教师角色正在发生微妙变化。教师早已不仅仅是传统意义上教书育人的施教者,还是教育过程中的学习者,是教学活动的研究者以及和学生一起探索学习的合作者。教师专业发展包含的内容很多,但帮助教师加深对所教学科内容和如何让学生学会这些内容的理解是教师专业发展的核心内容。[1]教师是教育教学亲身实践者,对教学过程中产生的问题感受最为真切,教师应将其作为研究对象,学习相关教育理论,发挥自身聪明才智,研究教育教学过程中产生的有价值的"真"问题,全面提升自己作为教师的综合素养。此外,教师专业发展不是教师孤立的自我学习,它需要同伴教师的合作,有经验教师和教师教育专家的指导等,其中同伴教师的合作尤为重要。[2]

教师的专业发展要求教师具有发展的自主性。教师自主发展强调发展教师个体的个性和特长,使个体的潜质充分发挥出来。教师专业发展从根本上讲是教师自我反思的过程。教师专业发展取决于教师的自我专业发展意识,应当鼓励教师成为他们自己和他们的学生的优秀的诊断者和观察者。[3]这就要求教师在实现专业发展过程中要有自主性,调动自身学习积极性和工作热情,以饱满的精神投入到学习工作之中去,"学而不厌,诲人不倦",力图通过自身努力实现"教育者"向"教育家"的飞跃。

(十五)教师教育研究

原文: Rather, the development of research on teacher education can be characterized more as a "conversation" among alternative viewpoints and approaches (Shulman,

---

[1] 周坤亮:《何为有效的教师专业发展——基于十四份"有效的教师专业发展的特征列表"的分析》,《教师教育研究》2014年第26卷第1期,第41-42页。
[2] 同上,第44页。
[3] 北京师范大学出版社组编:《教育学专业基础》,北京:北京师范大学出版社,2011年,第103页。

1986a) than as a linear shift from one approach to the next.①

译文：教师教育研究发展历程的特点表现为，它是综合不同观点与方法的"对话"过程（舒尔曼，1986），而不是从一种方法到另一种方法的线性变化过程。

解析：教师教育研究是随着教育学研究而发展的。有关教师教育的研究自20世纪50年代产生以来经历了大致三阶段的变化：关于师资培训的研究；关于教师学习的研究以及关于教师政策的研究，而三者的变化并非泾渭分明而是相互叠加的。

我国教育学理论研究起步较晚，且多学习借鉴西方研究成果，有关教师教育的研究更是处于起步阶段。相比较西方而言，我国自古以来便有尊师重道的传统，在没有课程体系的古代时期，我国主要通过对教师形象的树立及对教师的高要求来保障教学质量。"国将兴，必贵师而重傅"，当下应当继续发挥我国重教传统，注重师德建设与养成，努力培养出一批先合格再出色的充满生机活力的青年教师。此外教师（包括校长）政策研究成为近年来教师教育研究热门话题之一，特别是教师资格认证制度、绩效工资等新政策施行以来，很多专家学者将目光聚焦于政策研究，试图通过分析当前我国教育领域存在的突出问题，说明政策的推行合理性以及存在的潜在问题，以期更好地解决当下问题，实现优质发展。

（十六）教师教育复杂性

原文：These characteristics of teacher education programs as complex systems challenges the conventional, teacher-directed/textbook-based positivist approaches in teacher education literature which has tried to reduce the complexities and ambiguities of the life in teacher education programs to something knowable, measurable and controllable.②

译文：教师教育作为复杂系统的这些特点是对传统师范教育的挑战，那些用实证主义方法，以教师为导向或者基于教材研究的教师教育文献，试图减少那些

---

① Marilyn Cochran-Smith, Kim Fries, "Researching Teacher Education in Changing Times: Politics and Paradigms." *Cochran-Smith And Fries*. p.72.
② Martina Riedler, Mustafa Yunus Eryaman, "Complexity, Diversity and Ambiguity in Teaching and Teacher Education: Practical Wisdom, Pedagogical Fitness and Tact of Teaching," *International Journal of Progressive Education*, 2016, 3, 172.

已知的、可预见的以及可控的教师教育系统中的复杂性和模糊性。

解析：20世纪30年代后，随着教育的逐步普及，教师地位的不断提高，教师需要不断更新其知识结构和提升其教育教学水平，欧美发达国家的教师培养出现了职前培养和在职进修并举的情况，"师范教育"概念逐渐被"教师教育"所取代并成为世界通用的概念。[①]近年来，国际与国内对"教师教育"学科的关注度日益提高，无论是在理论建设还是实践方面都有新发展。

如果说"师范教育"主要指对教师的职前培养，那么"教师教育"是将教师的职后培训纳入教师培养过程当中，力求教师专业发展一体化。我们认为，"教师教育"具体应包含三方面内容：第一是职前教师培养，即狭义的"师范教育"，为具有从教愿望的学子传授为人师表所应具备的相关知识与技能；第二是准教师入职前培训。随着我国教师资格认定制度的变化发展，拓宽了从教人员的来源，非师范院校/专业高校毕业生或者具备相应学历要求的社会人员均可通过国家统一考试取得教师从业资格证，从而有机会通过招教考试等途径成为一线教师。但是在正式入职从教之前，对于没有师范培养经历的准教师而言，对其进行教育教学方面的培训势在必行。第三是真教师的职后培训。终身学习理念早已深入人心，作为人类灵魂的工程师，承担教书育人职责的教师更应以自身实际行动自觉践行终身学习理念。此外，国家高度重视教师专业发展与教师队伍建设，对教师在职培训课时数做具体要求。

2010年7月，我国发布《国家中长期教育改革和发展规划纲要（2010—2020）》，明确提出通过教师培训严格教师资质，提升教师素质，努力造就一支师德高尚、业务精湛、结构合理、充满活力的高素质专业化教师队伍。[②]为贯彻落实纲要精神，建设高素质专业化教师队伍，2011年1月，教育部印发《关于大力加强中小学教师培训工作的意见》，具体指出：在今后（2011年起）五年，对全国1000多万名教师进行每人不少于360学时的全员培训；支持100万名骨干教师进行国家级培训；选派1万名优秀骨干教师海外研修培训；组织200万名教师进行学历提升；采取研修培训、学术交流、项目资助等方式，促进中小学名师和教育家

---

① 王健：《我国教师教育学的逻辑起点研究及学科体系构建》，华东师范大学公共管理学院2009届研究生博士学位论文，2009年3月，第20页。
② 教育部：《国家中长期教育改革和发展规划纲要（2010-2020）》第四部分，第十七章，《人民日报》2010年7月30日，第13版。

的培养，全面提升中小学教师队伍的整体素质和专业化水平。①由此可见教师职后培训已被视为教师专业发展之必需。

（十七）教师赋权

原文： The results of a recent study carried out on teacher empowerment are presented and there is a final discussion of how far teacher education programmes enable practitioners to cope with tensions in their classroom practice, both in bilingual education and in foreign language settings.②

译文： 一项关于教师赋权的最近研究取得结果，并且该研究就教师教育计划能使教师在多大程度上应对课堂实践（无论是双语教育还是外语设置）中的紧张局势展开综合讨论。

解析： "教师赋权"概念的产生有其特殊的时代背景。19世纪中期第二次工业革命的到来，改变了工厂的生产方式，工作效率大大提升。随着机器在工厂的大范围使用，所需掌握机器使用技能的劳动力需求随之增多，学校作为培养人才的场所，自然担负起为社会培养大量合格劳动力的使命。另一方面学校又受到当时社会大环境的影响，为了大批量的"产出"合格劳动者，学校采用了与工厂一样的办法来控制教师及他们的工作，为教师们制定统一的课程标准，实行从上至下的等级制度等，大大限制了教师的自主权。随着时间的推移，该制度越来越暴露出教师缺乏积极性、没有主体参与意识、创新力不足等制约教师及教育发展的问题，因此"教师赋权"应运而生。

在美国，从20世纪80年代开始，赋权作为一个重要的术语开始出现在教育文献当中。学者李晋岩在论文《教师赋权在美国》一文中，对美国教师斌权运动做了详细介绍，同时为我国教育界带来一些启示。作者在文中提到："赋予教师权力，也即赋予教师发展自己权利的空间以及政策"，并将赋予教师的权力分为四部分内容：赋予教师责任；增强教师"自我效能感"；在政策制定上发挥作用；参与课程决策的权力。③反观我国学校现状，这些教师应有权力依然未能很好得

---

① 教育部：《关于大力加强中小学教师培训工作的意见》，《中小学教师培训》2011年第1期，第3页。
② ANNE-MARIE TRUSCOTT DE MEJÍA, "Teacher Development for Bilingual Education in Colombia: Towards Teacher Empowerment," *ESTUDIOS SOBRE EDUCACION*, 2016, 31.
③ 李晋岩、常瑞锋：《教师赋权在美国》，《长治学院学报》2006年第23卷第3期，第60页。

到保障,从而限制了教师创造力的发挥,不利于营造丰富多彩、生动活跃的校园氛围。当然统一标准有其存在的意义与价值,它能在宏观上更好把控学校的整体发展,在有限时间内更高效地培养出"合格"人才。如何将"标准"与"自主"完美地结合在一起,使二者形成合力,是教育者需要研究的问题,也是每位教师需要思考和为之奋斗的关乎自身发展与学生成长的重要议题。

〖导读〗教师教育名言

培根曾说过:"读史使人明智,读诗使人灵秀,数学使人周密,物理使人深刻,伦理使人庄重,逻辑与修辞使人善辩",教师教育有很多经典论述,其名言警句,脍炙人口,亘古流传,既有对教师职业的高度赞誉,也有对教育现象的深刻理解,还有对教育教学的指导性意见。这里呈现了部分经典名言[①],平时学习中,多积累名言警句,能为专业英语学习锦上添花。

(一)国外教师教育名言

Plato is dear to me, but dearer still is truth.

吾爱吾师,吾更爱真理。——亚里士多德(Aristotle)

A teacher affects eternity; he can never tell where his influence stops.

教师的影响力是永恒的;他无法估计其深远的影响。——亚当斯(H.B.Adams)

Teachers are engineers of human souls.

教师是人类灵魂的工程师。——斯大林(Stalin)

Example is always more efficacious than precept.

身教胜于言教。——约翰逊(Samuel Johnson)

Every person has two educations; one which he receives from others, and one, more important, which he gives himself.

每个人都接受两种教育,一种来自别人,另一种更重要的来自自己。——爱德华·吉本(E.Gibbon)

---

① 根据http://www.yingyu.com/e/20090320/4b8bc9c50c326.shtml和有道词典整理

The roots of education are bitter, but the fruit is sweet.

教育之树根部是苦的,但其果实是甜蜜的。——亚里士多德(Aristotle)

Education begins its work with the first breath of the child.

当婴儿呱呱坠地时,人生教育就开始了。——让·保尔(Jean Paul)

Education is a progressive discovery of our own ignorance.

教育是一个逐步发现自己无知的过程。——杜兰特(W.Durant)

The value of life lies not in the length of days, but in the use we make of them.

生命的价值不在于时间的长短,而在于你如何利用它。——蒙田(Montaigne)

In education we are striving not to teach youth to make a living, but to make a life.

教育不是为了教会青年人谋生,而是教会他们创造生活。——怀特(W.A.White)

The object of an educator is to prepare the young to educate themselves throughout their lives.

教育的目的在于能让青年人毕生进行自我教育。——哈钦斯(R.Hutchins)

The university imparts information, but it imparts it imaginatively.

大学提供信息,但它是富于想象力地提供信息。——怀特海(Alfred North Whitehead)

(二)国内教师教育名言

All ancient scholars must have had a teacher.

古之学者必有师。

Give a man a fish and he will eat for a day. Teach a man to fish and he will eat for the rest of his life.

授人以鱼,不如授人以渔。

One minute on stage needs ten years practice off stage.

台上一分钟,台下十年功。

Mastery of work comes from diligent application, and success depends on forethought.

业精于勤，行成于思。

Treat other people as you hope they will treat you.

己所不欲，勿施于人。

Knowledge is power.

知识就是力量。

Think twice before acting.

三思而后行。

Reading is always profitable.

开卷有益。

本章小结

第三章"教师教育语句透析"是本书的主体章节之一，继"专业词汇"之后，是"名篇精读"的基础，以"语句"为核心，重点介绍了论文题目、中文经典语句翻译解析和英文文献的汉语阐释，从中英对照、汉译英、英译汉角度深入学习教师教育专业语句。结构上，从易到难，从简单句到长难句，层层深入；内容上，多视角、多维度，展现了教师教育话题，如教师专业发展、教师教育标准体系、教师教育学科、教师教育一体化、教师教育改革、教师资格考试、大学教师聘任、学习共同体、教师发展组织、影子学习、教师道德生活、思政教育、PISA、TIMSS、TALIS、教学论、教师教育研究、教师发展评价等等。为拓宽专业英语学习的知识面，本章最后分享了"教师教育名言警句"，学以致用，为进一步加强专业英语阅读（第四章）和写作训练（第五章）储备能量。

第四章　教师教育名篇精读

"读书之法，在循序而渐进，熟读而精思。"粗读和精读是英文文献阅读的两个重要方法，粗度通过阅读题目、摘要、关键词可以对研究对象、内容、方法、结论有大致的了解。精读要深入到文章全文，对其主题、结构、论证、语体等方面进行深入阅读。学术论文由于专业性强，比较难懂，掌握精读技巧，广泛阅读，勤做阅读笔记，是提升专业学习的必由之路。本章精选了论文摘要、开篇、结语、论证、阐述、叙事、新闻报道等教育学领域，尤其是教师教育专业领域的名家著作、名刊名篇以及BBC，China daily的文章，为读者提供丰富专业的英语学习素材，同时对不同题材文献加以剖析，加强对教师教育专业英语文献结构和内容的理解，培养良好的阅读习惯，为专业英语写作奠定基础。最后分享了古今中外教师节，拓展教师教育专业知识面，增加篇章学习的趣味性。

一、中英论文摘要精选

摘要又称概要，内容提要，是以提供文献内容梗概为目的，不加评论和补充解释，简明、确切地记述文献重要内容的短文。摘要具有独立性和自明性，拥有与文献同等量的主要信息，通过阅读摘要，不阅读全文，就能获得必要的信息，以下将选取有代表性的英文摘要和中文摘要并做分析。

（一）英文摘要

摘要的基本要素包括：研究目的、研究方法、结果和结论。具体地讲就是研究工作的主要对象和范围、采用的手段和方法、得出的结果和重要的结论，有时也包括具有情报价值的其他重要的信息。下面精选三篇摘要,从摘要内容、摘要概述和摘要分析三个层面进行解读。

摘要精选之一: Evaluating Teacher Education Outcomes

(1) 摘要内容

This paper considers a set of research and assessment strategies used to evaluate programme outcomes in the Stanford Teacher Education Programme (STEP) during a period of programme redesign over 10 years. These strategies include surveys and interviews of students' perceptions of programme elements and their own preparedness, observations of their practice during and after teacher education, evaluations of their practice on a structured portfolio of practice (the Performance Assessment for California Teachers (PACT)) and analyses of the effects of a sample of graduates of STEP and other programmes on student outcomes, including value-added measures. While the studies were able to ascertain that the students of STEP graduates had strong value-added learning gains, the paper concludes that the use of student learning data alone as a measure of teacher effectiveness does not help guide decisions related to programme improvement, and a range of approaches is required. In addition it suggests that there will be continuing concerns about the narrowness of the learning measured by standardised tests, and about the many challenges of collecting and analysing such data in ways that overcome the technical and practical problems associated with their use.①

(2) 摘要概述

本文通过一系列研究和评估策略,评估斯坦福教师教育方案(STEP)在10年方案重新设计期间取得的成效。这些策略包括调查和访谈学生对方案要素及自身准备情况的认知,观察学生在教师教育期间及之后的做法,评价他们在结构性实践评估(加州教师绩效评估(PACT))中的表现,分析STEP和其他方案毕业生对学生成绩的影响,以及增值措施。虽然研究能够证实,STEP毕业生所教的学生具有很强的增值学习成果,本文的结论是:仅仅使用学生的学习数据作为衡量教师有效性的指标,并不能帮助指导有关方案改进的决策,还需要一系列

---

① Darling-Hammond L, Newton X, Wei R C. Evaluating teacher education outcomes: A study of the Stanford Teacher Education Programme. Journal of Education for Teaching, 2010, 36(4): 369–388.

方法。此外,研究表明将持续关注使用标准化测试衡量学习的局限,以及数据的收集和分析面临的诸多挑战,克服与它们使用有关的技术和实际问题。

(3)摘要解析

本文选自美国教师教育名家达林-哈蒙德(Darling-Hammond)教授。达林-哈蒙德是当今美国最有影响的一位教育政策制定者和教育改革者之一。本篇文章以斯坦福大学的教师教育计划为例,评估教师教育计划的成果。既具有理论高度和深度,又具有实践性和前瞻性。此外,通过标准化测试衡量的学习的狭隘性以及对如何克服许多技术和实际问题的挑战,都将会被持续关注。因此,教育工作者将需要开发许多方法来研究教师教育对候选人的知识、技能、实践和对学生学习的贡献的影响。采取多种措施,检查各方之间的关系,不断改进自己的实践,最终以达到改进教师教育的整体效果。

摘要精选之二: Partnerships in Teacher Education

(1)摘要内容

Teacher education plays a central role in education and relates to various stakeholders of education. Currently, teacher education is not perceived as the sole responsibility of higher education institutions, and they are expected to work closely together with other partners. In this paper, the concept of 'partnership' is defined and mutual benefits and challenges in partnerships with disciplines and institutions beyond teacher education programs are briefly discussed. Issues related to partnerships with students are addressed, and the last part of the paper discusses the partnership between teacher education and the practice field with examples from Norway. Three models illustrating such partnerships are described. The central argument of the paper is that partnerships in teacher education need to go beyond rhetoric.[①]

(2)摘要概述

教师教育在教育中发挥核心作用,涉及教育中各个利益相关者。目前,教师教育被认为不是高等教育机构的唯一责任,与此同时教师教育期待与其他合作伙伴密切合作。本文定义了"伙伴关系"的概念,并简要讨论了与教师教育计划之

---

① Smith K. Partnerships in Teacher Education-Going beyond the Rhetoric, with Reference to the Norwegian Context, Center for Educational Policy Studies Journal, 2016, 6.

外的学科和机构建立伙伴关系的互惠互利之处以及面临的挑战。文章涉及与学生的伙伴关系的问题得到解决,本文的最后一部分以挪威为案例,讨论了教师教育与实践领域之间的合作关系,并描述了这种伙伴关系的三个模型。本文的中心论点是教师教育中的伙伴关系不应纸上谈兵,要落到实处。

(3) 摘要解析

合作伙伴关系使教师教育具有实践和理论相结合的空间,以支持学生准备教学专业,并促进教师和教师教育工作者的专业发展。本篇文章提出了教师教育在教育中发挥了核心作用,作者在摘要中叙述了本文的写作背景、写作重点以及中心论点。摘要语言凝练,思路清晰,读完后便对文章内容一目了然。本文的中心论点是要加强教师教育中的伙伴关系。文章对教师教育的伙伴关系的优势和挑战进行了讨论,并提出了相应解决措施,值得人们借鉴。

摘要精选之三:Curriculum Studies in Initial Teacher Education

(1) 摘要内容

Initial teacher education programmes, in order to comply with the requirements for teacher registration, are usually expected to introduce student teachers to the mandated curriculum. Often this is done uncritically, so students tend to accept rather than examine the underlying epistemological model which partitions knowledge into distinct 'pillars of wisdom'. But there is little agreement over how knowledge is to be partitioned, which raises the question of if it can be partitioned at all. A different philosophical model—holism—is proposed based on the metaphor of a spider's web, and the Queensland 'New Basics' project is given as an example which fits this alternative approach. A second problem is in the overcrowding of the curriculum and here Project 2061 offers a set of robust criteria for making rational decisions about curriculum content.①

(2) 摘要概述

初始教师教育计划是为了符合教师注册的要求,通常被期望将学生教师引入授课课程。但是这样做是不道德的,所以学生倾向于接受而不是检查这种潜

---

① Clark J. Curriculum studies in initial teacher education: the importance of holism and project 2061, The Curriculum Journal, 2005, 16(4): 509-521.

在的认识论模式,这种模式将知识分成明确的"智慧支柱"。然而,对于如何分割知识却几乎没有一致意见,这就提出了是否可以分区的问题。基于蜘蛛网的隐喻提出了不同的哲学模式——整体主义,昆士兰"新基础"项目被看作为一个适合这种替代方法的例子。第二个问题是课程过度拥挤,"2061年计划"为课程内容做出理性决策提供了一套健全的标准。

(3)摘要解析

本篇文章选自杂志The Curriculum Journal,主要阐述初始教师教育计划中课程学习的重点要素。文中提到规定学校实行国家课程的国家,会要求他们的职前小学教师准备课程,学生教师必须学习所有的这些课程。这种课程框架由七个基本的学习领域组成:艺术、健康和身体健康、语言、数学、科学、社会科学以及技术。课程和教育科目包括"所学内容的知识"和有关课程文件的知识。考虑到这一切,高等教育机构在所有规定的课程领域中建立其职前教师准备方案是毫无疑问的。这一标准做法(自1877年起)并非新西兰独有,而且适用于英国,也适用于澳大利亚、美国等国家。

(二)中文摘要

《教育研究》《教师教育研究》《全球教育展望》等期刊是教师教育研究领域的顶级刊物,具有非常高的影响力,下面从各期刊选取一篇摘要,从中文摘要、英文摘要、摘要分析三个层面进行解读。

摘要精选之一:教师教育标准体系的建立

(1)中文摘要

我国未来教师教育发展需要建立教师质量建设中各个环节的标准。招生环节是保障教师培养质量的一个重要前提;从培养环节来看,教师教育课程标准、教师教学能力标准、师范生实习的实践标准都可以起到培养环节的质量保障的作用,同时还可以通过教师教育机构认证标准和教师教育质量评估标准保障条件与结果的质量;从入职环节来看,通过教师资格考试、教师资格执照证书保障教师入职质量;从持续专业发展角度来看,把教师职称标准、荣誉标准、教师绩效工资标准、教师资格标准更新等融合为一体,保障教师持续专业发展的质量,从而使教师教育的每个环节都有质量保障,最终以教师教育标准建立完整的教师教育质量保障体系。①

（2）英文摘要

The development of teacher education in the future in China need to establish the standards of all aspects in the construction of teacher education quality. The enrollment is the top priority to guarantee the quality of teacher cultivation. In the aspect of cultivation, the curriculum standard of teacher education, the ability standard of teaching, the practical standard of normal school students can all play a role in guarantee the quality of cultivation. At the same time, it can also guarantee the quality of the conditions and results through the certification standard of teacher educational institution and the evaluation standard of teacher educational quality. In the aspect of the link of induction education, we shall guarantee the quality of teachers' induction education through teacher qualification examination and teacher qualification certificate. In the aspect of sustainable professional development, we shall integrate teachers' professional title standard, credit standard, teacher performance salary standard and teacher qualification standard renewal, etc., so as to guarantee the quality of teachers' sustainable professional development, to guarantee the quality of each link of teacher education, and finally establish complete quality guarantee system of teacher education with teacher educational standard.②

（3）摘要解析

朱旭东，1965年生，1995年获教育学博士学位，北京师范大学教授，博士生导师。2000年被选为北京市人文社会科学跨世纪百人工程研究人员，是我国目前教师教育领域具有代表性的优秀学者，此篇文章选自近15年来境内教师教育专业领域高影响力期刊之一《教育研究》。

从20世纪80年代开始，世界各国纷纷制定教师教育标准作为教师教育改革和保障教师教育质量的一个基本前提，教师教育标准化已经成为国际教师教育改革的基本趋势，是现代教师教育制度的基本内容。③本篇文章从九个方面来

---

① 朱旭东：《教师教育标准体系的建立：未来教师教育的方向》，《教育研究》2010年第6期，第30—36页。
② 同上。
③ 钟秉林：《教师教育转型研究》，北京：北京师范大学出版社，2009年。

论述教师教育标准体系的建立,一是现代大学的教师教育专业招生标准体系的建立;二是现代大学的教师教育专业学院的机构资质认证标准体系的建立;三是现代大学教师教育专业设置的教师专业发展标准和教师教育课程标准体系的建立;四是现代大学教师培养的教学能力标准体系的建立;五是现代大学教师培养的教育教学实践标准体系的建立;六是师范生就业的专业编制标准体系的建立;七是对于"教师资格标准的管理、教师资格考试、教师资格课程的修习"三方面的三权分离管理模式的教师资格标准体系的建立;八是教师培养和培训一体化的培训机构资质标准和教师专业发展层级标准体系的建立;九是教师专业发展的职称、荣誉、绩效工资、教师资格更新标准体系的建立。作者结合我国的实际情况探讨了一系列切实可行的教师教育未来发展路径。

摘要精选之二:我国教师教育改革的反思

(1)中文摘要

教师专业化是时代的要求。但对教师专业化要有一个正确的理解。教师专业化的本质是提高教师的业务能力。教师教育的转型要服从教师专业水平的提高,而不是削弱。前一段教师教育的改革使一部分教师教育资源流失,值得反思和纠正。要重视教师教育的建设。[①]

(2)英文摘要

Teacher professionalization is the requirement of our age, but we should understand teacher professionalization correctly. The essence of teacher professionalization is to improve each teacher's professional competence. The transformation of teacher education should enhance teacher's professional level rather than weaken it. The reform of teacher education not long ago led to part of teachers drain out, which deserves reflecting and rectifying. Great importance should be paid to teacher education.[②]

(3)摘要解析

顾明远,是我国教师教育领域具有代表性的学者,是我国教师教育转型改革的倡导者。作者指出,从20世纪末,我国提出教师专业化的问题,教师教育改革被提到议事日程。但由于大家教师专业化的理解并不一致,许多人把教师专业化

---

① 顾明远:《我国教师教育改革的反思》,《教师教育研究》2006年第6期,第3—6页。
② 同上。

只理解为必须提高教师的学历层次，有的人还提出教师要不断学习、终身学习，从而提高教师的专业水平。没有真正理解教师专业化的整体内涵，就会导致教师教育改革上出现一些偏差。作者列举出近几年来师范教育的机构改革表现在以下几方面：一是为了提高小学教师和幼儿教师的学历，一大批中师被撤销；二是为了体现师范教育的开放性，不再强调师范教育的单独体系；三是为了体现教师教育职前职后一体化，许多地方教育学院合并到师专或师范学院，教师的职后培训并未得到加强。师范教育的机构改革进行得非常神速，而教师专业化水平并未有多大提高，根本问题是中国师范院校转型过程中并未真正转变教师教育的培养模式，在专业设置、课程安排、教学方式上相应地进行调整，没有真正地利用综合学科的资源来加强教师教育。作者通过反思21世纪的教师究竟应该具备什么样的品质，应该掌握哪些知识和技能，进而研究如何才能培养这样的教师，如制定幼儿园教师、小学教师、中学教师三种不同规格的人才培养方案和教师教育课程标准，恢复免费师范生制度，制定非师范院校培养教师的准入制度，严格实行教师资格证书制度，规范师范教育办学等，为我国教师教育改革寻求出路。

摘要精选之三：教师实践性知识研究

（1）中文摘要

在本次访谈中，荷兰奈梅恩大学波琳·梅耶尔教授基于其自身的经验，畅谈了关于教师实践性知识研究方面的体悟，凸显了荷兰教师实践性知识研究的特色。在研究工具上，除了传统的访谈法，综合使用刺激回忆、概念图、电子日志和问卷等能够有效捕捉教师的实践性知识。在研究视角上，转化性学习理论和关键事件分析能够看到教师实践性知识的发展路径，以身份认同作为切入口是近年教师实践性知识研究的热点。在研究特色上，荷兰教师教育研究更加关注证据和团队合作。在本土实践上，为教师赋权、强调教师参与和反思成为荷兰教师教育的关键词，但是应试教育的思潮和城乡、学科师资水平的差距问题，也成为荷兰教育改革的困境所在。[①]

（2）英文摘要

In this interview, Paulien Meijer, at Radboud Universiteit Nijmegen in the Netherlands,

---

① 魏戈、陈向明：《教师实践性知识研究在荷兰——与波琳·梅耶尔教授对话》，《全球教育展望》2015年第3期，第3—11页。

conveyed her experience and understanding of the research on teachers' practical knowledge in the Netherlands. Firstly, her research team has used such research instruments as interview, stimulated recall, concept maps, digital logs and questionnaires to capture teachers' practical knowledge effectively. Secondly, transformative learning and critical incident analysis have helped her interpret the development of teachers' practical knowledge, as well as teachers' professional identity. Thirdly, teacher education research in the Netherlands puts more emphasis upon evidence and group cooperation. Finally, empowerment, engagement and reflection are the key words in the Netherlands' teacher education, while the trend of "teaching for exam" and the disparity of teacher quality between urban and rural areas and among different subjects remain in the Netherlands' education reform.[①]

（3）摘要解析

本文选自《全球教育展望》，是一篇采用访谈法探讨教师实践性知识的研究。全文采用与梅耶尔教授一问一答对话的特殊方式来展现作者的教育观点，在交谈过程中了解荷兰与我国关于教师实践性知识的研究的差异和可借鉴之处。作者希望借助教师实践性知识研究推动教师专业成长，进而助力教育改革的推进。

中文摘要和英文摘要根据投稿要求不同，在写作规范、语言表述上有各自的特点，为教师教育学生专业学习提供了很好的范例，摘要编写中经常存在要素不全、研究目的或方法缺失、摘要中出现引文、独立性与自明性不强、繁简失当等问题，应当引起注意。

首先，摘要逻辑结构严谨。摘要先写什么，后写什么，逻辑思路清晰，上下连贯，首尾呼应。应排除本学科领域已成为常识的内容，切忌把应在引言中出现的内容写入摘要，一般也不要对论文内容做诠释、评论。因为，简单重复题名中已有的信息，会让摘要显得累赘，如题名是《关于教师教育××的研究》，摘要里再写"为了……，对教师教育××进行了研究"。

其次，摘要语言表述规范。摘要表达应简洁明了，语义确切，句型力求简单，

---

① 魏戈、陈向明：《教师实践性知识研究在荷兰——与波琳·梅耶尔教授对话》，《全球教育展望》2015年第3期，第34页。

慎用长句,避免空泛、笼统、含混不清。摘要通常用第三人称,如用"对……进行了研究""报告了……现状""进行了……调查"等标明文献的性质和文献主题,不使用"本文""作者"等作为主语。摘要中间不分段,一般不用引文。对于专有名词术语,摘要不用非公知公用的符号和术语,新术语或尚无合适中文术语的,可用原文或译出后加括号注明原文,缩略语、略称、代号在首次出现时须加以说明。除了实在无法变通以外,一般不用数学公式和化学结构式,不出现插图、表格。计量单位和标点符号使用要符合学术规范。

二、开篇结语结构范例

学术论文一般由题目、摘要、关键词、(目录)、正文、参考文献等组成,每个部分都非常重要。对于开篇,万事开头难,好的开头是成功的一半,开头写好了,文章写起来就容易了。科技论文的开篇,一般被称为"引言",以简短的篇幅,介绍论文的写作背景和目的、研究缘起、评述研究现状、说明本研究的关键问题、创新之处及研究意义。

(一)开篇范例

本篇选自Kenneth M. Zeichner[1] 和 Daniel P. Liston[2]发表在 *Journal of Teacher Education* 期刊上的题为 "Traditions of reform in US teacher education" 的文章。Ken Zeichner是美国华盛顿大学(University of Washington)教育学院波音教授(Boeing Professor),博士生导师,2013年当选为美国教育研究协会会员,是当代具有代表性的教师教育名家,下面从语篇摘选、概述和解析三方面深入学习。

1.语篇摘选:美国教师教育改革传统[3]

One of the most notable characteristics of the current reform movement in U.S.

---

[1] Kenneth M. Zeichner, professor in the Department of Curriculum and Instruction, University of Wisconsin-Madison, is asenior researcher with the National Center for Research on Teacher Education.

[2] Daniel P. Liston is an assistant professor in the Department of Education, Washington University, St. Louis.

[3] Zeichner K. M., Liston D. P. Traditions of reform in US teacher education. Journal of teacher Education, 1990, 41(2):pp.3-20.(节选)

teacher education is its lack of historical consciousness. Very little attention has been given in the literature of this movement to the historical roots of contemporary reform proposals. One is hard pressed to find explicit references in this literature to any of the numerous reform efforts which have been initiated by foundations, governmental agencies, or by teacher educators themselves over the past 50 years[①]. Although there have been several recent analyses of the development of teacher education programs within colleges and universities in the 20th century which have illuminated many of the tensions and conflicts impeding the reform of programs (Clifford and Guthrie, 1988; Herbst, 1989; Powell, 1976; Schneider, 1987), attempts to identify lessons that have been learned from specific teacher education reform efforts, and from similar efforts in other professions, that could be instructive to contemporary reformers, are scarce[②].

One consequence of this historical amnesia in the current teacher education reform movement is a lack of clarity with regard to the theoretical and political commitments underlying specific reform proposals. Currently popular terms like "reflective teaching," "action research," "subject matter," "development," and "empowerment" are bandied about in the teacher education community with a great deal of confusion about the underlying commitments and assumptions which distinguish one approach from another. In some cases, (e.g., "reflective teaching") the use of particular terms has become almost meaningless because of the way in which teacher educators holding very diverse perspectives have expressed allegiance to the same slogans.

It is our contention that efforts to reform teacher education throughout the 20th century have always reflected, often implicitly, varying degrees of commitment and affiliation to several distinct reform traditions. Drawing on Kliebard's (1986) analysis of the various interest groups that have vied for control of the primary and secondary

---

① Examples of reform efforts that are rarely mentioned in the current reform literature include the National Teacher Corps(Smith, 1980); TTT (Provus, 1975); and M.A.T. programs (Coley and Thorpe, 1986).

② Some examples of recent efforts to inform the current reform debate through analyses of reform projects of the past include Sykes (1984); Coley and Thorpe (1986); Johnson, (1987); Zeichner (1988); and Herbst, 1989.

school curriculum in this century and on several recent analyses of alternative conceptual orientations in teacher education (Feiman-Nemser, in press; Joyce, 1975; Kirk, 1986; and Zeichner, 1983), we will outline and discuss four distinct traditions of reform in twentieth century U.S. teacher education[①]. These traditions are (a) the academic tradition, (b) the social efficiency tradition, (c) the developmentalist tradition, and (d) the social reconstructionist tradition. We believe that this framework of reform traditions can potentially help clarify some of the important differences among contemporary reform proposals that on the surface appear to be similar. Following the presentation of the reform traditions, we will briefly illustrate the heuristic value of the framework with a discussion of current proposals regarding "reflective teaching" and will discuss the ways in which we feel this framework can stimulate needed debate within and across reform traditions about the purposes and goals of teacher education in relation to individuals, schooling, and society.

Although we do not advocate here in favor of any single reform tradition, we do argue that it is important for teacher educators to understand the conceptions of knowledge, teaching, learning, and social welfare associated with particular reform proposals. The implication is that teacher educators should choose carefully among reform alternatives with a clear sense of their own location in relation to the four reform traditions.

2.语篇概述

当前美国教师教育改革运动最显著的特点之一就是缺乏历史意识。这一运动的文献很少注意到当代改革提案的历史根源。人们很难在这本文献中找到明确的参考，以了解过去50年来基金会、政府机构或教师教育者自己发起的众多改革努力中的任何一项。虽然最近已经有一些关于20世纪高校教师教育课程发展的分析，试图从具体的教师教育改革工作或相似领域汲取经验教训，为当今改革者提供指导，但实在寥寥。

在当今教师教育改革运动中，这个历史性遗忘的后果之一就是对改革提议的理论和政府承诺缺乏明确性。目前流行的术语如"反思性教学""行为研究""主

---

① A more elaborated analysis of these traditions can be found in Chapter I of Liston and Zeichner (in press).

题""发展"和"授权"存在诸多困惑,理论假设混淆。在某些情况下,如"反思性教学"使用特定术语几乎毫无意义,因为教师教育者以持不同观点的方式表达了对相同口号的拥护。

我们的论点是,在20世纪改革教师教育的努力中,总是反映出对不同改革传统的不同程度的承诺和联系。20世纪美国教师教育有四个明显的改革传统,分别为学术传统、社会效能传统、发展主义传统、社会重建主义传统。我们认为,这一改革传统的框架可能有助于澄清当代改革建议中某些表面看似相似的重大分歧。我们将讨论"反思性教学"的当前举措,大致说明该框架的启发式价值,探讨该框架引起改革传统内外部的争论,主要是在有关个体、学校和社会的教师教育的目的和目标上。

虽然我们不提倡任何单一的改革传统,但我们确实认为,教师教育者必须了解与特定改革建议有关的知识、教学、学习和社会福利等概念。教师教育者应该在改革方案中审慎选择,基于四个改革传统,明确自身定位。

3. 语篇解析

美国几百年的教育发展史就是一部教育改革与创新史。从最初对宗主国教育模式的移植到改造已有教育,再到独具特色的教育创新,折射出美国追求创新与发展的特点。就教师教育而言,也走过了一条曲折的创生之路。美国的教师教育也在改革中不断发展。19世纪初教师教育在美国崭露头角,在一百多年的发展过程中,美国的教师在大量收集资料的基础上,运用历史法、文献法,对美国教师教育进行了比较全面的、细致的分析。

本文主要总结和讨论在20世纪美国教师教育的四个明显的改革传统。这些传统是学术传统、社会效能传统、发展主义传统及社会重构主义传统。教育随着社会、政治、经济和文化的变迁在改革中不断发展,经历了一个从无到有、从低层次到高层次的发展过程,教师教育逐步朝着专业化的方向发展。20世纪80年代以来,美国政府将教师教育提升到事关"美国前途与未来"的高度,将改善教师教育、促进教师专业化发展列入美国十大教育目标之一。教师教育,尤其是中小学教师教育,成为当今美国教育改革的焦点。

本文以美国教师教育的发展传统变迁为研究对象,阐述了美国教师教育不同阶段发展传统的同时,也总结了不同时期的特征和成就。中国教师教育研究起步较晚,希望此篇文章能为我国教师专业化发展和教师教育改革提供借鉴。

(二) 结语范例

结语是文章最精华的总结和提炼,以下语篇选自 *Research & Practice in Assessment* 期刊,从文化信念与实践的角度阐释了调查在教师教育中的应用,结语部分总结全文,简洁明了,条理清晰,为有效开展教师教育调查提供参考。

1. 语篇摘选:调查在教师教育中的应用[①]

Indeed, while surveys can offer teacher preparation programs an efficient and effective approach to gathering program and accreditation data, there are important considerations related to their use—they are beneficial due to their administrative convenience, ability to be integrated into electronic assessment systems, and potential to evaluate the psychometric properties of obtained scores. Notwithstanding these strengths, programs should adhere to professional guidelines and practices regarding their selection and use to ensure that they yield substantive and meaningful information. This is critical in light of the need for continued research on the strategies teacher education programs can use to most effectively promote preservice teachers' diversity beliefs (Castro, 2010; Song, 2006). As such, surveys hold much promise to strengthen teacher education training but require thoughtful consideration in their selection and use.

2. 语篇概述

事实上,虽然调查可以为教师准备计划提供高效的收集项目和认证数据的方法,它们的优势在于管理便利,能够与电子评估系统结合,并有潜力评估所得成绩的心理测量学特性。尽管有这些优势,但教师准备计划应坚持选择和使用专业准则和做法,以确保他们产生实质性和有意义的信息,这对持续策略研究教师教育项目至关重要,能最有效地促进职前教师形成多元信念 (Casrto, 2010; Song, 2006)。因此,这些调查都意在加强教师教育培训,但对他们的选择和使用需要多加考虑。

---

① Immekus J C. The Use of Surveys in Teacher Education Programs to Meet Accreditation Standards: Preservice Teachers' Culturally Responsive Beliefs and Practices, Research & Practice in Assessment, 2016, 11. (节选)

3. 语篇解析

教育工作者准备认证委员会（CAEP, 2013）要求美国教师采用多种措施进行系统自学来准备课程，并记录其能够培养出P-12的教育多样化的学生人数及能力。为了符合CAEP认证标准，教师准备课程的领导者需要采取多种措施来记录和报告教师候选人的学习成就。文章分析了多种心理学测量方法，在结尾处进行总结论证，与文章摘要相呼应。

论文的结语（结论）是在理论分析和实践验证的基础上，通过严密的逻辑推理而得出的富有创造性、指导性、经验性的结果描述。它又以自身的条理性、明确性、客观性反映了论文或研究成果的价值。结语与引言相呼应，同摘要一样，作用是便于读者阅读和为二次文献作者提供依据。结语撰写要点如下：（1）本研究的结果说明了什么问题，得出了什么规律性的东西，解决了什么理论或实际问题。（2）对前人有关此问题的做法做了哪些检验，哪些与本研究结果一致，哪些不一致，作者做了哪些修正、补充、发展或否定。（3）本研究的不足之处或遗留问题。对于某一篇论文的结语，以上要点（1）是必需的，而（2）和（3）则视论文的具体情况可有可无。如果不能得出结论，也可以进行必要的讨论。撰写的结语应达到以下要求：（1）概况准确，措辞严谨；（2）明确具体，简短精练；（3）不做自我评价。

（三）布局谋篇

前面阐述了论文的摘要、开篇和结语，第三章第一节"中英题目"中简要介绍了学术文章的"篇名"，现在将篇名（Title）、摘要（Abstract）、关键词（Keywords）、引言（Introduction）、结语（Concluding remarks）综合起来，分析学术论文的结构，学习和掌握前后呼应、布局谋篇的方法。

1. 语篇摘选：基于文化多样性的教师专业标准研究[①]

How Is Cultural Diversity Positioned in Teacher Professional Standards?
An International Analysis

Abstract: Unprecedented levels of global mobility mean that culturally homogenous

---

① Ninetta Santoro, Aileen Kennedy. How is cultural diversity positioned in teacher professional standards? An international analysis. Asia-Pacific Journal of Teacher Education, 2016,44(3): pp.208–223, 16p.（节选）

classrooms are now increasingly rare. This brings with it challenges for teachers and raises issues about what constitutes quality teaching and teachers. Professional standards are commonly seen as a key policy instrument through which teacher quality can be enhanced. This article presents an analysis of teacher professional standards from five of the most culturally diverse nations in the English-speaking world. Using critical discourse analysis, we examine how culturally and linguistically diverse learners and culturally responsive pedagogy are positioned, and what the standards stipulate teachers should know, and be able to do, in fulfilling their professional obligations. We conclude by raising concerns about how the official representations of teaching in particular national contexts fail to position culturally diverse learners and culturally responsive teaching as a priority.

Keywords: critical discourse analysis; culturally diverse students; culturally responsive teachers; teacher professional standards

Notes on contributors: (1)Ninetta Santoro is a professor of education at the University of Strathclyde, Scotland. Her research focuses on teacher and learner ethnicity, the preparation of culturally responsive teachers and internationalisation within Higher Education. (2)Aileen Kennedy is a senior lecturer at the University of Edinburgh. Her work focuses principally on professional learning, teacher education policy and reform, professionalism and the governance of teachers.

2. 引言部分（Introduction）

In the last two decades in most parts of the world, the nature of teachers' work and the knowledge they require for increasingly complex teaching has undergone enormous change. In part, these changes have occurred in response to unprecedented levels of global mobility. Culturally homogenous classrooms are rare in most places in Europe and elsewhere, such as the US, Canada and Australia (OECD, 2011). Of particular significance is the rapid rate of demographic change in some countries. For example, countries that were relatively homogenous such as Iceland have seen a significant increase in immigration in the past 10 years with 7.9% of the Icelandic population in 2012 being foreign born (OECD, 2013). In Ireland, foreign-born citizens increased by 143% from 2002 to 2011, with those from Poland being the largest group, followed by Lithuanians, Romanians, Indians, Latvians and Hungarians (Government of Ireland, 2012). Countries such as the US, Canada and Australia, sometimes referred to as "classical immigration countries" or "traditional immigration countries" (Dustmann, Frattini, & Lanzara, 2011), have experienced increased cultural diversity in specific geographical areas and regions in response to government resettlement policies (Australian Department of Immigration and Border Protection, 2014a). Additionally, although not due to global trends in immigration, the cultural and linguistic diversity of countries such as Australia, New Zealand, Canada and the US includes the diverse cultures and languages of Aboriginal and First Nations populations.

In general, the cultural diversity that characterises so many classrooms has increased the complexity of teachers' work. All teachers, regardless of their location, need to be culturally responsive practitioners who must be able to work productively with culturally and linguistically diverse children. A culturally responsive teacher is one who holds high expectations of culturally diverse students, respects and understands their cultural values, knowledge, practices and histories, draws upon and builds on diverse students' "funds of knowledge" (Gonzales, Moll, & Amanti, 2005). A culturally responsive teacher promotes social justice through naming and critiquing discourses of inequality within and beyond the classroom. She or he has what Epstein and Gist (2013) call "pedagogical dexterity" (p.19), that is, the ability to be pedagogically reflexive and reflective, and to respond to students' learning needs through curricula, assessment and classroom practices that are relevant and meaningful.

The professional imperative to address the needs of culturally and linguistically diverse (CALD) students raises questions about what knowledge teachers need and what constitutes quality teachers and teaching for such contexts. While debates about quality, in general, have dominated education discourse for decades, increasingly, global policy discourse promotes professional standards as a key means of enhancing teacher quality (e.g. OECD, 2005; Scheerens, 2010), and indeed, serve to define quality. The development and use of teacher professional standards has become so normalised that Bourke, Ryan, and Lidstone (2013), writing from an Australian perspective, suggest that "no debate actually exists about the usefulness of standards; their implementation has become taken for granted" (p. 409).

Professional standards serve not only to enhance quality, but also as a tool for measuring or evaluating quality, something that is increasingly seen as a key component of most teacher education reform policies. In their review of empirical research on "teacher evaluation and school improvement," Hallinger, Heck, and Murphy (2014) claim that standards-based teacher evaluation, coupled with "value-added" measurement of growth in student performance, are the hallmarks of what they term "new generation models of teacher evaluation" (p. 5). These new models reflect an era of increasing accountability, one which Hallinger et al. claim "has gradually shifted from holding schools accountable for policy compliance to accountability for learning outcomes" (2014, p. 6).

Much of the empirical literature reviewed by Hallinger et al. originates from the US and is reflective of a particular political and cultural context. Nonetheless, their conclusions are striking: they claim that "the 'policy logic' driving teacher evaluation remains considerably stronger than empirical evidence of positive results" (p. 21). Despite a lack of empirical evidence to suggest a clear causal link, raising teacher quality through systematic evaluation of teachers against prescribed standards is a very popular and widespread policy solution.

While it must be acknowledged that professional standards vary in content, form and purpose, they generally outline key knowledge and skills required for teachers. However, Clarke and Moore (2013) caution over the usefulness of standards that try to encompass everything a teacher should know. There is a risk that they will be ultimately rendered "so vague by the fundamental impossibility of taking account of the idiosyncratic and the contingent in teaching and learning as to result in their being reduced to mere statements of the obvious ... (p. 489)"

Supporters of teacher professional standards highlight the capacity of standards to provide "a basis for deliberation and reflection" within learning communities and to provide a framework for teachers' career progression (Ingvarson, 1998, p. 129). Others claim that standards serve to uphold public trust in teaching and teachers, a necessary condition for any profession (Goepel, 2012).

It is apparent, then, that standards serve a number of functions, including accountability measures that contribute to the regulation of the profession. They also make explicit the knowledge and skills required by teachers, thereby providing a framework for initial teacher education curriculum and for graduate teacher professional development. Importantly, they serve to communicate publicly the essence of teaching within a particular national context. What they do not tell us is how the standards are enacted in practice, revealing a common policy-tension: "Policy is both text and action, words and deeds, it is what is enacted as well as what is intended" (Ball, 1994, p. 10). Such official statements of what it means to be a teacher have a particular authority attached to the words, and thus, serve to shape discourses of teaching, often in powerful ways.

Against this background we examine how CALD[①] students are positioned within teacher professional standards from some of the most culturally diverse nations and contexts in the world: England, Australia, New Zealand, Canada (British Columbia) and the US (California)[②]. We also examine how these standards address teacher knowledge and teacher practice for culturally diverse contexts. We want to be clear that what we present here is an analysis of policy texts—we do not purport to analyse the enactment of the policy documents. Not that the enactment of policy texts—in this case, professional standards for teachers—is unimportant, rather that the essence of what we want to investigate is the "official" policy message as represented in formal policy texts.

In what follows, we outline and justify the documents selected and then present our analysis before discussing our findings and drawing conclusions.

3. 结语部分（Concluding remarks）

We began this article by drawing on the globally accepted premise that teacher quality can be enhanced through professional standards. As Sahlberg (2011, p. 177) asserts, there is "a widely accepted-and generally unquestioned-belief

---

① 原文注释: We use the term CALD to refer to students of ethnic or racial minority who are first-or second-generation immigrants or who are Aboriginals.

② 原文注释: In the case of the US and Canada, teacher professional standards are developed and implemented by particular state/provincial authorities.

among policymakers and education reformers...that setting clear and sufficiently high performance standards [...] will necessarily improve the quality of desired outcomes." Given the increasing importance that has accrued to professional standards as indicators and drivers of quality practice, we were concerned, in particular, with how CALD students are positioned within teacher professional standards, and how the standards make explicit teacher knowledge and teacher practice for culturally diverse contexts.

Our analysis reveals that, in general, the teacher professional standards we analysed do not acknowledge, let alone make explicit, the complex and specific knowledge and skills needed for culturally responsive teaching. The value-laden statements about equity and access that generally characterise them do little to acknowledge the complexities inherent in the identities of culturally diverse learners, and neither do they stipulate what it is that must be known or how teachers should come to know it. We acknowledge that our analysis was restricted to a relatively small sample of standards documents. However, those that we chose were from some of the most culturally diverse nations/states in the world. It is, therefore, reasonable to expect that such nations/states might be more advanced in their approaches to supporting the development of culturally responsive teachers than others might be.

We do recognise, however, that different standards are written in different ways by different groups of professionals and are intended for slightly different purposes. This raises questions about whether it is possible, or even desirable, for professional standards to adequately account for the complex professional knowledge required by teachers, and the extent to which standards might reasonably be expected to provide statements about particular pedagogical approaches that teachers might adopt.

But, nonetheless, even taking into account the different and conflicting ways in which professional standards are conceptualised and critiqued by educational researchers, teachers and teacher educators, professional standards still serve to "produce the subject," as Fairclough (2001) would argue, by informing and shaping the discourse of teaching within individual national contexts. If we are to rely on professional standards to support and prioritise aspects of teacher quality, then in the case of culturally responsive teachers and culturally responsive teaching practice the standards appear to be a long way from providing the kind of steer necessary to make serious inroads into enhancing teacher quality in this regard. Thus, it seems reasonable to suggest that CALD learners should be positioned much more prominently in teacher standards and the complex knowledge about learners and about practice for CALD learners that is required by culturally responsive teachers should feature in standards documents.

We acknowledge that teacher education programmes, at both initial and post-qualification stages, must take into account national guidance or direction framed through professional standards. In many national and state contexts, teacher registration is dependent on teacher education institutions demonstrating their courses facilitate the development of graduate attributes and knowledge in keeping with the professional standards. However, it is important for teacher educators to recognise the gaps and omissions in teacher professional standards, how they position CALD students and pedagogies for CALD classrooms. It is clear that teacher education must not rely alone on teacher professional standards to inform teacher education for the preparation of culturally responsive practitioners.

Finally, our analysis of the standards has raised a number of questions around why particular CALD groups are privileged over others in the standards, why there is generally a silence around the naming and identification of ethnic and racial groups and why the discourses of inclusivity that characterise the standards work at the same time to exclude, conflate and homogenise specific groups of CALD students. For us, these questions highlight the social discourses in which teacher professional standards are embedded and the inherently political nature of professional standards. However, the answers to these questions, while beyond the scope of this article, are nonetheless worthy of further consideration and research.

4. 语篇解析

Asia-Pacific Journal of Teacher Education，由Routledge在英国出版、Taylor&Francis公司网络发行，出版语种为英语，属于SSCI教育学学科，具有较高的影响因子，许多中国学者在上面发表文章，其中不乏来自浙江大学、上海交

通大学、上海师范大学的教师教育研究者。

本文摘自 *Asia-Pacific Journal of Teacher Education* 期刊2016年发表的文章,作者Ninetta Santoro来自英国思克莱德大学(University of Strathclyde)人文与社会科学学院(Faculty of Humanities and Social Sciences),作者Aileen Kennedy来自英国爱丁堡大学莫雷·豪斯教育学院(Moray House School of Education)。这里选取其论文题目、摘要、引言、结语进行简要介绍。

论文题目"How is cultural diversity positioned in teacher professional standards? An international analysis",清晰指出了研究问题和研究方法。

在摘要中,首先指出了研究背景,前所未有的全球流动水平(unprecedented levels of global mobility)、同源文化班级(culturally homogenous classrooms)越来越罕见,对教师带来了新的挑战,具体是什么挑战呢?摘要中接着指出关于优质教学和教师素质的问题(issues about what constitutes quality teaching and teachers),并进一步指出"教师专业标准"(professional standards)是提升教师质量的关键性政策工具。然后阐述了本文如何进行研究以及研究结果(This article presents an analysis of ... Using critical discourse analysis, we examine ... We conclude ...)。

引言第一段,介绍了过去二十年教师工作性质和他们应对日益复杂的教学所需要的知识发生了巨大的变化,这些变化源于全球人口流动,并具体阐述了欧洲、美国、加拿大、澳大利亚等地人口流动和文化多样性的情况。

第二段阐述了以文化多样性为特点的班级教学,增加了教师工作的复杂性,教师必须尊重与理解学生的多元文化价值观、多元知识背景和多元经历,通过课程、评价和课堂实践,满足学生多元学习需求。

第三段指出了为满足不同文化和语言背景学生的需求,高质量的教师和教学问题得到重视,并引起广泛的讨论,普遍认为,教师专业标准是提高教师素质的重要手段。

第四至八段指出对教师专业标准的作用进行批判性审视。一般认为,教师专业标准有助于提高质量,也可以作为衡量和评价质量的工具。然而,不同学者分别对教师专业标准持质疑和支持态度,支持者认为教师专业标准应该为教师专业发展提供依据。

基于上述分析,第九段提出本文的主要研究内容、对象和研究方法,即教师专业标准对多元文化和语言学生的定位，研究方法是政策文本分析，政策选取的国家和地区有英国、澳大利亚、新西兰、加拿大、美国，研究重点不是政策文本的颁布，而是正式政策文本中所体现的"官方"政策信息。

引言最后一段承上启下，衔接主体研究内容。短短的一句话，指出了下文的主要内容，包括研究概况及文本选择的合理性分析、研究发现、讨论和结论。

在文章的主体部分，对英国、澳大利亚、新西兰、加拿大、美国五个国家的教师专业标准文本进行分析，主要基于两个维度七个问题，第一个维度是关于文化和语言多样性学生（CALD）的知识，研究问题有（1）对文化和语言多样性学生的命名及认定标准？（2）教师需要了解学生文化，是否明确？（3）教师的种族文化如何塑造他们的教学实践，是否明确？（4）教师应尊重文化和语言多样性，是否明确？第二个维度是关于文化回应的实践知识，研究问题有（1）特定文化回应的教学策略明确么？（2）文化回应的评价策略明确么？（3）培养所有学生尊重文化和语言多样性的教学策略明确么？在对这七个问题进行政策文本分析的基础上，展开详细的讨论。

文章结语部分，一共六段，简要介绍了研究背景和作者所关注的重要问题，并阐述了研究的主要发现、不足和未来展望。教师专业标准应阐明多元文化教学所需的复杂的知识和技能，所选样本具有较强的代表性，然而，不同的教师专业标准由不同的专业人员用不同的方式编写，其目的和内容略有不同，教师专业标准的制定具有复杂性，应当制定教师专业标准指导方针，明确定位多元语言和文化的学生及其教学方法，充分考虑教师所需的复杂性专业知识和技能，在一定程度上提供合理的标准。此外文章还指出，教师教育不应仅仅依靠教师专业标准来培养具有文化适应能力的教师。

文章前后首尾呼应，层层递进，研究方法难度不大，文献可获得性较强，采用质性的政策文本分析方法，是研究生比较容易掌握的研究方法，重在掌握文献阅读和写作方法，文章观点和研究结果仅供参考。

三、阐述论证时事新闻

专业英语学习中，要尽可能地开发和利用一切除教科书以外的学习资源，如网络资源、经典书籍、报纸杂志、新闻报道、电视节目等，通过不同渠道接触和学习专业英语,感受专业英语语言的丰富性,以达到灵活运用。其中,阅读经典与关注时事新闻是两个非常重要的途径,不容偏废。专业经典书籍是经过历史检验和沉淀下来的智慧宝典,一书一世界,经典即人生,阅读经典,可以突破时空的限制,为您打开另外一个世界。而阅读新闻报道,除了可以了解专业领域中最新时政热点,也是拓宽学习兴趣,增强英语技能的非常有效的途径。下面节选杜威的《民主主义与教育》以及BBC新闻《没有教师的大学》进行介绍,进一步加强对专业英语阐述、论证和新闻报道的知识和技能的学习。

(一)阐述论证

杜威是美国哲学家、教育家、实用主义的集大成者,提出了教育即生活、教育即生长、教育即经验的改造、学校即社会等重要观点,提出儿童中心、活动中心、经验中心的新"三中心"论;认为人不能脱离于环境,环境本身具有社会性,所以人的教育不能割裂于社会,而是增加环境的社会性要素。杜威的代表作《民主主义与教育》第二章"教育是社会的职能"共分为四节,分别是(1)The Nature and Meaning of Environment;(2)The Social Environment;(3)The Social Medium as Educative;(4)The School as a Special Environment。本文节选于第一节,杜威指出,在年轻人中,对于社会的持续和进步生活所必需的态度和处置的发展不能通过直接传达信念、情感和知识而发生,它要通过环境的中介来发生。阅读原文,学习杜威对环境的论证与分析。

1. 语篇摘选: The Nature and Meaning of Environment[①]

We have seen that a community or social group sustains itself through continuous self-renewal, and that this renewal takes place by means of the educational growth of the immature members of the group. By various agencies, unintentional and designed, a society transforms uninitiated and seemingly alien beings into robust trustees of its own resources and ideals. Education is thus a fostering, a nurturing, a cultivating process. All of these words mean that education implies attention to the conditions of growth. We also speak of rearing, raising, and bringing up words which express the difference

---

① Dewey J. Education as a Social Function—The Nature and Meaning of Environment, Democracy and Education, Courier Corporation, 2004. (节选)

of level which education aims to cover. Etymologically, the word education means just a process of leading or bringing up. When we have the outcome of the process in mind, we speak of education as a shaping, forming, molding activity, that is, a shaping into the standard form of social activity. In this chapter we are concerned with the general features of the way in which a social group brings up its immature members into its own social form.

Since what is required is a transformation of the quality of experience till it partakes in the interests, purposes, and ideas current in the social group, the problem is evidently not one of mere physical forming. Things can be physically transported in space; they may be bodily conveyed. Beliefs and aspirations cannot be physically extracted and inserted. How then are they communicated? Given the impossibility of direct contagion or literal inculcation, our problem is to discover the method by which the young assimilate the point of view of the old, or the older bring the young into like-mindedness with themselves.

The answer, in general formulation, is: By means of the action of the environment in calling out certain responses. The required beliefs cannot be hammered in; the needed attitudes cannot be plastered on. But the particular medium in which an individual exists leads him to see and feel one thing rather than another; it leads him to have certain plans in order that he may act successfully with others; it strengthens some beliefs and weakens others as a condition of winning the approval of others. Thus it gradually produces in him a certain system of behavior, a certain disposition of action. The words "environment," "medium" denote something more than surroundings which encompass an individual. They denote the specific continuity of the surroundings with his own active tendencies. An inanimate being is, of course, continuous with its surroundings; but the environing circumstances do not, save metaphorically, and constitute an environment. For the inorganic being is not concerned in the influences which affect it. On the other hand, some things which are remote in space and time from a living creature, especially a human creature, may form his environment even more truly than some of the things close to him. The things with which a man varies are his genuine environment. Thus the activities of the astronomer vary with the stars at which he gazes or about which he calculates. Of his immediate surroundings, his telescope is most intimately his environment. The environment of an antiquarian, as an antiquarian, consists of the remote epoch of human life with which he is concerned, and the relics, inscriptions, etc., by which he establishes connections with that period.

In brief, the environment consists of those conditions that promote or hinder, stimulate or inhibit the characteristic activities of a living being. Water is the environment of a fish because it is necessary to the fish's activities to its life. The North Pole is a significant element in the environment of an arctic explorer, whether he succeeds in reaching it or not, because it defines his activities, makes them what they distinctively are. Just because life signifies not bare passive existence (supposing there is such a thing), but a way of acting, environment or medium signifies what enters into this activity as a sustaining or frustrating condition.①

2. 语篇概述：环境的性质和意义

我们在第一章中讲到过，一个共同体或社会团体是通过不断的自我更新来维持的。这种自我更新过程，是通过对共同体中的未成年人实施教育使其获得成长来完成的。一个社会通过各种教育机构和非教育机构，把懵懂无知的、与社会格格不入的人改造成有用的社会资源，使其成长为身心健康的理想的社会管理者。在此意义上，教育过程就是抚养、培育和教导，这些词都含有关注一个人的成长条件的意思。我们也用"养育""培养""教化"这些词，它们体现了教育的不同水平和层次。从词源学上讲，"education"（教育）一词正好是引导或教养的过程。当我们思考教育过程的结果时，会把教育表达为塑造、形成、模塑的活动，即按照社会活动的标准模式对受教育者进行塑造。在本章中，我们会探讨社会团体根据自己的社会模式，来对未成年人进行培养时所运用的方法的一般特点。

既然要求把经验改造成为社会团体广为接受的不同兴趣、目的和观念，那么经验的改造显然就并非单纯对物质方面加以改变的问题了。物质在空间上可以搬动，可以转移，信念和理想抱负却不能像物质一样随便取出或放入。那么，信念和理想是怎样传递的呢？我们已经知道，它们不可能直接传递或灌输，因此我们必须找到一种方法，让未成年人吸收年长者的观念，年长者促使未成年人与自

---

① Dewey J. Democracy and education. Courier Corporation, 2004.

己形成共同的志趣。

一般来说，对如何形成共同志趣的回答会是：通过环境的刺激引起相应的反应。需要未成年人形成的信念不能硬性灌输，需要未成年人形成的态度无法粘贴上去。然而，个人生活的特定环境会促使人对一件东西视而能见、见而能感，而对另一件东西则视而不见。个人所处的生活环境会促使其拟订某种计划，从而能与他人的行动保持步调一致。个人所处的生活环境会强化某些信念并弱化另一些信念，这样能使他获得别人的称赞与认同。因而，个人的生活环境会潜移默化地在其身上形成特定的系统的行为和行动倾向。"环境""生活环境"这些词，不仅表示与个人生活相关的周围事物，而且表示这些事物与个人的主观趋向持续不断的特殊关联。尽管非生物也和周围事物联系在一起，但如果不用比喻来表达，周围事物并不构成非生物的环境，因为非生物并不能关心影响它的各种各样的外界力量。虽然有些东西在时空上与生物，特别是与人类相隔甚远，但它比一些与人类在时空上更为接近的东西，更能成为人类生活的真实环境。如果一个人的活动随着事物的变化而变化，那么这些事物就是他的真实环境。所以说，天文学家的活动随着他所凝视或计算的星星的变化而变化，在他直接接触的周围事物中，望远镜就是他最亲密的环境。文物工作者的环境包括：他所关注的人类生活、远古朝代、他借以与该朝代建立联系的遗迹、铭刻等等。

一言以蔽之，环境包括促成或阻碍、激发或抑制生物的特有活动的种种条件。鱼的环境是水，因为鱼的活动和生活离不开水。北极探险家的重要环境是北极，无论他是否已成功到达北极，因为北极界定了他的活动，使其活动变得独特。生命并非消极存在物（如果有这种存在状态的话），而是一种行动方式。环境或生活环境在生命活动中要么起着支持作用，要么起着阻碍作用。

3. 语篇解析

《民主主义与教育》一书是美国著名教育家杜威的代表作，是一部堪与柏拉图的《理想国》、卢梭的《爱弥儿》相提并论的巨著。该书内容全面，条理清晰，结构合理，融科学性、系统性、理论性及学术性为一体，可供教育工作者参阅。

首先，杜威论民主社会时力言泯除阶级对立和民族矛盾，强调社会成员共享福利以及破除国家界限之类。马克思曾说，资产阶级学者也运用阶级分析的观点，但他们否定以暴力实现共产主义的办法；杜威刚好认为民主的理想不能以暴力斗争来实现，应该以教育代革命。

其次，杜威关于教育即生活、生长和经验改造的学说，在反对脱离社会现实和不顾儿童身心发育的旧教育方面，是有积极意义的；但作为高级动物的人类，由于具有发育完善的大脑，却在通过直接经验接受教育之外，还是善于通过间接经验获得启发和成长的，而且后一种渠道的重要性远远超过前者。

（二）时事新闻

新闻是了解国家大事与世界动态的很好办法，新闻的呈现形式与学术论文不同，无论在标题拟定、内容选择、段落长度、图文搭配上，都独具特色，凸显新颖性和时效性。下面以BBC新闻*University opens without any teachers*为例，学习了解新闻的行文特点，掌握新闻的阅读技巧。

1. 语篇摘选：没有教师的大学[①]

A university without any teachers has opened in California this month. It's called 42—the name taken from the answer to the meaning of life, from the science fiction series 'The Hitchhiker's Guide to the Galaxy.'

The US college, a branch of an institution in France with the same name, will train about a thousand students a year in coding and software development by getting them to help each other with projects, then mark one another's work.

This might seem like the blind leading the blind—and it's hard to imagine parents at an open day being impressed by a university offering zero contact hours.

But since 42 started in Paris in 2013, applications have been hugely oversubscribed.

1) No tuition fees

Recent graduates are now working at companies including IBM, Amazon, and Tesla, as well as starting their own firms. 42 was founded by French technology billionaire Xavier Niel, whose backing means there are no tuition fees and accommodation is free.

Mr Niel and his co-founders come from the world of technology and start-ups, and they are trying to do to education what Facebook did to communication and Airbnb to

---

① Matt Pickles. University opens without any teachers, http://www.bbc.com/news/business-37694248, 2017-10-26.

accommodation.

They aim to do this by combining an extreme form of "peer-to-peer learning" with project-based learning. Both are popular methods among education researchers, but they usually involve the supervision of a teacher.

Students at 42 are given a choice of projects that they might be set in a job as a software engineer—perhaps to design a website or a computer game.

They complete a project using resources freely available on the internet and by seeking help from their fellow students, who work alongside them in a large open-plan room full of computers. Another student will then be randomly assigned to mark their work.

Like in the computer games the students are asked to design, they go up a level by competing a project. They graduate when they reach level 21, which usually takes three to five years. And at the end there is a certificate but no formal degree.

2) Self-starters

The founders claim this method of learning makes up for shortcomings in the traditional education system, which they say encourages students to be passive recipients of knowledge.

"The feedback we have had from employers is that our graduates are more apt to go off and find out information for themselves, rather than asking their supervisor what to do next," says Brittany Bir, chief operating officer of 42 in California and a graduate of its sister school in Paris.

3) Learning from learners

"Peer-to-peer learning develops students with the confidence to search for solutions by themselves, often in quite creative and ingenious ways."

Ms Bir says 42's graduates will be better able to work with others and discuss and defend their ideas—an important skill in the "real world" of work.

"This is particularly important in computer programming, where individuals are notorious for lacking certain human skills," she says.

The idea of peer learning is not new and many universities and schools already use it, particularly in more collaborative subjects like engineering.

In fact, Aristotle was said to have used "archons", or student leaders, to help teach his students.

But more recent research has shown that peer learning can help students gain a deeper understanding of a subject.

Education expert Professor Phil Race says difficult topics can be easier to understand when they are explained by someone who only recently learned the material themselves.

Professor Dan Butin, founding dean of the school of education and social policy at Merrimack College in Massachusetts, argues that peer learning and project-based learning should be used even more widely in schools and universities.

He says they are "much better learning tools" than lectures, which do not usually challenge the way students think.

4) Value of teaching

But he thinks 42 has gone too far by removing teachers altogether. His research suggests peer learning is most effective when students are under the supervision of an expert teacher.

"The deep reason for a teacher is to guide students to grapple with exactly the complex, ambiguous, and tough issues that are usually outside of students' self-awareness or capabilities," he says.

"Good teachers are able to guide students to what I call these 'aha!' moments." Prof Butin says "the whole point of a university" is to challenge a student's prior knowledge and assumptions about the world. A university without teachers could allow students to simply "reinforce and regurgitate" their existing opinions.

42's model might offer an alternative to Moocs (massive open online courses, which let large numbers of students cheaply study a subject online).

Like a Mooc, it provides a more affordable education than a traditional university. But it also gives students the social benefits of coming to a physical building and interacting with others every day.

The opening of 42 also follows the rise of "coding academies" in the US, which offer short, intensive courses to thousands of students wanting to take advantage of the high demand for software developers.

5) Self-motivated students

But could 42's model of teacherless learning work in mainstream universities?

Britanny Bir admits 42's methods do not suit all students. During the month-long selection period, some applicants fell out because of the stresses of working closely together. It is easy to imagine reacting badly to a poor mark if it was given by the student in the desk next to you.

"It suits individuals who are very disciplined and self-motivated, and who are not scared by having the freedom to work at their own pace," she says.

Nicolas Sadirac, director of 42 in Paris, says the model works particularly well for students who have been frustrated and left behind by mainstream education.

"The education system in France fails a lot of passionate students, who feel frustrated by being told what to do and how to do it," he says.

42's selection process ignores previous academic qualifications, and 40% of students at 42 in Paris did not even complete secondary school.

"42 has reminded them that learning can be fun if you follow what you are interested in, rather than being told by teachers to focus on one thing in particular," says Mr. Sadirac.

2. 语篇概述

本月加利福尼亚开办了一所没有任何教师的大学。它被称为"42"，它的名字取自对生命的意义的回答，这个名字取自科幻小说系列银河的旅行者指南。

美国学院是法国一个同名机构的分支机构，每年将为大约一千名学生提供编码和软件开发方面的培训，让他们互相帮助，互相评价。

这可能看起来很像盲人指路。很难想象，在一个开放的日子，提供零接触时间的大学会给父母留下怎样深刻的印象。

但自从"42" 2013开始在巴黎开放，应用程序已被大量超额认购。

（1）没有学费

最近毕业的学生现在在包括IBM，亚马逊和特斯拉在内的公司工作，以及创办自己的公司。"42"由法国技术亿万富翁Xavier Niel创立，它的支持意味着没有学费,住宿也是免费的。

Niel先生和他的联合创始人来自技术和创业界,他们正在努力对教育做的正如Facebook对于交流的变革以及Airbnb对于住宿的改变。

他们的目标是通过将"同伴学习"的极端形式与基于项目的学习结合起来。两者都是教育研究人员的流行方法,但它们通常涉及教师的监督。

在"42"的学生可以选择一些项目,他们可能被设置为软件工程师——也许是设计一个网站或电脑游戏。

他们利用互联网上免费提供的资源,通过寻求同学们的帮助,完成一个项目,他们和同学们一起在一个满是电脑的开放式大房间里工作,另一个学生将被随机分配来评价他们的工作。

就像在电脑游戏中,学生被要求参与设计,他们通过项目竞争来升级。当他们达到21级时方可毕业,这通常需要三到五年。最后有一个证书,但没有正式学位。

(2)自我启发

创始人声称这种学习方法弥补了传统教育制度的缺点,他们认为传统教育鼓励学生被动地接受知识。

加利福尼亚州"42"项目的首席运营官是他们在巴黎兄弟学校的一名毕业生,名叫布列塔尼·比尔,他说:"我们从雇主那里得到的反馈是,毕业生更倾向于自己找到信息,而不是问他们的主管下一步做什么。"

(3)向学习者学习

"同伴学习可以培养学生的自信心,使他们能够以极具创造性和独特性的方式自主地寻找解决方案。"

Bir女士说,"42"的毕业生将能够更好地与他人合作,讨论和捍卫自己的想法,这是"真实世界"工作中的重要技能。

"这在计算机编程中尤其重要,这里个人因缺乏某些人类技能会臭名昭著。"她说。

同伴学习的想法并不新,许多大学和学校已经在使用它,特别是在更多的合作科目,如工程类。

事实上,据说亚里士多德已经使用"archons"或学生领导者,帮助教他的学生。

但最近的研究表明，同伴学习可以帮助学生更深入地了解一个主题。

教育专家Phil Race教授说，当刚刚学习材料的人解释困难的话题时，他们会更容易理解。

马萨诸塞州梅里马克学院教育和社会政策学院创始院长丹·布恩教授认为，同伴学习和基于项目的学习应在学校和大学中更广泛地使用。

他说他们是"比讲授更好的学习方法"，这通常不会挑战学生的思维方式。

（4）教学价值

但他认为"42"已经走得太远，完全了去除了教师。他的研究表明，学生在专家老师的监督下，同伴学习是最有效的。

"需要教师的深层原因是教师能引导学生抓住通常不在学生自我意识或能力范围内的复杂，模糊和棘手的问题，"他说。

"优秀的教师能够引导学生到我所说的那个点上"。Butin教授说，大学的职责是挑战学生对世界的先验知识和假设。没有教师的大学只是帮助学生简单地"加强和反复"他们已有的想法。

"42"的模式可能提供了一个替代的Moocs（大规模开放的在线课程，这让大量的学生能够花很少的钱在线学习一个课程。）

像一节Mooc，它提供比传统大学更实惠的教育。但它也给学生提供了社会福利，那就是来到一个物理空间，每天与他人互动。

"42"的开办也伴随美国"编码学院"的兴起，它为数千名想要利用软件开发商的高需求的学生提供短期的密集课程。

（5）自我激励的学生

但是"42"的无教师学习模式能在主流大学中发挥作用吗？

Britanny Bir承认"42"的方法不适合所有的学生。在一个月的选择期间，一些申请人因为紧密合作的压力而退学。如果一个糟糕的成绩是你隔壁桌的同学给你的，那你的反应可想而知。

"它适合那些有着严格纪律和自我激励的人，而且不会因为按照自己的节奏学习而感到害怕，"她说。

尼古拉斯·萨迪拉克（Nicolas Sadirac），"42"的巴黎总监说，这种模式特别适合那些沮丧和在主流教育中落后的学生。

"法国的教育制度挫伤了很多热情的学生，他们被告知做什么和如何做时感到沮丧，"他说。

"42"的选择过程忽略学生以前的学历，40%的在巴黎"42"的学生甚至没有完成中学。

Sadirac先生说，"42"提醒他们，如果你跟随你感兴趣的，而不是被老师教导，专注于一件事情，学习可以很有趣。

3. 语篇解析

这篇文章中对"42"学校进行讨论，提出了"42"的教育模式和优缺点，在阅读此类文章时可先对小标题进行阅读，在掌握文章脉络的基础上进行重点阅读，从标题入手，再到关键词的查读，最后再到整篇文章的通读。

本文中，Niel先生和他的联合创始人来自技术和创业界。在"42"的学生一起处理问题，给彼此的工作打分。他们使用互联网上免费提供的资源完成一个项目，并寻求他们的同学们的帮助。在"42"学习的学生的主动性和潜能得到激发，在创造力和日后工作中有突出表现。然而这一教育模式并非适合所有学生，只适合特定的群体。

〖导读〗教师节话古今

百年大计，教育为本；教育大计，教师为本。教师职业被誉为"太阳底下最光辉的事业"，苏联著名教育家加里宁在《论共产主义教育和教学中》指出"教师是人类灵魂的工程师"，至今仍是人们对教师工作的最高褒奖。此外，教师还常被喻为"春蚕""蜡烛"，牺牲自我，照亮学生，教师无私忘我的精神，为世人称颂。自古以来，我国就有尊师重教的传统。在中国古代，教师一直是备受尊重的职业，古代的"教师节"和孔子有莫大的关系。

中国有2300多年尊师重教的传统，教师节的历史可追溯到汉代（公元前202年—公元220年）。据记载，在汉（公元前202年—公元220年）金（1115年—1234年）时期，每年到农历8月27日，即孔子的生日，皇帝会率领朝廷文武百官去祭拜孔庙，还会宴请教师，当时虽没有确立孔子诞辰日为"教师节"，但在这一天，全国各地的教师享受一天假期，并获得干肉等福利待遇。

唐宋时代，每到这一天国都和各州、府、县都要举行孔子诞辰祭典，当时的祭典非常隆重，由当地首领或皇帝主持仪式。并且，全国各地及其教育机构（如国子监、书院以及州、府、县）也会选拔成绩突出者为"司业"，报送朝廷，这些"先进教育工作者"最高可获赏银500两。

到了清代，8月27日孔子诞辰祭典的规模和范围愈加宏大，全国各地学校和学院的教师工资提高了，优秀的教师将被授予职位头衔或得到晋升提拔。

近代的教师节最早可追溯到1931年，那时在边区和中国共产党领导的抗日根据地，人们一直将6月6日作为教师节。①1951年改用"五一"国际劳动节同时为教师节，但是在实际庆祝过程中，教师节慢慢被忽视了。因此，修订教师节日期再次被国家提上议程。1985年1月21日，第六届全国人大常委会第九次会议，通过了设立教师节的决议，将每年9月10日定为"教师节"并一直沿用至今。中国教师节日期不断变更，有其特殊的历史及时代特征，这也说明了党和国家政府高度重视我国师资队伍建设，尊重教师职业，为实现教师社会地位提高做出不懈努力。

在国外，葡萄牙是世界上最早设立教师节的国家，1899年5月18日，葡萄牙科英布大学学生向教师献彩带表达尊敬的庆祝活动，引起了政府的高度关注，葡萄牙政府遂将此日设立为教师节。其后，世界各国群起效仿，设立了本国的教师节。②进入20世纪，世界范围内越来越多的国家开始重视教师地位，各国纷纷设立教师节，歌颂平凡而伟大的教师。

1994年初，联合国教科文组织在日内瓦召开的第44届国际教育大会宣布，从1994年起，每年10月5日为"世界教师日"（World Teachers' Day），到目前为止，全世界共有100多个国家在这一天庆祝教师节。③此外还有一些国家有本国特定的教师节，比如德国从1990年起，把每年6月12日作为本国教师节；捷克从1995年起，把本国教育家夸美纽斯诞辰日3月28日作为教师节；法国教师节与12月25日圣诞节合二为一，这在世界范围内是独有的。美国把每年5月第一个完整工作周的星期二设定为教师节，并且教师节持续一周，因此亦称作"谢师周"（Teachers Appreciation Week）。

国将兴，必贵师而重傅。教师节发展至今，俨然成为一种节日文化，它反映了

---

① 卢全民、刘来兵：《东西方教师节的起源与尊师礼仪》，《世界教育信息》2014年第22期，第43页。
② 同上，第42页。
③ 同上，第43页。

整个国家和社会尊师文化与师德文化的融合,作为当代教师,日益体会到教师作为专业人员社会地位不断提高,教师权益越来越受到国家及社会的重视并不断得到保障。"教师节"的建立,有利于进一步提高人民教师的政治地位和社会地位,形成尊师重教、尊重知识、尊重人才的社会风气,有利于全社会关心教育事业,有利于提高整个中华民族的科学文化素质。

本章小结

王国维在《人间词话》中指出,古今之成大事业、大学问者,必经过三种之境界:一是"昨夜西风凋碧树,独上高楼,望尽天涯路",二是"衣带渐宽终不悔,为伊消得人憔悴",三是"众里寻他千百度,蓦然回首,那人却在灯火阑珊处"。要想做到流畅阅读英文资料,最基本的原则就是精读,多读,不断提升阅读量,通过对专业英文材料进行阅读,在实践中培养阅读技能,养成热爱专业阅读的好习惯。本章主要从摘要、开篇、结语、阐述、论证、时事新闻、报纸报道等方面展现专业阅读的丰富性和多样性。英文选材主要来自三个方面,一是教师教育专业学术期刊,如 *Journal of Teacher Education*, *Asia-Pacific Journal of Teacher Education*, *Research & Practice in Assessment*, *Journal of Education for Teaching*, *The Curriculum Journal*,《教育研究》《教师教育研究》《全球教育展望》等影响力大的刊物,尤其注重摘选名家学者的研究成果,如 Darling-Hammond L, Smith K, Clark J, Zeichner K M,顾明远、陈向明、朱旭东等著名学者。二是经典教育名著中有关教师教育的篇章,杜威的《民主主义与教育》。三是报纸杂志,精选了 BBC News 中的文章。读书破万卷,下笔如有神,希望通过本章的学习,有助于教师教育学术英文写作。

第五章　教师教育英文写作

阅读与写作是语言学习的两大方面，阅读是写作的源泉与基础，写作是阅读的应用与升华。学好教师教育专业英语，要从"善读"向"善写"方面努力，培养专业写作学术素养，推动教师教育理论与实践创新。在日常的学习科研中，经常遇到题目、摘要和关键词的翻译，也会用到英语小作文的写作。前面章节介绍了题目、摘要、关键词、语句、语篇等内容，相信您对专业英文文献已经有了大体的了解。本章从英文论文框架结构、参考文献写作规范、教师教育学术征文角度，促进教师教育专业英文写作及运用，希望写作训练能让您创造更多有价值的内容！

一、英文论文框架结构

专业英文写作中经常用到的文体包括研究论文（Research Articles）、研究海报（Research Poster）、学位论文（Dissertation）、作者或论文简介（Synopsis）、研究摘要（Research Abstract）等。根据研究类型和用途不同，学术论文有多种写作框架，一般就教师教育专业而言，学术英文论文一般由题名（Title）、摘要（Abstract）、引言（Introduction）、方法（Methods）、结果（Results）、讨论（Discussion）等部分组成，这是论文的基础结构，很多文章突破基础结构，采用更个性化、灵活的框架结构，各部分的标题也更丰富多彩。

（一）英文题名

题名，也叫标题、文题、题目，是论文的总纲和精髓，是论文最主要内容的核心体现，也是学术论文的重要组成部分，给读者起到引路的作用。一个好标题，能吸引读者进一步阅读文章内容，判断文章的价值。

1. 英文题名撰写原则

任胜利(2003)分析了SCI检索的部分高被引论文的题名,指出题名撰写要符合"ABC原则"①,即英文题目应当准确、简洁和明确。

A即Accuracy(准确),题名要准确地反映论文的内容,不能过于空泛和一般化,也不宜过于繁琐,使人得不出鲜明的印象。题名应避免使用不常用的缩略词、首词首字母缩写、字符、代号和公式等内容。

B即Brevity(简洁),题名需用词简短、明了,以最少数量的单词来充分表述论文的内容。题名不宜过长,题名最好不要超过10—12个单词,或100个英文字符(含空格和标点),题目偏长,不利于读者浏览时迅速了解信息,但也不能为追求简短而忽视对论文内容的反映。题名中可以删去不必要的冠词(a, an, the)以及多余的说明性的"废词",还要注意避免题名上相近词义的重叠。在内容层次很多的情况下,如果难以简化,可以采用主、副标题结合的方法。

C即Clarity(清楚),题名要清晰地反映文章的具体内容和特色,准确表明研究工作的独到之处,力求简洁有效、重点突出。

2. 英文题名句法结构

英文题名以短语为主要形式,尤以名词短语(noun phrase)最常见,即题名基本上由1个或几个名词加上其前置或后置定语构成。短语型题名要确定好中心词,再进行前后修饰。各个词的顺序很重要,词序不当,会导致表达不准。例如:

Teachers' Leadership Styles in China's Higher Vocational Colleges

The Role of Customer Service in Teacher Education Programs

Thinking, Language and Learning in Initial Teacher Education

Teacher Educators' Views on Inclusive Education and Teacher Preparation in Ghana

Ensuring Academic Depth and Rigour in Teacher Education Through Benchmarking, with Special Attention to Context

题名一般不使用陈述句,因为题名主要起标示作用,而陈述句容易使题名具有判断式的语意;且陈述句不够精练和醒目,重点也不突出。

题名有时可以使用疑问句,尤其是在评述性、综述性和驳斥性的论文题目

---

① 任胜利:《科技论文英文题名的撰写》,《中国科技期刊研究》2003年第14(5)期,第567-570页。

中，使用探讨性语气的疑问句，比较生动，容易引起读者的兴趣。例如：

Teacher education around the world: What can we learn from international practice?

Positioning stakeholders in curriculum leadership: How can teacher educators work with teachers to discover and create their place?

How is cultural diversity positioned in teacher professional standards? an international analysis

Are We Making Our Social Justice Framework Salient? Candidates' Perceptions of Urban Teacher Education Program Effectiveness

如果标题过长或是结构复杂，可以采用主、副标题的形式。例如：

Teacher learning across boundaries: a challenge to the legitimacy of language teachers' disciplinary knowledge

Understanding the use of online role-play for collaborative argument through teacher experiencing: a case study

The role of lead teachers in instructional leadership: A case study of environmental learning in South Africa

Curriculum studies in initial teacher education: the importance of holism and Project 2061

3. 英文题名书写规范

英文题名字母的大小写主要有三种格式：（1）全部字母大写；（2）每个实词的首字母大写，冠词、连词、介词小写；（3）题名第一个词的首字母大写，其余字母均小写。采用哪一种大小写形式，根据写作目的和投稿要求而定，具体可以查阅目标刊物的投稿须知、期刊目录等方式获悉。

当前不仅是英文论文需要英文题名，中文的学位论文、国内期刊投稿也普遍要求翻译题名。由于英文表达和中文表达方式的不同，中英文词语和语序不可能一一对应，但同一篇论文，其英文题名与中文题名内容上应尽量保持一致，个别非实质性的词可以省略或调整，详见第三章"教师教育语句透析"第一节"论文题目双语研学"部分。

(二) 英文摘要

摘要（Abstract）是学术论文的重要组成部分，具有独立语篇结构和文体特性,它对于传递文本信息起着至关重要的作用。

1. 英文摘要的结构

关于摘要的结构,Graetz(1985)归纳了论文摘要的结构,认为论文摘要最常见的结构包括四步,即问题的提出、方法、结果、结论。Swales(1990)发现论文摘要的结构与论文的结构一致,并将论文摘要作为一种独立的体裁进行研究,提出了有名的IMRD四语步模式:引言(Introduction)—方法(Method)—结果(Result)—讨论(Discussion)。[①]

2. 英文摘要的时态

学术论文摘要写作的时态问题,很早就引发学者们的关注,摘要中常用时态包括一般现在时、一般过去时、现在完成时、过去完成时,不同时态的使用频率因学科不同存在差异,通常要考虑其语法意义和交际意义。一般而言,英文摘要时态的运用以简练为佳。

(1)一般现在时:用于说明研究目的、叙述研究内容、描述结果、得出结论、提出建议或讨论等;涉及公认事实、自然规律、永恒真理等,也要用一般现在时。

(2)一般过去时:用于叙述过去某一时刻的发现、某一研究过程(实验、观察、调查等过程)。

(3)完成时:现在完成时把过去发生的或过去已完成的事情与现在联系起来;过去完成时可用来表示过去某一时间以前已经完成的事情,或在一个过去事情完成之前就已完成的另一过去行为。

3. 英文摘要的语态

英文摘要常用的语态包括主动语态和被动语态。因被动语态可以避免使用人称代词,被视为更能客观地反映事实,所以很长一段时间内被动语态被认为是摘要写作的主流语态。也有学者认为,动词的主动或被动语态服务于不同交际目的,究竟采用何种语态,既要考虑摘要的特点,又要满足表达的需要,顺其自然。

摘要中英文对照讲解详见第四章第一节,读者可以从学术期刊、国外数据库中检索感兴趣的文章摘要,进行深入学习。

---

① 刘永厚、张颖:《中外学者国际期刊英语学术论文摘要写作的对比研究》,《外语界》2016年第5期,第20-27页。

（三）引言

引言[①]（Introduction）是文章的重头戏。要写好引言，重在保持鲜明的层次感和极强的逻辑性，即在符合逻辑性的基础上，建立层层递进的关系。

1. 文献述评

首先要阐述研究领域的基本内容，用概括性的而不是叙述性的语言来描述。其次是文献回顾与总结，一方面要把该领域内的过去和现在的状况全面的概括总结出来，特别是最新的进展和过去经典文献的引用。另一方面，文献的应用和数据的提供一定要准确，不能片面的摘录部分结果而不反映文献的总体结果。引用的数据也要正确，特别是间接引用的数据。此外，要注意引用规范，避免抄袭。

2. 研究局限性

引言部分写作的难点在于分析过去研究的局限性并阐明自己研究的创新点。阐述局限性，一定要遵循实事求是的原则，客观公正评价别人的工作，不要为抬高自身研究价值而贬低他人研究。在叙述前人成果之后，可以用However来引导不足，提出一种新方法或新方向。如（1）However, little information/ attention/ work/ data/ research... has been done on...（2）However, few studies/ few investigations/ few researchers/few attempts...have been done on...（3）However, no/none of these studies has been done on/ focused on/ attempted to/ conducted/ investigated/ studied (with respect to)... 总之，句式表达非常灵活。

3. 阐明创新点

在阐述自己的创新点时，要紧紧围绕过去研究的缺陷性来描述，完整而清晰的描述自己的解决思路。需要注意的是，文章研究面不要太大，要抓住一点进行深入的阐述。创新性不宜表述过多过大，容易产生漏洞。提出观点常用语句有：（1）We aim to...（2）This paper reports on/This paper provides results/ This paper extends the method/This paper focus on...（3）The purpose of this paper is...Furthermore, Moreover, In addition, we will also discuss...

[①] SCI论文从入门到精通，http://www.sohu.com/a/203669670_313188，2017年11月25日。

4. 总结性描述

总结性的描述论文的研究内容，可以分为一二三四等几个方面来描述，为引言做最后的收尾工作。引言部分写完之后，要仔细修改，仔细琢磨每一个字句是否表达的恰当准确，这对引言的修改完善至关重要。句子上下要有连贯，不能让句子之间孤立，常见的连接词语有however, also, in addition, consequently, afterwards, moreover, furthermore, further, although, unlike, in contrast, similarly, unfortunately, alternatively, parallel results, in order to, despite, for example, compared with other results, thus, therefore等等，用好这些连接词，能够使观点表达得有层次，更加明确。

（四）方法

研究方法（Methods）是指在研究中发现新现象、新事物，或提出新理论、新观点，揭示事物内在规律的工具和手段。教师教育领域常用的方法论有定性研究、定量研究和混合研究。常用的方法技术包括文献分析、访谈、问卷调查、知识图谱、比较研究、实验法、案例研究、历史研究、行动研究等等。不同研究方法的实施过程不同，研究方法表述不尽相同。

通常，研究方法的选取要科学，研究方法部分要讲明研究的对象、方法、技术、材料、设备等。对于研究对象的选取，要具有代表性。研究过程应解释清楚，如有需要，可以附加图表说明。定量研究要确保研究的信度和效度，质性研究可通过三角互证等确保研究质量。下面分别以个案研究和调查法为例，做以说明。

研究方法精选一：个案研究[①]

3. Method: a case study

3.1. Participants

The participants were three elementary school teachers, three middle school teachers and four college or university teachers, all of whom took a digital education methods course for master's programme in a large Midwestern American university.

---

① Li Zhang, Richard Beach, Yue Sheng. Understanding the use of online role-play for collaborative argument through teacher experiencing: a case study. *Asia-Pacific Journal of Teacher Education*, 2016, Vol.44, No.3, 242-256.节选

They met once a week in class for attending lectures on the introduction of various digital tools. The course lasted for 15 weeks, during which they also worked individually or collaboratively online after class to explore the usage of these tools. Using online role-play for collaborative argument was a 3-week course activity including three stages: preparation, implementation and reflection. The researcher sat in the class and participated in the activity.

3.2. Instruments

This study employed case study methodology, which included a quantitative and qualitative analysis of data generated from the online role-play activity. The participants' responses to the activity were evaluated by a questionnaire using closed questions on a five-point Likert scale. The questionnaire was designed to determine participants' perceptions of the effectiveness of the online role-play and to compare asynchronous and synchronous online role-play activities. Collaborative argument contents in the form of the asynchronous forum, collaborative retrospective comments in the form of the synchronous chat, individual retrospective comments in the participants' blogs and answers to questions concerning online role-play activity from interviews were collected and analysed.

3.3. Procedure of data collection

3.3.1. Preparation

Before the activity, all participants learned about online role-play through the class website created by the course instructor and a PowerPoint file of the course instructor's past experience of using online role-play for collaborative argument. They were given a link to the website for creating topics and ideas of debate, and some illustrative examples of the use of online role-play activities in various schools and universities. Requirements of the role-play activity were specified so that the participants understood the expectations for participating in the role-play.

After the participants acquired an understanding of online role-play, the topic generation process started, with reference to some examples of topic generation on the website (http://www.createdebate.com/browse/debates). Given participants' interest in the issue of public versus private/charter schools, the topic chosen by the participants was "Public Schools Are Failing American Students and Therefore Should Be Dismantled," a topic about which they had prior knowledge and opinions.

Then, participants assuming different roles were divided into positions of pros and cons so that the role-play could be conducted in the form of a debate. Some adopted pro roles of local business owner, concerned conservative parent, home school founder, city council member and conservative pundit, while others took on the con roles of concerned parent, public school student, taxpayers, principal and teacher in high-poverty school. Participants adopting the same position could collaboratively work together to formulate shared arguments to achieve their goals. The course instructor participated in the activity by assuming a role or stepping out of the role to send online messages, monitoring and guiding the process.

3.3.2. Implementation

After the preparation stage that lasted for 1 week, participants employed online searches to acquire information or statistics supporting their pro or con stances. The course instructor listed some questions for participants to elicit ideas, for example:

● What does it mean when people say US students are "competitive" or "not competitive" globally? Is this some sort of code for something else?

● Does school choice enhance student experiences or get in the way of delivering effective and equal education for all?

● Are standardised tests an effective evaluative tool?

● How do we realistically address the achievement gap?

Three days later, an asynchronous debate started online, with each participant being required to upload at least three postings and three replies. The asynchronous debate lasted for 7 days until all participants met online and embarked on a collaborative synchronous argument using chat room box. The course instructor participated in both the asynchronous and synchronous arguments, providing scaffolding and guidance for the implementation of the activity.

3.3.3. Reflection

Immediately after the synchronous online role-play activity the group began a 1-hour synchronous chat, during which the participants exchanged opinions and commented on their experience in the activity. In addition to the group reflections in the chat room, they were required to reflect in their blogs in response to questions raised by the course instructor:

- Were there differences between your personal beliefs and those of your role?
- Did your own personal beliefs on this issue change at all due to the role-play?
- How might you use an online role-play in your teaching?

When the participants met in class again, they were required to complete a questionnaire that determined their understanding of the effectiveness of using online role-play for collaborative argument, and their perceptions of synchronous versus asynchronous online role-play platforms. Participants were also interviewed, with the following questions:

- How is asynchronous role-play compared with synchronous role-play?
- What do you think of the course instructor's role in the activity?

The researchers downloaded and analysed individual retrospective comments in participants' blogs. They also recorded the interviews, transcribing and analysing answers generated from the questions.

上述个案研究中，详细阐明了研究对象、研究方法、数据采集等的全过程，尤其详细地描述了个案研究的准备、实施和信息反馈的详细细节，为我们学习提供了很好的范例。下面再以调查法做以说明，读者可以根据研究需要，积累不同类型的研究方法的写作模板，供学术写作使用。

研究方法精选二：调查法[①]

Methodology: survey

A survey was used as the primary data collection tool for the present study. The broad area of survey research encompasses any measurement procedures that involve asking questions of respondents. A "survey" can be anything from a short paper-and-pencil feedback form to an intensive one-on-one in depth interview. Survey research is highly valued because it can be made about some characteristic, attitude or behavior of

---

① Hui Zhang.Teachers' Leadership Styles in China's Higher Vocational Colleges. *International Forum of Teaching & Studies*, 2014, Vol.10, No.2, pp.21-31.节选

this population. And by studying a sample of that population, we can see the opinions or trends of a population. Developmental research is an observational descriptive type of research that either compares people in different age groups or follows a particular group over a lengthy period of time. Such studies are appropriate for looking at development trends (Trochim, 2006).

The researcher distributed online questionnaires to 100 teachers and 200 students. The questionnaire for teachers was adapted from *Leadership Theory and Practice Sixth Edition* by Northouse (1999, pp.116-117). It provided four teaching related situations and asked the 100 teachers from four higher vocational colleges to choose their behavior for each situation from the four alternatives. The instruction to teachers read "Instructions: Look at the following four leadership situations and decide which leadership style is needed in the situation (i.e., action A, B, C or D) according to the development level of the students."

The situations and leadership styles were written to directly represent the leadership styles of the four quadrants in the model (Northouse, 2013). For each of the four situations, the teachers must identify the development level of the student (students) in each situation, study the four alternatives to make sure the leadership style of each one, and according to S1 to D1, S2 to D2, S3 to D3 and S4 to D4, select the right response. The questionnaire for the students included two parts to evaluate the development level of the student's competence and commitment.

The 100 teachers surveyed came from different higher vocational colleges in Beijing, Qingdao, Hangzhou and Ningxia in China during April 2013. And during 2011 to 2014, the third months of each term, that is, November of 2011, May of 2012, November of 2012, May of 2013, November of 2013, May of 2014 and a survey of 200 students at the above four colleges were conducted. Each term, the 200 students respond to the same questionnaire according to their own development at that time. And till this May, we collected 195 (97.5%) questionnaires each term. Because five of the surveyed students joined the army during the survey time and could not go on, their responses were not counted.

问卷法是教师教育研究中常用的研究方法之一，是一种重要的数据收集手段，上文首先对问卷调查做了简短的介绍，在有限的字数内，对调查的形式（在线问卷）、问卷调查的目标、理论模型、问卷来源及可靠性、问卷构成、样本选取、调查实施、问卷收集、变量控制等都做了简要的说明。

（五）结果[①]

结果部分（Results）是论文的研究成果的展示，应当紧扣主题，高度归纳，合乎逻辑，删繁就简，去粗存精，去伪存真。

1. 研究结果翔实准确

准确是结果必须是真实的，不能伪造和篡改。翔实是提供最全面的分析结果，把一切从实验中得到的结果都提供给读者，不要故意隐瞒或遗漏某些重要结果。从某种意义上来说，结果不够翔实并不导致论文直接被拒，但结果的真实性被怀疑，文章就肯定被拒。

2. 研究结果辅以图表

不同杂志对图表要求不完全一致，应根据杂志要求分别对待。表格能清晰展示论文获得的第一手结果，便于后人在研究时进行引用和对比。图示能将数据的变化趋势灵活的表现出来，更直接和富于感染力。图表结合，能取长补短，使结果展现更丰富。但图表不宜过多，杂志通常会限制图表个数，规范图片格式要求，并对彩色图片提出收费，因为图片过多会增加排版困难，也会增加版面费和出版支出。在使用图片时，应用最少的图提供尽可能多的信息。

3. 研究结果写作规范

定量研究的结果描述有规范体系，如SPSS的统计分析结果，应当按照相应的要求和规范来写。结果的描述也要注意逻辑层次，要条理清晰，逻辑性要强。如果结果（Results）和讨论（Discussion）分开写，要注意两者内容的区分，结果部分侧重于总结陈述研究事实，尽量不要对研究结果进行评论，否则会造成这两部分的内容重叠。

[①] SCI论文从入门到精通，http://www.sohu.com/a/203669670_313188，2017年11月25日整理。

(六)讨论①

引言(Introduction)和讨论(Discussion)是最难写的两部分。讨论部分最能显示作者研究问题的深度和广度。深度就是论文对于提出问题的研究到了一个什么样的程度,广度指是否能够从多个角度来分析解释实验结果。

1. 选择讨论的问题

讨论部分包括对主要数据及其特征的总结、主要结论及与前人观点的对比、本文的不足。选择合适的结果进行深入讨论,是写好该部分首先要面临的问题。一般来说,可根据如下原则来判断:(1)研究结果的独特性,是其他研究中没有得到的,那这个结果就是要重点讨论的问题;有些结果和前人的研究一致,并没有显著性差异,就应该一笔带过而无须深入讨论。(2)研究结果的创新性。讨论的重要作用之一就是突出自己研究的创新性,对于研究得出的独特、创新性发现,应当着重讨论。

2. 明确讨论的思路

讨论要有逻辑层次,有理有据,把问题讲清楚、讲透彻,并从多个角度展开深入讨论:(1)与类似结果的对比,说明研究结论的独特性;(2)系统阐述产生这种结果的原因,具体方法有多种,如从研究设计角度、从理论原理角度、从分析方法角度或借鉴别人分析方法等,重在将研究问题深入阐述清楚。

3. 分析研究的不足

采用合理的方式表达自身研究的不足,需要有一定的功力,掌握一定的语言技巧,(1)当研究的问题有些片面时:It should be noted that this study has examined only... 或 We concentrate (focus) on only... 或 We have to point out that we do not... 或 Some limitations of this study are...(2)当结论有些不足时:The results do not imply... 或 The results can not be used to determine (or be taken as evidence of)... 或 Unfortunately, we can not determine this from this data... 或 Our results are lack of...(3)对研究不足的合理解释。指出研究不足后,一定要马上再次加强本文的重要性以及可能采取的手段来解决这些不足,为别人或者自己的下一步研究打下伏笔,如Not withstanding its limitation, this study does suggest... 或 However, these

---

① SCI论文从入门到精通,http://www.sohu.com/a/203669670_313188,2017年11月25日整理。

problems could be solved if we consider... 或 Despite its preliminary character, this study can clearly indicate... 借此对审稿人想到的问题提前给一个交代,同时表明你已经在思考这些问题,但是由于文章长度、研究进度或者手段的制约,暂时不能回答这些问题。但通过你的一些建议,这些问题在将来的研究中有可能解决。

此外,讨论部分要注意保持和结果(Results)的一致性,不能出现自相矛盾的现象,讨论部分是文章的重头戏之一,因此讨论部分的文字描述和语言表达的精确性和严谨性尤为重要,写好之后要注意修改完善。

至此,英文论文的题目、摘要、引言、方法、结果、讨论部分已阐述完,那么让我们再回顾一下每部分的写作要点和要求。

表5.1 写作框架和基本要求[①]

CONTENTS	STANDARARDS
Title	➢ ABC: Accuracy, Brevity, Clarity ➢ Give your paper a distinct personality ➢ Begin with the subject of the study
Abstract	➢ IMRD: Introduction, Method, Result, Discussion ➢ One paragraph, 150–300 words ➢ Research Objectives, Methodology, Findings, Research Outcomes, Future Scope
Keywords	➢ 3 to 5 keywords
Introduction	➢ What is known? ➢ What is not known? ➢ Why we did this study?
Methods	➢ Participants ➢ Subjects ➢ Measurements ➢ Outcomes and explanatory variables ➢ Statistical methods
Results	➢ Sample characteristics ➢ Univariate analyses/ Bivariate analyses ➢ Multivariate analyses

---

① 根据本文观点和SCI论文从入门到精通.http://www.sohu.com/a/203669670_313188.2017-11-25.整理

续表

CONTENTS	STANDARARDS
Discussion	➢ State what you found ➢ Outline the strengths and limitations of the study ➢ Discuss the relevance to current literature ➢ Outline your implications with a clear "So what?" and "Where now?"
Tables and figures	➢ No more than six tables or figures ➢ Use Table 1 for sample characteristics (no P values) ➢ Put most important findings in a figure
References	➢ All citations must be accurate ➢ Include only the most important, most rigorous, and most recent literature ➢ Quote only published journal articles or books ➢ Never quote "second hand" ➢ Cite only 20–35 references
Formatting	➢ Include the title, author, page numbers, etc. in headers and footers ➢ Start each section on a new page ➢ Format titles and subtitles consistently ➢ Comply with "Instructions to authors"

二、参考文献著录规范

参考文献是学术研究的基石，是学术论文和学术著作的重要组成部分。参考文献的广度、层次和水平，反映出学者的研究基本功和研究水平。参考文献具有标志功能、验证功能、知识产权保护功能、文献检索功能、计量评价功能[1]，还具有提示研究起点、知识承续功能、鸣谢归誉功能、学术评价功能、预测分析功能、学术论证功能、著作权保护、学术规范功能[2]。一篇好的参考文献，不仅能展现论文的研究背景及相关的论点和论据，同时也可使读者很便捷地追索有关的文献资料和数据，以进一步展开研讨。此外，参考文献在学术论文评价、科技

---

[1] 倪向阳：《学术期刊参考文献主要功能实现途径的调查分析》，《现代情报》2005年第25(4)期，第130-132页。
[2] 陶范：《参考文献具有的十项功能》，《中国科技期刊研究》2007年第18(2)期，第198-201页。

期刊评价、作者水平评判[1]中发挥重要作用,在学术论文审稿、课题申报、项目评审、毕业论文答辩中,评委专家都非常重视对参考文献质量的评估。因此,要特别重视参考文献的管理,学习掌握参考文献的著录规范和技巧,明确参考文献的作用和引用原则,避免常见的错误,为学术研究打好基础。

(一)科学认识参考文献

参考文献(Reference)对一个信息资源或其中一部分进行准确和详细著录的数据,位于文末、文中的信息源[2]。参考文献有以下特点:(1)核心内容是信息资源;(2)著录的标准,要求准确和详细;(3)参考文献的位置,位于文末或文中。

参考文献可划分为"引文参考文献"和"阅读型参考文献"。阅读型参考文献(Reading Reference)是"著者为撰写或编辑论著而阅读过的信息资源,或供读者进一步阅读的信息资源",引文参考文献(Cited Reference)是"著者为撰写或编辑论著而引用的信息资源"。"引文参考文献既可以集中著录在文后或书末,也可以分散著录在页下端。阅读型参考文献著录在文后、书的各章节后或书末。"[3]

按参考文献的出版形式划分,可将参考文献分为普通图书、报纸、期刊、学位论文、科技报告、技术标准、专利文献、电子资源等。采用出版形式划分参考文献,有助于读者查找或利用参考文献,有助于相关研究人员利用参考文献进行引文统计与分析。

表5.2 文献类型和标识代码

类型	标识代码	类型	标识代码	类型	标识代码
普通图书	M	计算机程序	CP	学位论文	D
汇编	G	档案	A	标准	S
期刊	J	数据集	DS	数据库	DB
报告	R	会议录	C	电子公告	EB

---

[1] 陈丹、刘应竹:《基于引文的参考文献评价功能的实现及其正确途径》,《编辑学报》2014年第26(2)期,第107-109页。
[2] GB/T7714-2015《信息与文献参考文献著录规则》。
[3] GB/T7714-2015《信息与文献参考文献著录规则》。

续表

| 专利 | P | 报纸 | N | 舆图 | CM |
| 其他 | Z | | | | |

标识代码用大写的英文字母标识，标识代码外面用英文半角的"[]"括住，方括号前通常是文献名称，与文献名称之间无标点，方括号后用"."与出版项信息隔开。对于电子公告，文献类型标识代码与电子资源载体标识代码常连在一起使用，具体为[EB/OL]。

表5.3　电子资源载体和标识代码

电子资源载体类型	磁带 magnetic tape	磁盘 disk	光盘 CD-ROM	联机网络 online
标识代码	MT	DK	CD	OL

撰写学术论文时，必须要深入研究目标出版物参考文献的格式规范，选择合适的著录方式，遵守学术道德规范。那么，如何掌握出版规范呢？

以学术期刊为例，最便捷的方式是登录期刊官方网站查阅投稿须知、出版要求以及格式规范等，也可以到学术数据库，查阅对应期刊近期发表的文章，查看已经发表论文中参考文献的著录形式、文章的体例规范等，还可以查阅最新出版的期刊，直观了解该期刊整体的出版风格、参考文献的著录规范、栏目设置、研究主题、投稿要求、文稿字数、投稿方式、审稿周期，直观了解参考文献与著录规范。

具体而言，分析参考文献著录细节，可以从以下十个"观测点"入手：（1）参考文献的位置，放在页脚还是文末；（2）参考文献序号标注方式，采用方括号（如[1]、[2]……），带圈数字标注（如①、②……），还是其他形式；（3）参考文献"实引"及标注要求；（4）参考文献的著录方式，采用著者—出版年制，还是顺序编码制，采用何种排序方式，按照作者姓氏、分类，还是其他顺序；（5）参考文献数量，中英文参考文献的比例；（6）基金项目与作者简介的著录格式；（7）人名的著录规范，缩写与大小写；（8）"引用日期"的规范，参考文献主要用到的日期有公告日期、更新日期、引用日期等，通常按照"YYYY-MM-DD"格式，用阿拉伯数字著录；引用电子文献，也要注明"引用日期"。（9）引文页码的使用规范。阅读型参考文献的页码著录文章的起讫页或起始页，引文参考文献的页码著录引用信息所在页，引自序言或扉页题词的页码，可按实际情况著录。（10）关注参考文献与标题、摘要、关键词、正文、图表的体例规范、字体字号等。

（二）规范引用参考文献

学术期刊投稿对参考文献著录规范有明确的要求，以 *The Teacher Educator* 期刊为例，其投稿指南指出了论文参考文献的相关要求。

References and Style: All manuscripts, including text, quotations, figures, tables, and references, must meet the style requirements of the *Publication Manual of the American Psychological Association* (Sixth Edition, 2010), and should not exceed 30 total pages. Manuscripts that do not conform to these requirements will be returned to the authors and will delay review. Only under rare occasions will we accept appendices; authors should make every attempt to incorporate salient features of the material into the text.[①]

一般而言，参考文献应限于作者直接阅读过的、最重要的、公开发表的文献，私人通信、内部讲义及未发表论著，不列入参考文献。直接引用他人的参考文献，要注明出处，对于二次引用，要查明出处后再引用，合理使用参考文献，避免抄袭、剽窃等学术不端行为和侵权行为。

参考文献的引用要遵循一定原则。王平（2004）指出参考文献的引用应遵循全面性、时效性、代表性和公正性的原则[②]。陶范（2006）指出参考文献的引用应遵循8项原则，即公开性原则、原始性原则、必要性原则、准确性原则、适当性原则、新颖性原则、代表性原则和标准化原则。具体而言，从被引文献的属性看，遵循公开性原则和原始性原则；从被引文献和引用文献的关系看，遵循必要性原则；从引用者对被引文献的内容表述看，遵循准确性原则；从被引文献的定量定性看，遵循适当性原则；从被引文献的质量看，遵循新颖性原则和代表性原则；

---

① Instructions for authors<The Teacher Educator>，http://tandfonline.com/action/authorSubmission?journalCode=utte20&page=instructions, 2017-11-25.节选
② 王平：《参考文献引用原则的探讨》，《编辑学报》2004年第16(1)期，第35-36页。

从被引文献的著录看，遵循标准化原则①。庞海波（2008）通过探讨参考文献引文的位置、数量、权威性、自引、国外文献、时效性及网络文献，认为参考文献的合理引用应遵循实事求是的原则，一切从论文主题的需要出发，合理、正确、充分地引用参考文献，做到因文而引，做到不漏引和错引②。

参考文献著录时应避免出现以下问题：

（1）参考文献重复标注，正文表述和标注的参考文献内容上存在重复，文中标注形式与文后参考文献表中的著录不一致，故意隐匿或编造参考文献等③情况，参考文献的内容要真实准确，与原始文献相一致。

（2）参考文献格式不规范，参考文献在文中未标注、标注混乱、标注不全、重复标注④、"顺序编码制"和"著者—出版年制"混合使用等问题。顺序编码制，引文采用序号标注，参考文献表按引文的序号排序。著者—出版年制，参考文献表按著者字母顺序和出版年排序。通常，期刊论文中通常采用顺序编码制，学位论文中通常采用著者—出版年制，并根据文献类型分类整理。采用脚注或是尾注参考文献，根据需要选择。

（3）参考文献引用不规范。出现"著而不引、引而不著"⑤的现象，避免引用未真正查阅过的文献，避免引用不权威、时效性无效的文献，避免引用内容错误或不当的文献。

（4）参考文献的质量和数量问题。参考文献要具有时效性、注重新颖性，参考文献的选择要有必要性、代表性、合理引用；数量上要适当，同时涵盖全面内容，避免出现参考文献引用过多、不当以及应付差事型引用等问题。要回归学术研究之本质，让参考文献真正发挥其应有的"参考"作用。

（三）参考文献管理工具

参考文献中的常见问题，一方面与作者的学术规范、严谨程度以及学术态度

---

① 陶范：《参考文献引用原则辨析》，《编辑学报》2006年第18(4)期，第252-254页。
② 庞海波：《期刊参考文献的合理引用》，《编辑学报》2008年第5期，第406-407页。
③ 陈小华：《科技论文中引用参考文献常见问题简析》，《编辑学报》2005年第17(6)期，第416-417页。
④ 姜凤霞：《参考文献著录质量探讨》，《编辑之友》2013年第3期，第99-101页。
⑤ 刘亚萍、张欣、李娟：《编辑应重视参考文献的把关与核查》，《学报编辑论丛》，2007年第64-65页。

相关，另一方面与编撰习惯有关。

不少同学在论文写好后再统一整理参考文献格式，这个方法并不好，主要原因有三。首先，等到论文写好后，原始的引用痕迹已经很模糊，被引文献也被拆分使用，因此很难界定哪些是直接引用，哪些是间接引用，哪些是阅读型参考文献，再去与原文校对，十分费时费力，往往便会随意糊弄一番，将业内重要书目、文献附上，再统一调整格式，于是产生"著而不引、引而不著"，学术不规范等问题。其次，原始的引文信息、参考文献标记不清楚，待到论文成稿后再去查找补充引用年份、出版社信息、作者译者信息、所在页码等，要花很多时间。当然在论文写好后，对参考文献的检查和校验是必不可少的，这是对论文科学性、严谨性的要求。最后，由于截稿时间将至，仅从外观上处理了参考文献，但对参考文献的内容、质量以及与原文的关联性、适切性、合理性把握不足，出现漏引、错引等问题。

那么，应该如何处理参考文献与文献阅读、论文写作之间的关系呢？普遍认为，应当在阅读文献时，做好文摘，详细标明参考文献信息。参考文献基本信息越详细越好，主要有作者、题名、其他责任者、文献类型、版本、出版项、出版地、出版社、出版年、年卷期、引文页码、引用日期、访问路径等信息，特别注意电子资源务必要注明获取和访问路径，外文作者和期刊最好写全称，引文要标记页码（如序页、正文页码）。详细记录参考文献信息，既是学术规范的要求，同时在投稿和发表时，也便于根据不同期刊的要求，灵活调整为不同格式。

参考文献的管理非常重要，巧用文献管理软件，能让您的学术研究事半功倍。常见的文献管理文件[①]有：NoteExpress, EndNote, NoteFirst, Google Scholar, OpenURL, SemreX, Biblioscape等，都是非常好的文献管理、文献分析和文献格式处理软件。这些软件可以连接中国知网、万方数据库、维普、EBSCO, Web of Science等国内外数据库，在线检索速度快，能够对文献进行排序、查找、分组、去重、分析、做笔记、添加附件等操作，一边写作一边引用，非常便捷，并且可以根据写作需要，灵活调整为多种著录格式规范。

---

① 谢奇：《六种个人文献管理软件的综合评价研究》，东北师范大学，2010年。

三、国际学术会议指南

学术会议是展示学术论文,了解学术研究前沿,与学术前辈交流学习的重要渠道。参加国际学术会议,首先要读懂会议通知,获取会议征文要求,了解论文提交途径和方式,下面结合第三届全球教师教育峰会,第十五届教学、教育和学习国际会议,国际比较教育会议,对会议通知、征文启事、论文提交指南,逐步进行阐述。

(一)国际会议通知

教师教育领域的国际学术会议有很多,如全球教师教育峰会,迄今已经举办三届。第一届全球教师教育峰会于2011年召开,第二届于2014年召开,第三届于2017年10月在北京师范大学召开,会议英文名"THE THIRD GLOBAL TEACHER EDUCATION SUMMIT",简称GTES2017[①]。

1. 会议背景

21世纪以来,伴随着全球性的课程与教学改革、教学法创新、国际化标准测试的盛行以及问责制的实施,教育政策环境也在不断发生变化,影响着教师教育以及教师的工作和生活。为了应对教育生态变革的浪潮,教师和学校都需要理解新的教育秩序的内涵。对于教师教育机构和教师教育者们而言,也需要在新形势下寻求新的意义——重新界定教师教育的使命并重新设计教师教育项目。

教师和教师教育在促进教育公平与卓越的过程中扮演着重要角色。一方面,通过发挥个体能动性和组织凝聚力,教师可以创造促进全体学生参与的融合性学习环境,为所有学生提供愉悦的学习体验。另一方面,教师在何种程度上能够采取具体措施照顾学生个性化的学习需求将决定其教学质量的高低。为此,教师需回应学生在家庭背景、民族和性别上的差异,并有效处理它们在学生学习中带来的挑战,进而帮助学生走向卓越。教师教育者的任务就是通过职前培养项目和教师专业发展活动,增强教师在这方面的意识和能力。而教育行政人员、政策

---

① 以下内容根据北京师范大学教师教育研究中心网站http://www.cter.net.cn/?news_show/tp/241/lid/227.html和第三届全球教师教育峰会网站http://www.gtes2017.org/Home/Default整理,2017年11月25日。

制定者以及学校管理者的职责则是制定促进教育公平的相关政策措施,推动从幼儿园到大学的融合性教育体系的构建,最终实现社会公平。

2. 会议主题

会议以"教育卓越与公平:创新教师的教与学"为主题,为世界各地的教育工作者和研究者提供跨国、跨文化对话的平台,共同探讨提升教师教学质量和专业发展的途径,促进教育公平和卓越。

3. 会议议题

会议议题主要有以下五个方面,分别是:(1)促进教育制度的公平与卓越,提升教师教育质量;(2)致力于实现教育公平和卓越的教师专业发展;(3)培养多元文化教育背景下的教师;(4)创新教与学的实践;(5)培养学校和学习共同体中的领导力。

4. 会议分论坛

会议设置三个分论坛,分别是田家炳青年学者论坛、学习共同体的构建、"互联网+"时代教师专业发展支持体系。其中,田家炳青年学者论坛持续为从事教师教育研究的青年学者提供学术交流平台,促进教师教育研究学术共同体的形成,建设我国教师教育研究的后备力量。

学习共同体的建设,聚焦学校学习共同体的理论与实践,学校学习共同体的协同学习,学校学习共同体及教师专业发展、学校变革中的领导力等议题,交流不同国家和地区发展学习共同体的成功经验和典型案例。

"互联网+"时代教师专业发展支持体系,重在探索新型教育服务供给方式,推动教育服务模式的变革,就新时期的教师队伍建设而言,充分发挥信息技术的革命性影响作用,着力构建网络化、数字化、个性化、终身化的教师专业发展支持体系。

5. 会议时间

参加学术会议要时刻关注会议的重要日期和时间节点,定期关注最新的会议通知,为参会做好前期准备。第三届教师教育峰会的时间节点主要有:会议时间、论文摘要递交截止时间、论文摘要接收公布时间、论文全文递交截止时间、会议注册时间等。

6. 会议组织

主办方:北京师范大学

承办方：教育部普通高校人文社会科学重点研究基地北京师范大学教师教育研究中心

7. 论文提交要求

在第三届全球教师教育峰会官方网站中，明确了论文主题、篇幅、内容构成等要求。

（1）论文主题。参会者紧扣大会主题进行写作。

（2）论文篇幅。论文全部版面的字符控制在5000—8000字之间（用英文撰写的文章篇幅控制在5000—7000词之间）。中文摘要不超过300字，关键词3~5个。

（3）内容构成。按照出现的先后顺序，应包含如下内容：论文题目（中文）、作者姓名、作者单位、摘要（中文）、关键词（中文）、作者简介（中文）、正文、参考文献、论文题目（英文）、摘要（英文）、关键词（英文）、作者简介（英文）。其中"作者简介"应包括如下内容：姓名、性别、出生年、单位及职务、主要研究领域。

（4）论文规范。论文撰写应严格遵守学术规范，文中所引用的资料必须如实标注来源，参考文献按照参考文献格式国家标准进行罗列。

除上述信息外，会议通知还包含会议主旨发言人、会议联系方式、会务费等信息，为参会提供了便利。

（二）会议征文启事

教师教育领域的国际学术会议，还有很多经常面向教师教育主题征稿，以第十五届教学、教育和学习国际会议（15th International Conference on Teaching, Education & Learning，简称ICTEL）为例。

1. 会议概况[①]

Conference Name: 2018—15th International Conference on Teaching, Education & Learning (ICTEL), Sep 05-06, London

Conference Dates: 05-06 September 2018

---

① About Conference. https://www.adtelweb.org/2018-15th-international-conference-on-teaching-education-and-learning-ictel-sep-05-06-london-about-58. 2017-11-25.

Conference Venue: South Kensington Campus, Imperial College London, London SW7 2AZ, United Kingdom

Deadline for Abstract/Paper Submissions: 15 January 2018

Language: English

Conference Topics:

New ideas, innovations, theoretical, methodological and empirical knowledge, and problem solving techniques in the following disciplines, themes and areas of education: Accreditation; Arts & Humanities; Blended Education; Business Education; Contemporary Issues in Education; Curriculum; Distance Education; Educational Leadership; E-Learning; Educational Psychology; Early Education; Adult Education; Engineering Education; ESL; Health Education; Higher Education; International Education; K-12 Education; Language Education; Pedagogy; Professional Development; Religious Education; Science Education; Secondary Education; Special Education; Social Sciences; Teacher Education; Teaching Methods; Technical and Vocational Education; Tenure; Other issues of interest related to teaching, education, information science and learning.

2. 征文启事[①]

Call For Papers

Dear Colleagues/Professors/Students,

International Academic Conferences promote international dissemination of knowledge and development of cross-national academic fraternity. The participants come from different backgrounds and countries. They share their researches, experiences and informally create long-lasting bonds.

It has been commonly observed that people lack the motivation and confidence of taking part in international events, basically due to self-made or cultural inhibitions.

We recognize this factor, and we make sure to support and motivate first timers and also seasoned academicians by:

---

① Call For Papers.https://www.adtelweb.org/2018-15th-international-conference-on-teaching-education-and-learning-ictel-sep-05-06-london-callforpaper-58. 2017-11-25.

- Generating your academic and professional relationships
- Boosting your morale and confidence of presenting your research in an international platform
- Clearing your inhibitions of adjusting to the foreign environment
- Providing a holistic experience of academic tourism

The participation in the international conference may be under following categories:
- Original Research Articles
- Published Articles
- Research Poster
- Dissertation/ PhD Synopsis
- Research Abstract
- Listener/ Co-author
- Absentia
- Abstract/ Paper/ Synopsis Submission

Prospective authors are invited to submit Full Papers/ Abstract of Original Research Work or, Synopsis of PhD/Dissertation, Published Work, View-points or Way Forward/ Poster by filling the online application form.

Salient Features of Conference
- International Dissemination and Synthesis of Knowledge
- Generation of Multi-national Academic Community
- Global Networking and Collaboration
- Opportunity for presenting PhD Thesis/ Dissertation/ Already Published Work
- Opportunity for presenting and discussing Original Concepts/ Viewpoints/ Way Forward/ Literature Review
- Opportunity to retain copyright of presented research work for publication in other reputed journals of choice

- Opportunity to publish research work (in English) in our collaborated International Journals with ISBN/ISSN number, indexing and impact factor
- Papers are invited in English, Thai, Bahasa Malaysia, Chinese and Farsi (There will be separate sessions for participants presenting other than English)
- Presentation in Oral/ Poster/ Video format
- Affordable conferences at best locations around the world

What Makes Us Different?

Real networking and socializing. We try to give participants real network/relation building experience by:

- We have team building/socializing/gaming sessions where the participants mix with one another and talk to one another in an informal environment.
- We arrange the entire conference (coffee breaks, lunches and presentations) in such a way that participants may interact with each other freely.
- We try and add each one to our LinkedIn/Facebook accounts so that all of us may have long term and everlasting friendly relations.

Presentation Modes and Options (Oral, Poster and Video)

Oral/ Poster/ Recorded Video (You may record on your HD Phone/ Camera in a closed room with proper lighting, any friend/ colleague/ expert to present your research in our unique 10 minute presentation format).

Prompt and Hassle Free Services

This is one of our most appealing strength. We reply to the emails promptly and understand the need of our participant. Our staff gives all efforts to make the things Hassle free and add value to our participants.

Best Paper Award

The Best Paper Award will be selected by our Award Committee. Every conference carries this award and the winner is awarded with an e-certificate post conference by email.

Review and Acceptance

The 'Acceptance/ Invitation Letter' for the conference is provided on the basis of the review of submitted 'Abstract'. The review of submitted abstract takes around 3-4 working days.

The review is based on:
- Match to Conference Theme
- Completeness of Abstract
- Attractiveness of the Research

Abstracts should contain following:
- Relevant and Complete Title (ideally upto 15 words)
- Full Names, Affiliatons, Emails of author(s)
- Research Abstract (ideally 150-300 words) indicating: Research Objectives, Methodology, Findings, Research Outcomes, Future Scope
- 3 to 5 Keywords

（三）国际会议日程

掌握国际会议日程安排是会议准备的一项必修课，国际会议有大会主旨发言、主题研讨会、工作坊、论文分会场、专题讲座等诸多会议项目，大型国际会议往往有多个平行分会场，就多个主题同时进行会议研讨，因此，根据自己的兴趣和专业学习需要，合理安排好自己的会议日程，是一项非常了不起的工作。

会议有多种表述，Conference和Congress表示大会，Symposium表示专题会议，Forum表示论坛，Meeting是小型会议，Seminar是专题讲座（会议）。会议的程序一般包括开幕式（Opening Ceremony）、致开幕词（Opening speech）、全体会议（Plenary session）、分组会议（Specific sessions）、会议宴会（Conference dinner）、闭幕式（Closing ceremony）、闭幕餐会（Closing banquet）和会间休息（Tea break or Coffee break）。以2017年6月在捷克马萨克里大学（Masaryk University）举行的ICET 2017国际会议的日程安排表为例。

 **ICET 61st World Assembly 2017**

PROGRAMME 28 – 30 June 2017

Tuesday		27.6.2017
8:45 – 15:00	School Visits	
10:00 – 15:00	Board Meeting	
Wednesday		**28.6.2017**
8:00 – 9:00	Registration	
9:00 – 9:45	Opening Ceremony	
9:45 – 11:15	Keynote Address Tom Russell: Forty Years a Teacher Educator: Lessons Learned from Reflective Practice	
11:15 – 11:45	Coffee Break	
11:45 – 13:15	Paper Sessions W1	
13:15 – 14:30	Lunch	
14:30 – 16:00	Paper Sessions W2, Symposium W2	
16:15 – 17:45	City Tour	
19:30 – 21:00	Welcome Reception	
Thursday		**29.6.2017**
8:00 – 8:30	Registration	
8:30 – 10:00	Paper Sessions T1, Symposium T1	
10:00 – 10:30	Coffee Break	
10:30 – 11:30	Keynote Address Aileen Kennedy: Transformative Professional Learning in Teacher Education: What, Why and How?	
11:30 – 13:00	Paper Sessions T2	
13:00 – 14:15	Lunch	
14:15 – 15:45	Research Networks Roundtable Session	
19:00 – 23:00	Gala Dinner Besední dům	
Friday		**30.6.2017**
8:00 – 8:30	Registration	
8:30 – 10:00	Paper Sessions F1, Workshop F1	
10:00 – 10:30	Coffee Break	
10:30 – 12:00	Paper Sessions F2, Inspiration Forum F2, Workshop F2	
12:00 – 13:00	Keynote Address Petr Novotný, Karla Brücknerová: Types of Intergenerational Learning Among Teachers	
13:00 – 14:15	Lunch	
14:15 – 15:00	General Assembly and Closing	
15:30 – 16:30	HUME Lab Tour	
17:00 – 19:00	Cultural Tours Brno	
Saturday		**1.7.2017**
7:30 – 20:30	Cultural Tour Prague	

图5.1　Schedule of ICET 2017

该会议主题是"RE-THINKING TEACHER PROFESSIONAL EDUCATION: USING RESEARCH FINDINGS FOR BETTER LEARNING"。会议共持续六天，日程有理事会会议（Board Meeting）、开幕式（Opening Ceremony）、主旨报告（Keynote）、研讨会（Symposia）、工作坊（Workshops）、论文分会场（Paper sessions），会议期间安排城市参观（City Tour）、中小学校走访（School Visits）、文化参观（Cultural Tour）等丰富多彩的活动，国际学术会议一般都提供茶歇（Coffee Break），ICET 2017国际会议还特地准备了正式的晚宴（Gala Dinner）。

〖导读〗外刊投稿须知

国外学术期刊种类繁多，各个期刊的办刊宗旨、专业范围、主题分配、栏目设置及各种类型文章发表的比例均不相同。投稿之前，阅读期刊投稿须知是必不可少的重要环节。以美国的 *Journal of Teacher Education*（《教师教育学刊》）的投稿须知为例，融会贯通，掌握教师教育专业学术刊物对投稿的要求。

Submission Guidelines of "Journal of Teacher Education" [①]

General articles and research manuscripts. All manuscripts must be submitted electronically. JTE uses a blind review process; therefore, writers must exclude authors' names, institutions, and clues to the authors' identities that exist within the manuscript.

Manuscript Criteria. The fitness of a manuscript for publication in JTE is carefully reviewed based on each of the dimensions listed below.

- Significance/relevance to teacher education/teacher learning
- Conceptual framework (connections to relevant constructs in literature)
- Methods (if manuscript is an empirical study)
- Appropriateness to questions
- Adequate description of methods (including data collection and analysis)
- Rigor of methods

[①] DSUBMISSION GUIDELINES, https://uk.sagepub.com/en-gb/asi/journal/journal-teacher-education#submission-guidelines. 2017-11-23.节选

- Findings/conclusions are literature or data-based
- Overall contribution to the field
- Writing style/composition/clarity

JTE does not publish program evaluations, book reviews, or articles solely describing programs, program components, courses, or personal experiences. In addition, JTE does not accept manuscripts that are solely about the development or validation of an instrument unless the use of that instrument yields data providing new insights into issues of relevance to teacher education.

Typing. The acceptable format for electronic submission is MSWord. All text, including title, headings, references, quotations, figure captions, and tables, must be typed, double-spaced, with one-inch margins all around. Please use a 12-point font.

Length. A manuscript, including all references, tables, and figures, should not exceed 10,000 words. Submissions exceeding this limit may not be accepted for review. Authors should keep tables and figures to a minimum and include them at the end of the text.

Style. For writing and editorial style, authors must follow guidelines in the *Publication Manual of the American Psychological Association* (6th edition, 2009). Authors should number all text pages.

Abstract and Keywords. All general and research manuscripts must include an abstract and a few keywords. Abstracts describing the essence of the manuscript must be 150 words or less. Authors should select keywords from the menu on the manuscript submission system so that readers may search for the article after it is published.

Professional Editing Services. Authors seeking assistance with English language editing and/or translation should consider using the services offered by SAGE Language Services.

Notice to Authors of Joint Works (articles with more than one author). This journal uses a contributor agreement that requires just one author (the Corresponding Author) to sign on behalf of all authors. Please identify the Corresponding Author for your work when submitting your manuscript for review.

The Corresponding Author will be responsible for the following:

- Ensuring that all authors are identified on the contributor agreement, and notifying the editorial office of any changes to the authorship.
- Securing written permission (via letter or email) from each co-author to sign the contributor agreement on the co-author's behalf.
- Warranting and indemnifying the journal owner and publisher on behalf of all co-authors.

Although such instances are very rare, you should be aware that in the event a co-author has included content in his or her portion of the article that infringes the copyright of another or is otherwise in violation of any other warranty listed in the agreement, you will be the sole author indemnifying the publisher and the editor of the journal against such violation.

Please contact the editorial office if you have any questions or if you prefer to use a copyright agreement for all coauthors to sign.

阅读和使用投稿须知,是论文写作和投稿的重要环节,对学术写作和投稿非常重要。

Journal of Teacher Education,简称JTE,中文译名《教师教育学刊》,由著名的国际出版集团Sage与美国教师教育院校协会(AACTE)联合举办的学术期刊。该期刊对论文选题、内容、稿件标准、格式、语言文字、论文长度、写作风格、摘要和关键词都有严格的要求,如果要给杂志投稿,应注意以下事项。

首先,应关注杂志选题,该杂志不发布项目评估、书评以及只描述项目、项目组成、课程或个人经验的文章,不接受完全是仪器开发或验证性的文章,除非该仪器得出的数据能为教师教育相关问题提供新见解。

其次,稿件的质量标准。投稿前应仔细从以下维度进行审视,包括与教师教育或教师学习的重要性和相关性、概念框架、方法(针对实证研究稿件)、研究问题的适切性、研究方法的描述(包括数据收集和分析)、方法的严谨性、结论是否基于文献或数据、对教师教育领域的贡献、写作风格、图片清晰度等。

第三,投稿格式。稿件采用MS Word格式,所有文本,包括标题、前言、参考文献、引文、图表标题和表格,必须使用可编辑模式,采用12号字体、双倍行距,一英寸页边距。

第四，稿件长度。稿件字数（包括参考文献、表格和数字）不得超过10000字。超过该字数的文章不予审查；图表和数字应尽量少使用，并置于文章结尾处。

第五，语言风格。写作和编辑风格，作者必须遵循美国心理学协会出版手册中的指导原则（第六版，2009），对所有文本页编号。

第六，摘要和关键词。投稿应包含一个摘要和几个关键词，摘要少于150个字。作者应在稿件提交系统中，通过菜单填写相应关键词，以便发表文章后读者搜索文章。

此外，SAGE网站提供专业编辑服务，为寻求英语编辑和翻译的作者提供便利。多名作者合作的文章，应征得作者本人的同意，签订书面投稿协议，明晰各自权责。

总之，投稿须知是对期刊征稿范围、格式规范、著录方式、论文长度、语言风格、版权要求、编辑喜好等最详尽的反映。除了阅读投稿须知之外，可以通过以下途径进一步了解期刊投稿要求。（1）阅读期刊简介。了解期刊的刊名、办刊宗旨、编辑委员会组成、编辑部成员、出版商、联系方式、发行量、发行时间、发表周期等信息。（2）分析期刊栏目设置。了解期刊的栏目设置，浏览期刊目录，分析期刊文章与自身研究领域的相关性。（3）学习拟投栏目文章范例，进一步了解撰写要求及格式。（4）分析投稿人信息。掌握投稿人来源，有无北美和欧洲以外国家作者撰写的文章；分析投稿人身份、地位、作者人数以及基金项目等，了解期刊编辑对投稿人的偏好等。

本章小结

本章"教师教育英文写作"主要阐述了教师教育学术论文的写作规范、参考文献规范以及国际学术会议指南，并分享了外刊投稿须知和注意事项。无论是期刊投稿，还是参加国际学术会议，在论文初稿完成以后，论文投稿之前，要对论文内容及格式进行反复推敲和修改，分析自己的论文主题是否符合刊物或会议的征稿范围，格式是否符合投稿要求，并根据目标刊物的"投稿须知"修改与完善。事实上，选择适合自己研究的学术刊物非常重要，如何正确选择期刊，从哪些资源渠道获取学术刊物和参考资料，请关注下一章"教师教育学术资源"。

第六章 教师教育学术资源

教师教育学术资源主要从专业学术期刊、数字资源和研究软件三个方面介绍教师教育专业学习和研究资源。学术期刊展示了教师教育学术研究的最新成果,熟悉教师教育领域国内外专业学术刊物,将为您的学术研究插上腾飞的翅膀。基于互联网平台的数字资源为教师教育专业学习和研究提供了更加肥沃的土壤,通过数字资源,可以足不出户、随时随地、方便快捷地检索到国内外研究成果。随着计算机技术的发展,学术研究也离不开"研究软件"的支持,掌握一两个定性和定量研究软件,能为您顺利从事学术研究提供技术上的支持和方法上的便利。

一、教师教育学术期刊

教师教育学术期刊既有国内刊物,也有国外刊物,也有很多教育类刊物、大学学报开设有"教师教育"栏目,本部分主要讲解国外教师教育学术期刊及其投稿注意事项、国内教师教育学术期刊以及中文核心期刊、中文社会科学引文索引期刊中的相关期刊,力求详尽地展现期刊栏目、出版单位、出版形式、读者对象、投稿要求等内容,供学习和投稿使用。

(一)国外教师教育学术期刊

涉及教师教育研究的国际学术期刊有很多,如 *Educational Research*, *Review of Research in Education*, *Educational Policy*, *Educational Leadership*, *Harvard Educational Review* 等等。吴向文等指出 *Teaching and Teacher Education*(英国)、*Computers Education*(英国)、*International Journal* of Science Education（英国）、Journal of Teacher Education（美国）、Teachers College Record（美国）等刊物[1]，是刊载"教师教育"主题科研论文最多的境外期刊。

李星云等指出SSCI-2015目录期刊中有5本教师教育专业期刊，分别是Corwin Press在美国出版、Sage公司网络发行的Journal of Teacher Education期刊，哥伦比亚大学师范学院发行的Teachers College Record期刊，Pergamon Press在英国出版、Elsevir公司网络发行的Teaching and Teacher Education期刊，Routledge在英国出版、Taylor & Francis公司网络发行的Asia-Pacific Journal of Teacher Education和European Journal of Teacher Education期刊[2]。

张倩对国际教师教育专业期刊文本分析基于三个期刊，分别是Journal of Teacher Education（教师教育学刊）、Action in Teacher Education（教师教育实践）、Teaching and Teacher Education（教学与教师教育）。[3]

总之，在以上刊物中，英国的Teaching and Teacher Education和美国的Journal of Teacher Education是业界普遍认可的两大教师教育专业刊物。

1. Teaching and Teacher Education

Teaching and Teacher Education[4] is an international journal concerned primarily with teachers, teaching, or teacher education situated in an international perspective or in an international context. Teaching and Teacher Education is a multidisciplinary journal, committed to no single approach, discipline, methodology or paradigm. It is concerned with teaching and teacher education in general and devoted to all concerned with teaching.

Teaching and Teacher Education recognizes that many disciplines have important

---

[1] 吴向文、王志军：《2001—2015年境内外教师教育研究文献计量分析及其启示》，《教师教育研究》2016年第28(6)期，第105-114页。

[2] 李云星、李一杉、穆树航：《国际教师教育研究的分布特征、研究前沿与知识基础——基于2000—2015年SSCI教师教育专业期刊的文献计量分析》，《教师教育研究》2016年第28(5)期，第115-127页。

[3] 张倩：《国际教师教育研究的范式、议题和趋势——基于三大国际教师教育专业期刊的文本分析》，《教师教育研究》2013年第25(3)期，第88-93页。

[4] About this Journal, https://www.journals.elsevier.com/teaching-and-teacher-education, 2017-11-23.

contributions to make to teaching and teacher education and the Editors invite contributions from them. In the absence of any dominant paradigm, the journal welcomes varied approaches to empirical research, theoretical and conceptual analyses, and reviews (both qualitative and quantitative syntheses) of high quality.

Teaching and Teacher Education aims to enhance theory, research, and practice in teaching and teacher education through the publication of primary research and review papers. The Journal does not publish unsolicited Book Reviews.

Benefits to authors: We also provide many author benefits, such as free PDFs, a liberal copyright policy, special discounts on Elsevier publications and much more.

期刊简介

Teaching and Teacher Education 中文译名《教学与教师教育》，是教师教育研究领域内最具影响力的期刊。该刊创刊于1985年，纸质版初由英国牛津大学主编，牛津出版社出版发行；1985至1990年间为季刊，1991年以后便改为双月刊。2000年起增开了电子版，转入著名的科技信息产品与服务提供商Elsevier出版集团。[1]*Teaching and Teacher Education*杂志一年8期，2006年时一期大约8篇文章，此后逐年递增，至2009年，一期大约18篇文章，2017年，每期大约30篇文章，该刊办刊宗旨为"以改进教学和教师教育领域的理论、研究和实践为目的，关注的议题包括，教学分析、教学效能、教师决策和教学表现的影响因素，以及影响教师职业表现和职业生涯发展的社会政治因素，文章既可以是实证研究类型亦可为文献综述类"。此外，该刊鼓励作者关注国际性的议题、采取多元的视角、进行跨学科和研究范式的尝试。[2]

《教学和教师教育》是一个主要涉及国际视野或国际背景下的教师、教学或教师教育的国际期刊，注重多学科研究，追求多元的方法、学科、方法论或研究范式，该期刊欢迎使用各种各样的方法来进行实证研究、理论和概念分析，以及高质量的定性和定量混合研究，旨在通过发表初级研究和评论论文来加强教学和教师教育的理论、研究和实践，但不发布未经请求的书评。为答谢读者，为

---

[1] 郭文、王祥：《近十年世界教师专业化发展研究热点述评——基于对国际〈教学与教师教育〉杂志2000—2010年相关论文的分析》，《上海教育科研》2013年第10期，第5-10页。
[2] 张倩：《国际教师教育研究的范式、议题和趋势——基于三大国际教师教育专业期刊的文本分析》，《教师教育研究》2013年第25(3)期，第88-93页。

作者提供了诸多优惠措施,如免费的PDF文档,一个自由的版权政策,Elsevier出版特别优惠等等。

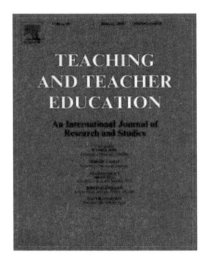

图6.1　国外教师教育学术期刊①

2. Journal of Teacher Education

DESCRIPTION②

Written and Edited by Teacher Educators...

In Continuous Publication Since 1950...

The *Journal of Teacher Education* provides a vital forum for considering practice, policy, and research in teacher education. It examines some of the most timely and important topics in the field, such as:

- New Teacher Education Standards
- Assessing the Outcomes of Teacher Education
- Preparing Teachers to Meet the Needs of Diverse Populations

---

① 期刊 *Teaching and Teacher Education* 图片来源 https://www.sciencedirect.com/science/journal/0742051X；期刊 *Journal of Teacher Education* 图片来源 http://journals.sagepub.com/home/jte, 2017年11月23日。

② Description, https://uk.sagepub.com/en-gb/asi/journal/journal-teacher-education#description. 2017-11-23.

- Teacher Education in a Global Society
- The Research Base for Teacher Education
- Accountability and Accreditation Issues
- Collaborating with Arts and Sciences Faculties
- Recruiting a More Diverse Teaching Force and Teacher Education Faculty
- School-based and Partnership-based Teacher Education
- Alternative Approaches to Teacher Education
- High Stakes Testing for Teachers and Students
- Leadership in 21st Century Schools of Education
- The Changing Demographics of Schools and Schooling

AIMS AND SCOPE[①]

The mission of the *Journal of Teacher Education*, the flagship journal of AACTE, is to serve as a research forum for a diverse group of scholars who are invested in the preparation and continued support of teachers and who can have a significant voice in discussions and decision-making around issues of teacher education. One of the fundamental goals of the journal is the use of evidence from rigorous investigation to identify and address the increasingly complex issues confronting teacher education at the national and global levels. These issues include but are not limited to preparing teachers to effectively address the needs of marginalized youth, their families and communities; program design and impact; selection, recruitment and retention of teachers from underrepresented groups; local and national policy; accountability; and routes to certification.

期刊简介

Journal of Teacher Education，简称JTE，中文译名《教师教育学刊》，由著名的国际出版集团Sage与美国教师教育院校协会(AACTE)联合举办，一年5期，一期刊发的文章约为8篇[②]。该期刊自1950以来连续出版，由教师教育者编写和编

---

① AIMS AND SCOPE, https://uk.sagepub.com/en-gb/asi/journal/journal-teacher-education#aims-and-scope. 2017-11-23.
② 张倩：《国际教师教育研究的范式、议题和趋势——基于三大国际教师教育专业期刊的文本分析》，《教师教育研究》2013年第25(3)期，第88-93页。

辑,为教师教育的实践、政策和研究提供了一个重要的平台,系统地检视教师教育领域内的多元声音、视角和取向。

该期刊探讨了教师教育领域中的一些新的重要议题,如新教师教育标准、教师教育成果评估、多元教师培养、全球背景下的教师教育、教师教育研究基地、问责制和教师认证、教师招募、构架多元化的师资队伍、基于学校和伙伴关系的教师教育、教师教育途径、教师和学生评估、二十一世纪教育学院的领导力、学校和学校教育人口的变化等问题。根据张倩(2013)提供的该期刊的研究主题:实习与教师教育,教师教育的改革与重建,教师教育的专业操守,教师和领袖型教师的选拔、留任、招聘,认知科学与批判思维,教学领导观等[1],可以看出,随着时代的发展,教师教育研究主题和内容也不断发生变化。

该期刊为教师教育问题研讨和决策提供了重要参考,注重严格调查的证据,查明和解决各国和全球各级教师教育面临的日益复杂的问题。这些问题包括但不限于有效满足边缘青少年、家庭和社区多元需求的师资培养;选择、招聘和保留来自弱势群体的教师;国家和地方政策;问责;教师认证制度等。

(二)国内教师教育学术期刊

国家新闻出版广电总局公布的"第一批认定学术期刊名单"和"第二批认定学术期刊名单"是经过国家认定的学术期刊。"第一批认定学术期刊名单"中,以"教师"为期刊命名的期刊有8个,分别是《教师教育研究》《教师教育学报》《当代教师教育》《教师教育论坛》《中国教师》《中小学教师培训》《小学数学教师》《物理教师》。"第二批认定学术期刊名单"中,以"教师"为期刊命名的期刊有3个,分别是《华夏教师》《新教师》《教师博览》。下面主要就四本以"教师教育"命名的学术期刊《教师教育研究》《教师教育学报》《当代教师教育》《教师教育论坛》进行简要介绍。

1. 教师教育研究

《教师教育研究》(双月刊)创刊于1989年,是由国家教育部主管,北京师范大学、华东师范大学、教育部高校师资培训交流北京中心主办的教育教学期刊,

---

[1] 张倩:《国际教师教育研究的范式、议题和趋势——基于三大国际教师教育专业期刊的文本分析》,《教师教育研究》2013年第25(3)期,第88-93页。

是"全国中文核心期刊""全国教育类核心期刊""中国人文社会科学核心期刊"及"CSSCI来源期刊"。《教师教育研究》倡导学术创新、促进学术交流、提高学术水平,全方位研究解决教师教育中的理论和实际问题。开设栏目主要有教师教育新体系建构、体制创新、培养模式、教师专业化、教育现代化、继续教育、学科建设、课程与教材、教学新探、队伍建设、管理与评价、教育实验、教师与学生、教育心理、教育原理、政策法规、教育历史、国外教师教育;还设有专家论坛、校长专访、学术争鸣、调查研究等等。

2. 教师教育学报

《教师教育学报》(双月刊)是以教师教育研究为主要内容的学术期刊,由中华人民共和国教育部主管,西南大学主办,西南大学期刊社编辑出版,学报源自于《西南农业大学学报(社会科学版)》。开设栏目有理论前沿、教师发展、课程与教学、学科教育、政策与管理、国际比较、人物专访、改革与实践等,旨在研究党和国家的教育方针、政策,发表国内外高校、科研机构专家、一线教师和教育工作者关于教育科学、教师教育研究的优秀成果,交流教师教育的先进经验,为社会主义教育事业服务,为培养合格的教师提供学术平台。

202 教师教育专业英语导读

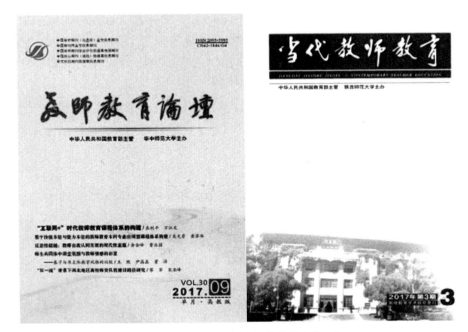

图6.2　国内教师教育学术期刊

3. 当代教师教育

《当代教师教育》（季刊）创刊于2008年，是由陕西师范大学主办的学术刊物，原期刊名《陕西师范大学继续教育学报》。《当代教师教育》选题围绕教师职前教育和职后培训中的重要理论和实践问题展开，主要栏目有理论探索、政策法规、体制改革、教师专业发展、课程与教学、学科教学、教师教育课程教学、高等教育课程教学、基础教育课程教学、基础教育研究、学科建设、师德师魂、职后教育、现代教育技术、国际视野、博士论坛、调查研究、一线报告等栏目，反映教师教育中的重要理论问题与热点问题的研究成果，力求把"理论探索""教师专业发展""课程与教学""教师教育课程教学""基础教育课程教学""现代教育技术""职后教育"等重点专栏办成名牌栏目，为教师教育与基础教育的改革和发展提供新观点、新信息和新方法。

4. 教师教育论坛

《教师教育论坛》（月刊）创刊于1987年，是由华中师范大学主办的社科学术刊物，是第一批认定的学术期刊，以"研究教育问题，关注教师成长"为办刊宗旨,并将始终聚焦教师教育,服务教师教育,并力求引领教师教育。

2015年《教师教育论坛》正式分为高教版和普教版,高教版开设有政策研究、专业发展、教师培训、师德透视、课程教学、调研报告、国际视域、博士论坛、特别访谈、专题研究、教育随笔、品书荐书等栏目;征稿范围包括师范院校教师教育改革、国内外师范生培养模式研究、综合大学教师教育模式创新、教师教育制度顶层设计、高校教师队伍建设、高校课程与教学实践、教师教育一体化、高校教师建设等。普教版面向基础教育改革与发展,力求促进中小学教师专业发展,努力打造全国一流的、兼具实践性、指导性和创新性的教师教育研究和交流平台。此外,编辑部还将根据当前教师教育领域的热点、难点问题,不定期组织各种专题研究。

(三)教育类中文核心期刊

目前国内有多种核心期刊遴选体系,如北京大学出版社出版的"中文核心期刊",南京大学"中文社会科学引文索引(CSSCI)来源期刊"、中国科学技术信息研究所的"中国科技论文统计源期刊"(又称"中国科技核心期刊")、中国社会科学院文献信息中心的"中国人文社会科学核心期刊"等,其中,业内人士经常提及的"北大核心"和"南大核心"就是指北京大学出版社出版的《中文核心期刊要目总览》和南京大学《中文社会科学引文索引期刊来源期刊》,下面分别梳理了"北大核心"和"南大核心"期刊中的教育类期刊。

1. 北大中文核心期刊

《中文核心期刊要目总览》是由北京大学出版社出版,是图书情报等部门和期刊读者不可或缺的参考工具书。根据《中文核心期刊要目总览》(2014年版)中,与教师教育研究相关的主要在教育学/教育事业、师范教育、教师教育类中,根据研究领域和研究内容,学前教育、初等教育、高等教育、职业教育、体育类期刊也可以作为参考。此外,师范大学学报也有教师教育栏目,可以作为学习和投稿的参考渠道。《中文核心期刊要目总览》(2014年版)中相关期刊如下:

"G40/G57,G65 教育学/教育事业,师范教育、教师教育"共27个,分别是:教育研究(北京)、北京大学教育评论、教育发展研究、清华大学教育研究、比较教育研究、教师教育研究、教育与经济、华东师范大学学报(教育科学版)、教育学报、全球教育展望、外国教育研究、中国教育学刊、教育科学、国家教育行政学院学报、教育理论与实践、现代教育管理、教育探索、教育学术月刊、当代教育科学、教育评论、湖南师范大学教育科学学报、河北师范大学学报(教育科学版)、当代教育与文化、电化教育研究、中国电化教育、开放教育研究、学校党建与思想教育。

"G61 学前教育、幼儿教育"期刊1种,学前教育研究。

"G62/G63 初等教育/中等教育(除各科教育)"期刊10种,分别是"课程、教材、教法"、教育研究与实验、教育科学研究、上海教育科研、外国中小学教育、人民教育、教学与管理、中小学管理、基础教育、中小学教师培训。

"G623.1,G633.2-9 初等教育,中等教育"分政治、语文、外语、历史、地理、数学、物理、化学、生物等学科,期刊主要有:思想政治课教学、中学政治教学参考、中学语文教学、语文建设、中小学外语教学中学篇、中小学英语教学与研究、历史教学、中学地理教学参考、数学教育学报、数学通报、物理教师教学研究版(与物理教师初中版合并改名为:物理教师)、中学物理教学参考、化学教育、化学教学、生物学教学。

"G64 高等教育"期刊15种,分别是:高等教育研究(武汉)、中国高教研究、中国高等教育、复旦教育论坛、高等工程教育研究、江苏高教、学位与研究生教育、现代大学教育、高教探索、大学教育科学、高教发展与评估、思想教育研究、高校教育管理、黑龙江高教研究、中国大学教学。

"G71/G79 职业技术教育/自学"期刊10种,分别是:教育与职业、中国特殊教育、民族教育研究、中国远程教育、中国成人教育、职业技术教育、中国职业技术教育、职教论坛、继续教育研究、成人教育。

"G8 体育"期刊16种,分别是:体育科学、上海体育学院学报、北京体育大学学报、天津体育学院学报、体育学刊、武汉体育学院学报、西安体育学院学报、中国体育科技、体育与科学、体育文化导刊、成都体育学院学报、广州体育学院学报、山东体育学院学报、首都体育学院学报、沈阳体育学院学报、南京体育学院学报(社会科学版)。

2. 中文社会科学引文索引期刊

"中文社会科学引文索引"数据库(Chinese Social Sciences Citation Index,简

称"CSSCI"),是由南京大学中国社会科学研究评价中心通过征集、统计、审核、遴选确定的期刊目录。2017年12月南京大学中国社会科学研究评价中心官网发布中文社会科学引文索引(2017—2018)收录来源期刊目录和扩展版来源期刊目录,其有效时间为2017年1月1日—2018年12月31日,同时,CSSCI来源期刊目录(2014—2016)延续执行至2017年12月31日。

CSSCI(2017—2018)收录来源期刊目录共553种,扩展版来源期刊共200种,涉及以下学科领域:马克思主义理论、管理学、哲学、宗教学、语言学、外国文学、中国文学、艺术学、历史学、考古学、经济学、政治学、法学、社会学、民族学与文化学、新闻学与传播学、图书馆、情报与文献学、教育学、体育学、统计学、心理学、人文、经济地理、环境科学、综合社科期刊、高校综合性学报。教师教育专业学生根据研究领域和内容,推荐学习使用教育学、心理学、综合社科期刊、高校综合性学报及其他学科相关期刊。

CSSCI(2017—2018)收录来源期刊中,教育学期刊共37种,按刊名音序排列,分别是北京大学教育评论、比较教育研究、电化教育研究、复旦教育论坛、高等工程教育研究、高等教育研究、高教探索、高校教育管理、国家教育行政学院学报、湖南师范大学教育科学学报、华东师范大学学报(教育科学版)、江苏高教、教师教育研究、教育发展研究、教育科学、教育学报、教育研究、教育研究与实验、教育与经济、开放教育研究、课程·教材·教法、清华大学教育研究、全球教育展望、外国教育研究、现代大学教育、现代教育技术、现代远程教育研究、学前教育研究、学位与研究生教育、研究生教育研究、远程教育杂志、中国电化教育、中国高等教育、中国高教研究、中国教育学刊、中国特殊教育、中国远程教育。

CSSCI(2017—2018)扩展版来源期刊中,教育学期刊共14种,按刊名音序排列,分别是大学教育科学、高教发展与评估、河北师范大学学报(教育科学版)、黑龙江高教研究、基础教育、教育科学研究、教育理论与实践、教育学术月刊、数学教育学报、外国中小学教育、现代教育管理、现代远距离教育、中国大学教学、中国高校科技。

二、教师教育数字资源

教师教育相关的专业搜索引擎主要有EBSCO及其教育学全文数据库（Education Source）、Springer、ProQuest等，为快速高效地检索期刊论文、电子图书、学位论文提供极大便利。

1. EBSCO 教育专题数据库

EBSCO 出版公司是世界上最大的全文期刊数据集成出版商，通过EBSCO平台可以访问超过多种全文和辅助研究数据库，内含外文期刊、杂志、图书、产业报告、行业出版物、专著、市场研究报告等多类资源。

EBSCO 教育学全文数据库（Education Source）是专为教育主修生及研究生、教育专业人员及政策制定者而研发，内容广泛，是用于教育研究的权威在线资源，涵盖了从幼儿教育到高等教育的研究内容，以及一些新的教育专业领域，比如多语教育、特殊教育和考试，同时也包括了课程指导、行政管理及一些相关的内容。每周更新，部分期刊全文回溯至1930年。[①]

登陆EBSCO数据库，以Teacher Education为例，进行检索，图示如下，界面主要有检索栏、筛选栏目和检索结果组成。"检索栏"位于上方，可以进行基本检索、高级检索，查询检索历史，并且可以选择检索数据库进行检索。"检索结果"显示检索获得的资源数量以及主要内容，可以选择标准呈现（Standard）、只显示标题（Title Only）、简要显示（Brief）或详细显示（Detailed）等呈现方式；标准呈现主要有文献题目、文献来源、摘要、主题、参考文献等信息，可以选择每页呈现文献的数量、页面布局，还可以根据相关性、时间、作者、来源等进行排序。

---

① EBSCO教育学、心理学全文数据库.http://www2.gxtc.edu.cn/sylib/sysjk/201004/62687.html,2017-06-06.

第六章 教师教育学术资源 207

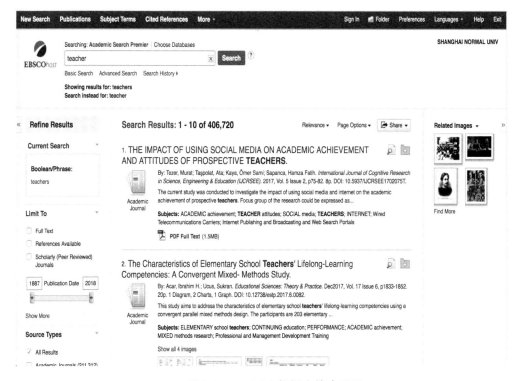

图6.3　EBSCO数据库检索图示

在左侧的筛选栏目中,可以根据期刊来源类型(Source Types)、主题(Subject)、出版物(Publication)、出版商(Publisher)、出版机构(Company)、语种(Language)、地理位置/国别(Geography)、出版日期等项目进行筛选。

点击选中的论文,进入论文浏览界面,可以详细查看论文的作者、来源、主题、摘要、关键词等信息,有的文章提供有PDF全文下载,如没有标志说明无法提供下载。

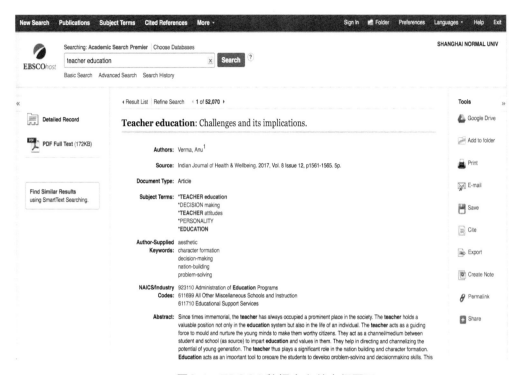

图6.4 EBSCO数据库文献查阅图示

文献界面详细展示了文献的作者（Authors）、来源（Source）、文献类型（Document Type）、主题（Subject Terms）、关键词（Keywords）、摘要（Abstract）、作者单位（Author Affiliations）、ISSN、DOI等信息。此外，EBSCO提供添加至文件夹（Add to folder）、打印（Print）、电子邮件（E-mail）、保存（Save）、引用（Cite）、导出（Export）、添加注释（Create Note）、永久链接（Permalink）、共享（Share）等工具。

2. Springer在线图书和期刊数据库

Springer数据库有电子图书和期刊等种类，Springer在线电子图书数据库(Springer eBook Collection)是全球最大规模、最具综合性的图书数据库，涵盖多个学科范围，里面收录教师教育相关书籍、丛书及参考工具书，例如 *International Handbook of Teacher Education* 等，供读者在线阅览。Springerlink电子期刊平台提供原Springer和Kluwer数据库中的全部电子文献，收录的期刊涉及自然科学和社会科学各领域的期刊全文。

Springer数据库可以检索到"教师教育"相关的图书、期刊、会议论文、文章、章节和协议等。Springer数据库有关教师教育的期刊有 *Journal of Mathematics Teacher Education*（1998-2017）, *Journal of Science Teacher Education*（1989-2017）, *Asian-Pacific Journal of Second and Foreign Language Education*（2016-2017）, *Asia-Pacific Science Education*（2015-2017）, *Video Journal of Education and Pedagogy*（2016-2017）, *Evolution: Education and Outreach*（2008-2017）, *Metacognition and Learning*（2006-2017）, *The Australian Educational Researcher*（1985-2017）, 期刊可查阅时间范围可追溯到20世纪80年代，通过Springer可以进一步查看期刊介绍和相关文章。

Springer有关教师教育的图书也有很多，下面简要介绍几本，更多著作，请到Springer数据库（https://link.springer.com）查阅。

(1) *International Handbook of Teacher Education*（John Loughran, Mary Lynn Hamilton, 2016）[①]

The *International Handbooks of Teacher Education* cover major issues in the field through chapters that offer detailed literature reviews designed to help readers to understand the history, issues and research developments across those topics most relevant to the field of teacher education from an international perspective. This volume is divided into two sections: The organisation and structure of teacher education; and, knowledge and practice of teacher education. The first section explores the complexities of teacher education, including the critical components of preparing teachers for teaching, and various aspects of teaching and teacher education that create tensions and strains. The second examines the knowledge and practice of teacher education, including the critical components of teachers' professional knowledge, the pedagogy of teacher education, and their interrelationships, and delves into what we know and why it matters in teacher education.

Keywords: Assessment in Teacher Education; Culturally Responsive Education; Indigenous Education; Mentoring in Teacher Education; Methodologies of Inquiry;

---

① Introduction, https://link.springer.com/book/10.1007/978-981-10-0366-0#about, 2017-11-25.

Personal Practical Knowledge; Reflective Practice; Social Justice and Teacher Education; Student Teacher Research; Students of teaching; Teacher Educator Identity; Teacher Education; Emotion in Teacher Education; Learning to teach; Quality in Teacher Education; Transition From Student to Teacher

  John Loughran: Faculty of Education, Monash University, Clayton, Australia

  Mary Lynn Hamilton: School of Education, University of Kansas, Lawrence, USA

(2) *Handbook of Teacher Education* (Tony Townsend, Richard Bates, 2007) [①]

This book provides an international review of the current state of teacher education, with chapters from an international group of teacher educators. It focuses on major issues that are confronting teacher educators now and in the next decade. These include the impact of globalization on the profession of teaching, and how teacher education must deal with changing accountability requirements from governments and establish a set of minimum standards acceptable to enable a person to teach.

The work also considers aspects of the three major phases of teacher education: the period prior to commencing in the profession, successful induction into the profession, and the ongoing professional development of teachers. Finally, it identifies ways in which new technologies can be used to improve the training and ongoing development of teachers. Cases from different countries are used to provide a rich base of data to help us understand how the profession is moving onwards.

  Keywords: Evaluation; Service-learning; E-learning; Education; Education Policy; Information; Professional Learning; Teacher Education; Teacher Preparation

  Tony Townsend: Florida Atlantic University, Boca Raton, USA

  Richard Bates: Deakin University, Geelong, Australia

(3) *International Handbook of Self-study of Teaching and Teacher Education Practices* (J. John Loughran, Mary Lynn Hamilton, Vicki Kubler LaBoskey, Tom Russell, 2004) [②]

  This book is of interest to teacher educators, teacher researchers and practitioner

---

① Introduction, https://link.springer.com/book/10.1007/1-4020-4773-8#about, 2017-11-25。

② Introduction, https://link.springer.com/book/10.1007/978-1-4020-6545-3#aboutt, 2017-11-25。

researchers. This volume offers an encyclopaedic review of the field of self-study; examines in detail self-study in a range of teaching and teacher education contexts; outlines a full understanding of the nature and development of self-study; explores the development of a professional knowledge base for teaching through self-study; purposefully represents self-study through research and practice; illustrates examples of self-study in teaching and teacher education.

Keywords: Communication; Emotion; Information; Teacher Rducation

J. John Loughran: Monash University, Clayton, Australia

Mary Lynn Hamilton: University of Kansas, USA

Vicki Kubler LaBoskey: Mills College, Oakland, USA

Tom Russell: Queen's University, Kingston, Canada

(4) ***Quality of Teacher Education and Learning*** **(Xudong Zhu, A. Lin Goodwin, Huajun Zhang, 2017)**[①]

This edited book is on the theory and practice of teacher education from the most distinguished and experienced scholars in the field around the world. In this book, they explored the most urgent and significant issues in teacher education in this globalized time. The dealing of these issues can directly impact the quality of teacher education and education in general. How to improve the quality of teacher education is a global issue that many countries, no matter developed or developing, face. This book provides multiple perspectives to address the challenges and possibilities for improving teacher quality. A point needs to further highlight in this book is that the researchers pay more attention to the inner landscape of teachers, such as the issue of identity, sense of person, etc. In this book, the readers can learn the insights and multiple perspectives of the best scholars in teacher education.

Keywords: Educational Reform; School Leadership; Teacher Education; Teacher Learning; Teacher Preparation; Teacher Professional Development; Teacher Quality; Teachers' Identity; Teachers' Self and Identity

Xudong Zhu: Beijing Normal University; Beijing; China

---

① Introduction, https://link.springer.com/book/10.1007/978-981-10-3549-4#about, 2017-11-25。

A. Lin Goodwin: Columbia University; New York; USA

Huajun Zhang: Beijing Normal University; Beijing; China

(5) *New Understandings of Teacher's Work* **(Christopher Day, John Chi-Kin Lee, 2011)**[①]

Within educational research that seeks to understand the quality and effectiveness of teachers and school, the role emotions play in educational change and school improvement has become a subject of increasing importance. In this book, scholars from around the world explore the connections between teaching, teacher education, teacher emotions, educational change and school leadership. (For this text, "teacher" encompasses pre-service teachers, in-service teachers and headteachers, or principals).

New Understandings of Teacher's Work: Emotions and Educational Change is divided into four themes: educational change; teachers and teaching; teacher education; and emotions in leadership. The chapters address the key basic and substantive issues relative to the central emotional themes of the following: teachers' lives and careers in teaching; the role emotions play in teachers' work; lives and leadership roles in the context of educational reform; the working conditions; the context-specific dynamics of reform work; school/teacher cultures; individual biographies that affect teachers' emotional well-being; and the implications for the management and leadership of educational change, and for development, of teacher education.

Keywords: Educational Change; Educational Leadership; Emotions; Professional Development; School Culture; School Improvement; Teacher; Teacher Culture; Teaching

Christopher Day: School of Education; University of Nottingham, Nottingham, United Kingdom

John Chi-Kin Lee: Hong Kong Institute of Education, Tai Po, New Territories, Hong Kong/PR China

(6) *Preparing Teachers for the 21st Century* **(Xudong Zhu, Kenneth Zeichner,**

[①] Introduction, https://link.springer.com/book/10.1007/978-94-007-0545-6, 2017-11-25。

2013)①

This book addresses two main questions, namely how to prepare high-quality teachers in the 21st century and how the East and the West can learn from each other. It addresses the different challenges and dilemmas that eastern countries, especially China, and western countries are facing with regard to teacher education. We explore the question by examining teacher education research, practice and policy in different countries, identifying both common problems and country-specific challenges. We then try to find valuable experiences, theories and practice which can solve specific problems in the process of teacher education, also addressing how local and global factors impact it.

In this regard, our approach does not strictly separate pre-service teacher education from teachers' in-service professional development, adopting an integrative perspective. Further, we believe the respective social and cultural contexts must also be taken into account. Lastly, we call for teachers' knowledge and individual character traits to be accounted for in the education of high-quality teachers.

Xudong Zhu: Center for Teacher Education Research, Faculty of Education, Beijing Normal University, Beijing, People's Republic of China

Kenneth Zeichner: College of Education, University of Washington, Seattle, USA

3. ProQuest学位论文数据库、馆际互借与文献传递

ProQuest学位论文数据库（简称PQDT）是世界著名的学位论文数据库，提供国外高质量学位论文全文，收录有欧美国家几千所知名大学的优秀博士硕士论文，涉及文、理、工、农、医等多个领域，是学术研究中十分重要的信息资源。除了硕士博士论文外，ProQuest的产品内容丰富，还包括政府档案、新闻报道、历史文档和电子图书等。

馆际互借与文献传递是读者在文献缺藏情况下，通过馆际互借系统向其他图书馆获取所需文献的服务方式。上海师范大学图书馆与国家图书馆、国家科技图书文献中心、上海图书馆、北京大学图书馆、中国农业大学图书馆、中国高校人文社会科学文献中心、武汉大学等签定了馆际互借与文献传递协议，在所属高校图

---

① Introduction, https://link.springer.com/book/10.1007/978-981-10-3549-4#about, 2017-11-25。

书馆找不到的中外文献,都可以通过文献传递系统提交请求,委托其他图书馆代为查找,下面主要介绍几所馆际互借与文献传递的单位。

(1)中国高校人文社会科学文献中心

中国高校人文社会科学文献中心(China Academic Humanities and Social Science Library)宗旨是组织若干所具有学科优势、文献资源优势和服务条件优势的高等学校图书馆,有计划和有系统地引进国外人文社会科学期刊,为全国高校的人文社会科学教学和科研提供文献保障,是全国性的人文社会科学外文期刊保障体系。

网址:www.cashl.edu.cn

(2)CALIS联合目录公共检索系统

CALIS联合书目数据库是我国高校图书馆馆藏联合目录数据库,主要任务是建立多语种书刊联合目录数据库和联机合作编目、资源共享系统,为全国高校的教学科研提供书刊文献资源网络公共查询,支持高校图书馆系统的联机合作编目,为成员馆之间实现馆藏资源共享、馆际互借和文献传递奠定基础。该系统由中国高等教育文献保障系统提供,可联合检索到CALIS联合目录中心数据库中的所有中文、外文数据,包括期刊目次、图书目次、学位论文、会议论文等。

网址:http://opac.calis.edu.cn

(3)NSTL国家科技图书文献中心

该数据库由国家科技图书文献中心提供,面向全国开展科技信息服务,可联合检索中外文的期刊、学位论文、会议论文、中外文图书、国外科技报告、专利、标准、计量检测规程等,还提供国外免费的学术资源、中外预印本门户、网络资源导航等。登录网站主页后,按照主页上方横向菜单选择进入相应栏目,如文献检索、全文文献、目次浏览、目录查询、热点门户、网络导航。

网址:http://www.nstl.gov.cn

(4)国家图书馆

中国国家图书馆是国家总书库、国家书目中心、国家古籍保护中心、国家典籍博物馆,履行国内外图书文献收藏和保护、文献信息和参考咨询服务、图书馆学理论与图书馆事业发展研究、全国图书馆业务指导、国内外图书馆的交流与合作等职能。中国国家(数字)图书馆提供图书、期刊、报纸、论文、古籍、音乐、影视、缩微等检索功能,并提供文献查阅、科技查新、馆际互借、论文收引、检索证明、翻译中心、社科咨询、科技咨询、企业咨询、掌上国图等服务。

网址：http://www.nlc.cn

三、教师教学研究软件

随着高新科技的发展，教育研究软件的开发与运用，对教师教学和科研带来了诸多便利。对于教学而言，常用的教育教学软件有很多，例如数学教学常用的公式编辑器"Math Type"，绘制函数和3D几何图形的"3D数学教学平台"，语文教学常用的"使用汉字转拼音"软件，化学教学常用的"化学元素周期表"等，此外还有思维导图软件Mind Mapper、微课录制软件等。

当今教育研究变得日益重要，教育研究软件的不断升级，对教育研究者开展研究提供了极大便利。这里主要介绍Cite Space，NVIVO，SPSS等教学软件的使用界面、使用方法以及学术应用，为广大教师和教学研究者提供参考。

（一）Cite Space

Cite Space引文空间是一款着眼于分析科学分析中蕴含的潜在知识，是在科学计量学、数据可视化背景下逐渐发展起来的一款引文可视化分析软件[1]。由大连理工大学长江学者讲座教授、美国德雷克塞尔大学(Drexel University, Philadelphia, PA, USA)信息科学与技术学院教授、华人学者陈超美及其研究团队开发的在科学文献中识别与可视化科学研究新趋势与新动态的Java应用程序，已成为信息分析领域中影响力较大的信息可视化软件。通过可视化的手段来呈现科学知识的结构、规律和分布情况，分析得到的可视化图形——"科学知识图谱"。Cite Space能对科技文本进行挖掘与可视化分析，主要功能包括合作网络分析、共现分析、共被引分析、文献的耦合分析等。

---

[1] Cite Space Chinese: http://blog.sciencenet.cn/blog-496649-886962.html, 2017-02-20.

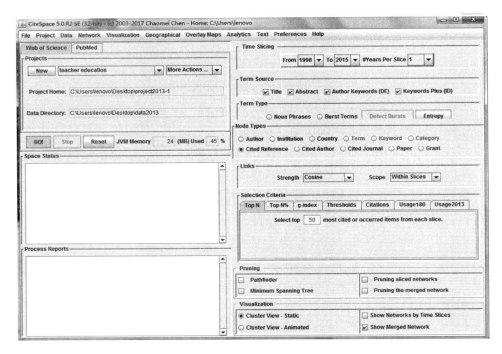

图6.5 Cite Space使用界面

Cite Space的中介中心性（Betweenness centrality）是测度节点在网络中重要性的一个指标，Cite Space 中使用此指标来发现和衡量文献的重要性，并用紫色圈对该类文献（或作者、期刊以及机构等）进行重点标注。通过算法，对突发主题（Burst）或文献、作者以及期刊引证信息进行检测，Citation tree-rings（引文年环）代表着某篇文章的引文历史，引文年轮的颜色代表相应的引文时间，一个年轮厚度与相应时间分区内引文数量成正比。通过设置Thresholds（阈值）对引文数量、共被引频次、共被引系数等指标进行设定。①

1. Cite Space应用列举

教师教育领域Cite Space软件的可为空间非常大，主要应用于知识图谱分析、研究热点和脉络的分析，研究前沿和热点问题的把握等方面。

---

① Cite Space Chinese: http://blog.sciencenet.cn/blog-496649-886962.html, 2017-02-20.

(1) 知识图谱分析

论文《基于Cite Space的网络学习知识图谱分析》于2015年发表于CSSCI《中国电化教育》期刊上，属于教育部基金、省（市）级基金和其他基金项目，第一机构和第一作者为岭南师范学院张子石，以实证研究（Empirical Research）为主，通过科学知识图谱（Scientific Knowledge Map）对国内网络学习研究的演进路线与研究前沿进行可视化分析。具体做法是："以中国期刊网数据库收录的期刊论文及硕博士学位论文为研究对象，利用可视化网络分析工具Cite Space绘制了国内网络学习科学知识图谱，以直观的方式揭示我国网络学习科学的发展状况，包括年产出论文量、年投入作者数、年论文投入产出比等时间分布图谱，机构、作者、期刊等空间分布图谱，关键词共现网络、研究前沿时序等内容分析图谱。在此基础上，给出了进一步的总结和建议，探寻国内网络学习的发展与演进，并为国内网络学习领域的未来发展和预测提供依据。"[1]

(2) 研究热点与脉络演进

论文《国外教师权力研究热点与脉络演进——基于Cite Space知识图谱方法的透视》2014年发表于CSSCI《外国教育研究》期刊上，属于国家社会科学基金青年项目，第一作者机构和第一作者为南昌大学王圣云，通过Cite Space知识图谱方法，透视了国外教师权力研究热点与脉络演进。[2]

(3) 理论演进与前沿热点

论文《国外CSCL理论的演进与前沿热点问题——基于Cite space的可视化分析》2012年发表于CSSCI《现代教育技术》期刊上，属于省社会科学规划项目，第一作者机构和第一作者为河南大学蔡建东。论文利用Cite spaceⅡ软件对CSCL的18 978条引文数据进行可视化分析，通过绘制共引网络图谱，以关键节点文献为基础，分析了国外CSCL理论演进过程，通过对文献主题词网络时区视图分析，研究了CSCL的研究热点演进过程，通过对文献共引——突现词混合关

---

[1] 张子石、吴涛、金义富：《基于Cite Space的网络学习知识图谱分析》，《中国电化教育》2015年第8期，第77-84页。

[2] 王圣云、吴丽红：《国外教师权力研究热点与脉络演进——基于Cite Space知识图谱方法的透视》，《外国教育研究》2014年第41卷第294(12)期，第114-122页。

键路径网络图谱分析,研究CSCL的研究前沿领域。[①]。

2. Cite Space学习指南

Cite Space使用指南、Cite Space图谱、Cite Space应用、创造性思维、信息可视化、引文空间、文献综述、科学前沿图谱等信息,可以到科学网Chaomei Chen的个人博客(网址:http://blog.sciencenet.cn/u/ChaomeiChen)进行学习,同时推荐阅读以下文献:

(1) Chen, C. Searching for Intellectual Turning Points: Progressive Knowledge Domain Visualization[J]. *Proceedings of the National Academy of Sciences of the United States of America (PNAS)*. 2004, 101(Suppl.1): 5303-5310.

(2) Chen, C. Cite Space II: Detecting and Visualizing Emerging Trends and Transient Patterns in Scientific Literature[J]. *Journal of the American Society for Information Science and Technology*. 2006, 57(3): 359-377.

(3) 李杰,陈超美. Cite Space:科技文本挖掘及可视化:Text Mining and Visualization in Scientific Literature[M]. 北京:首都经济贸易大学出版社,2016.

(4) 陈超美,陈悦. 科学前沿图谱:知识可视化探索[M]. 北京:科学出版社,2014.

(5) 陈超美. Cite SpaceⅡ:科学文献中新趋势与新动态的识别与可视化[J]. 情报学报.2009(3).

Cite Space软件持续不断地更新升级,Cite Space 5.0.R2版本,增强了内置数据库、集群资源管理器、标签,改善了部分性能。

(二)NVivo

NVivo是功能强大的质性分析(Qualitative Analysis)软件,支持定性研究方法和混合研究方法。研究者开展的访谈、焦点小组讨论、问卷调查、音频等内容,均可运用NVivo软件进行分析。NVivo软件能够整理和有效分析不同类型的数据,对文字、图片、录音、录像以及社交媒体和网页上的内容进行导入、排序和分析,支持关键字搜索,并按照多种方式分类,生成专业模型和图表,使研究者

[①] 蔡建东、马婧、袁媛:《国外CSCL理论的演进与前沿热点问题——基于Citespace的可视化分析》,《现代教育技术》2012年第22(5)期,第10-16页。

从以往的资料分析过程如分类、排序、整理等简单繁杂的工作中解脱出来,帮助研究者更好地组织材料、分析材料、共享以及报告材料,有助于研究者建立理论模型,最终获得研究问题的结论,可以说是实现质性研究的最佳工具之一。

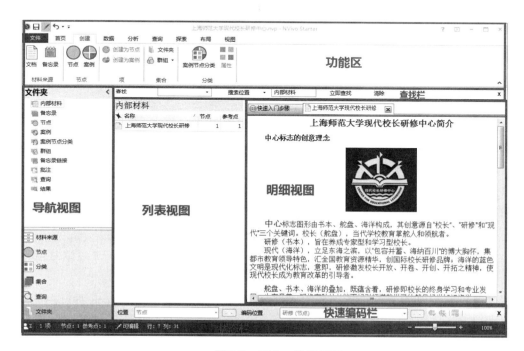

图6.6　NVivo使用界面

1. NVivo应用列举

NVivo质性分析软件在教师教育研究中应用广泛,在教师教育培训、师范生研究、教育现象研究中都可应用。通过NVivo对质性材料分析,阐述现象,探明原因,归纳观点。

(1)教育培训研究

论文《技术培训机构学员专业实践能力不足的归因分析——一项基于NVivo的质性研究》2014年发表于CSSCI《高等工程教育研究》期刊上,属于教育部基金项目,第一作者机构和第一作者为北京航空航天大学董志霞。研究采用质性研究方法,通过NVivo软件对21位IT专业学员的访谈资料进行分析和处理,了解学员专业实践能力不足的影响因素①。

(2) 师范生研究

论文《用NVivo分析数学师范生的信息技术观》2012年发表于CSSCI《现代教育技术》期刊上,属于省(市)级基金和其他基金项目,第一作者机构和第一作者为华东师范大学袁智强。论文使用计算机辅助质性数据分析软件(NVivo),自编的开放型问卷对79位数学师范生的信息技术观进行了质性调查,通过数据分析,从六个维度刻画了数学师范生的信息技术观。②

(3) 教育现象研究

论文《开放英语教育零辍学现象之情感因素研究——一项基于NVivo的质性研究报告》2011年发表于CSSCI《开放教育研究》期刊上,属于国家自然科学基金面上项目,第一作者机构和第一作者为广东广播电视大学罗红卫。该论文借助NVivo9分析软件,对来自广东省四所地市级电大的27位英语学习者进行质性研究,分析了零辍学现象背后的情感因素。③

2. NVivo学习指南

NVivo质性分析软件(NVivo qualitative data analysis software)可以从网址"http://www.qsrinternational.com"中下载,软件学习可以参看以下著作:

Bazeley P,Jackson K.Qualitative Data Analysis with NVivo[M].Sage Publications Ltd.2013.

(三) SPSS

SPSS(Statistical Product and Service Solutions)主要提供统计分析、预测建模和数据挖掘等功能,帮助研究者发现结构化和非结构化数据中的趋势,解决问题并改进成果,制定更加明智的决策,是世界上应用最广泛的专业统计和数据模型软件之一。教育统计中常用到的功能除了描述统计,还包括方差分析、相关分析、回归分析、路径分析、中介效应分析、结构方程、卡方检验等。SPSS界面主

---

① 董志霞、郑晓齐:《技术培训机构学员专业实践能力不足的归因分析——一项基于NVivo的质性研究》,《高等工程教育研究》2014年第6期,第80-85页。
② 袁智强:《用NVivo分析数学师范生的信息技术观》,《现代教育技术》2012年第22(9)期,第28-31页。
③ 罗红卫、丁武、王强科等:《开放英语教育零辍学现象之情感因素研究——一项基于NVivo的质性研究报告》,《开放教育研究》2011年第17(6)期,第98-103页。

要是英文版,也有汉化插件包,高级统计分析中SPSS与其他插件同时使用,使用SPSS需要具备一定的教育统计学基础知识。

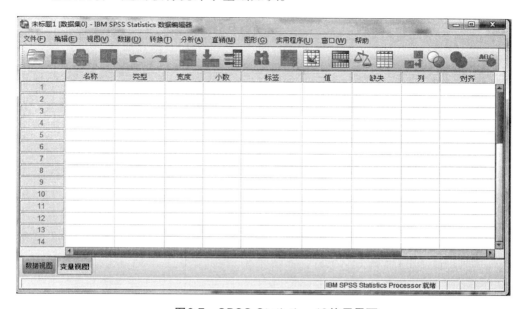

图6.7　SPSS Statistics 19使用界面

1. SPSS应用列举

SPSS软件在教师教育研究中应用非常广泛,可以说是每个研究生都应当掌握的一个数据统计和分析研究软件。下面选取三篇文章就其研究内容和主要统计技术进行介绍。

(1)问卷调查研究

论文《基于SPSS的职教网络英语实践教学情感因素分析报告》2012年发表于CSSCI《电化教育研究》期刊上,第一作者机构和第一作者为广东广播电视大学罗红卫。该研究基于网络QQ聊天平台,采用SPSS17.0对高职英语专业网络实习教学阶段所做的情感调查,了解实习者的情感体验和意义阐释[1]。调查采用问卷形式,通过网络QQ群上传,无记名回答,共调查了167名学生,主要统计技术包

---

[1] 罗红卫:《基于SPSS的职教网络英语实践教学情感因素分析报告》,《电化教育研究》2012年第6期,第106-111页。

括信度检验、效度检验、描述统计、T检验、因素分析、相关分析等。

（2）试卷分析研究

论文《SPSS软件在电大英语试卷分析中应用及对英语教学的反拨作用》2010年发表于CSSCI《现代远距离教育》期刊上，第一作者机构和第一作者为上海外国语大学夏倩，将SPSS软件应用于试卷分析，进而检验教师的教学成果，改进教师教学策略，通过实践体验与同行分享，阐释了SPSS统计软件对教学的积极推动作用和反拨作用。[①]主要技术为描述性统计分析，包括众数、标准差、方差、标准误、全距、极大值、极小值等。

（3）教育测量研究

论文《基于SPSS的高校教师自我效能与绩效关系研究》2007年发表于CSSCI《社会科学家》期刊上，第一作者机构和第一作者为桂林电子科技大学徐亚宁。主要利用SPSS对高校教师自我效能的状态进行测量，检验自我效能与教师教学绩效的关系，发现主要影响因素，为高校人力资源管理实践起到一定借鉴作用。[②]主要技术包括描述性统计、独立样本T检验、自我效能与教师绩效的回归分析等。

2. SPSS学习指南

随着SPSS软件的更新换代，关于SPSS使用的教材有很多，建议从基础学起，巩固教育统计基础知识，掌握SPSS在教育统计中的基本应用，然后结合最新发表的期刊文献，学习SPSS和其他教育统计软件的综合应用。

（1）骆方，刘红云，黄崑. SPSS数据统计与分析[M]. 北京：清华大学出版社，2011.

（2）Andrew Hayes. Introduction to Mediation, Moderation and Conditional Process Analysis: A Regression-Based Approach[M]. The Guilford Press, 2013.

（3）王济川，王小倩，姜宝法. 结构方程模型：方法与应用[M]. 北京：高等教育出版社，2011.

（4）杨晓明. SPSS在教育统计中的应用[M]. 北京：高等教育出版社，2004.

---

① 夏倩：《SPSS软件在电大英语试卷分析中应用及对英语教学的反拨作用》，《现代远距离教育》2010年第3期，第67-70页。

② 徐亚宁，黄金标：《基于SPSS的高校教师自我效能与绩效关系研究》，《社会科学家》2007年第3期，第169-171页。

教育研究的软件还有很多,针对同一主题,不同作者会采取不同软件采集不同数据展开研究,在期刊网上能找到许多类似的文献。总体思路是,首先确定研究的主题、研究对象,并查阅已有研究成果,然后确定研究的数据库、时间范围、目标期刊等,明确研究假设,确定研究软件和研究方式,评估软件是否是实现研究目标的最佳路径,然后开始数据采集和实证研究。需要特别注意的是,软件只是辅助的工具,找到研究的"真问题"才是关键。因此,在质的研究和量的研究中,牢记研究使命和研究目的,保持工具理性,切忌走入技术误区。

〖导读〗专业经典著作

读书使人渊博,培根曾说:"书有可浅尝者,有可吞食者,少数则须咀嚼消化。换言之,有只须读其部分者,有只须大体涉猎者,少数则须全读,读时须全神贯注,孜孜不倦。书亦可请人代读,取其所作摘要,但只限题材较次或价值不高者,否则书经提炼犹如水经蒸馏,淡而无味矣。"读经典原著,可以让你从一手文字材料中品尝原汁原味的成果,防止被欺骗或是人云亦云。如果感到原著文字难懂、概念难懂,可以借助专业词典、译著,或是先读些入门书籍,学习参考相关学术论文或书评摘要。

(一)英文原著

Barbara & Terry Field(ed.), *Teachers As Mentors: A Practical Guide*, The Falmer Press, 1994.

Cochran-Smith, Marilyn, *Policy, Practice, and Politics in Teacher Education*, Corwin Press, 2006.

Dwight W. Allen, Alyce C. LeBlanc, *Collaborative Peer Coaching That Improves Instruction*, Corwin Press Inc., 2005.

Kathleen Feeney Jonson, *Being An Effective Mentor: How to Help Beginning Teachers Succeed*, Corwin Press Inc., 2002.

Sheila Karby. *Reforming Teacher Education*, NTIS, 2006.

Stephanie A. Flores-Koulish. *Teacher Education for Critical Consumption of Mass Media and Popular Culture*, RoutledgeFalmer, 2005.

Sylvia M. Robertz & Eunice Z. Pruitt, *Schools As Professional Learning Communities*, Corwin Press Inc., 2003.

Theresa M. Bey & C. Thomas Holmes(ed.), *Mentoring: Developing Successful New Teachers*, Association of Teacher Educators, 1990.

Theresa M. Bey & C. Thomas Holmes(ed.), *Mentoring: Contemporary Principles and Issues*, Association of Teacher Educators, 1992.

（二）中文译著

[美] Joanne M.Arhar & Mary Louise Holly & Wendy C.Kasten著：《教师行动研究》，黄宇等译，北京：中国轻工业出版社，2002年。

[美]巴格莱著：《教育与新人》，袁桂林译，北京：人民教育出版社，2005年。

[美]费斯勒、克里斯坦森著：《教师职业生涯周期：教师专业发展指导》，董丽敏、高耀明译，北京：中国轻工业出版社，2005年。

[美]Charlotte Danielson & Thomas L.McGreal著：《教师评价：提高教师专业实践能力》，陆如萍、唐悦译，北京：中国轻工业出版社，2005年。

[美]Linda Darling-Hammond：《美国教师专业发展学校》，北京：中国轻工业出版社，2006年。

[美]Andrea M.Guillaume著：《新教师课堂教学入门》，杨宁译，北京：中国轻工业出版社，2007年。

[美]Melissa Kelly著：《新任教师完全手册》，杨曦、赵会娜译，北京：中国轻工业出版社，2007年。

[美]Julia G.Thompson著：《从教第一年：新教师职场攻略》，赵丽、卢元娟译，北京：中国轻工业出版社，2007年。

[美]朱迪思·H.舒尔曼主编：《教师教育中的案例教学法》，郅庭瑾主译，上海：华东师范大学出版社，2007年。

[美]伊冯娜·金茨勒著：《新教师最佳实践指南》，贺红译，上海：华东师范大学出版社，2009年。

[加]马克斯·范梅南著：《教学机智——教育智慧的意蕴》，李树英译，北京：教育科学出版社，2001年。

[澳]马什著：《初任教师手册》（第2版），吴刚平、何立群译，北京：教育科学

出版社，2005年。

[日]小原国芳著：《教育论著选（上/下卷）》，刘剑乔等译，北京：人民教育出版社，1993年。

[日]佐藤学著：《课程与教师》，钟启泉译，北京：教育科学出版社，2003年。

[日]佐藤学著：《教师的挑战》，钟启泉、陈静静译，上海：华东师范大学出版社，2012年。

（三）入门书籍

如果感觉英文原著和译著比较难懂，对教师教育的来龙去脉尚不清晰，可以先读中文专著，了解教师教育领域基本理论和基础知识，再进一步读译著和原著，下面就教师教育学科、教师教育研究、教师教育体制、教师教育课程、教师教育方法、教师教育专业化等方面推荐一些基础学习书目。

陈永明等：《教师教育学科群导论》，北京：北京大学出版社，2013年。

陈永明等：《教师教育学》，北京：北京大学出版社，2012年。

陈永明等：《教师教育研究》，上海：华东师范大学出版社，2003年。

陈永明：《中日两国教师教育之比较》，上海：华东师范大学出版社，1994年。

顾明远、檀传宝：《中国教育发展报告：变革中的教师与教师教育》，北京：北京师范大学出版社，2004年。

黄崴，《教师教育体制》，广州：广东高等教育出版社，2003年。

李其龙、陈永明：《教师教育课程的国际比较》，北京：教育科学出版社，2002年。

舒志定：《教师教育哲学》，北京：北京大学出版社，2012年。

王建磐：《教师教育改革与教师专业发展：国际视野与本土实践》，上海：华东师范大学出版社，2007年。

王泽农、曹慧英：《中外教师教育课程设置比较研究》，北京：高等教育出版社，2004年。

朱迪恩·H. 舒尔曼：《教师教育中的案例教学法》，郅庭瑾主译，上海：华东师范大学出版社，2007年。

朱小蔓:《新世纪教师教育的专业化走向》,南京:南京师范大学出版社,2003年。

本章小结

本章主要介绍了教师教育领域国内外学术期刊、教师教育数字资源和教师教育研究软件,分享了原著和译著书目。通过这些学术资源,既可以开阔国际视野,塑造面向全球的教师教育意识,同时也可以获取丰富的专业学习资料,为教师教育专业词汇、语句、篇章阅读和英文写作提供广泛素材,促进学术论文和学位论文写作,促进教师教育学习者和爱好者更好地开展学术研究。

附　录　西方教师教育思想

一个好老师,就是一所好学校,一所好学校,离不开好老师。回顾名家名师的成长经历,可以看到他们对教育保持着一颗炽热之心,有强烈的责任感与使命感,孜孜不倦地开展理论研究与实践探索,推动了教育事业的发展,也为后人留下了宝贵的知识财富和思想财富。学习世界各国的教育家的教育思想和教育著作,具有重要的理论价值和现实参考意义,更加清晰明了教育发展的历史脉络,更加深刻地认识到教育思想的源流演变,更加深入地思考当今的教育问题,透过教育现象看到教育本质,深刻地把握教育规律,推动教育改革和教师教育的发展。下面选取20位对当代教师教育有影响力的西方教育家进行简要介绍。

国外教育名家目录

序号	中文名	英文名	时期	国别
1	亚里士多德	Aristotle	公元前384—前322	古希腊
2	昆体良	Marcus Fabius Quintilianus	约35—约95	西班牙
3	伊拉斯谟	Desiderius Erasmus	约1466—1536	荷兰
4	夸美纽斯	Johann Amos Comenius	1592—1670	捷克
5	洛克	John Locke	1632—1704	英国
6	卢梭	Jean-Jacques Rousseau	1712—1778	法国
7	裴斯泰洛齐	Johann Heinrich Pestalozzi	1746—1827	瑞士
8	赫尔巴特	Johann Friedrich Herbart	1776—1841	德国
9	第斯多惠	Friedrich Adolph Wilhelm Diesterweg	1790—1866	德国
10	霍勒斯·曼	Horace Mann	1796—1859	美国
11	杜威	John Dewey	1859—1952	美国

续表

序号	中文名	英文名	时期	国别
12	巴格莱	William Chandler Bagley	1874—1946	美国
13	蒙台梭利	Maria Montessori	1870—1952	意大利
14	科南特	James Bryant Conant	1893—1978	美国
15	泰勒	Ralph W. Tyler	1902—1994	美国
16	博尔诺夫	Otto Friedrich Bollnow	1903—1991	德国
17	马斯洛	Abraham Maslow	1908—1970	美国
18	贝斯特	Arthur Eugene Bestor	1908—1994	美国
19	肯·泽茨纳	Ken Zeichner		美国
20	达林-哈蒙德	Linda Darling-Hammond	1951—	美国

1. 亚里士多德

"吾爱吾师,吾更爱真理"是亚里士多德的名言。亚里士多德（Aristotle,公元前384—前322）是古希腊哲学家、思想家、百科全书式的学者,古希腊学术思想的集大成者。亚里士多德最早明确地提出了体育、德育和智育的划分,体育是基础、智育是最终的目的。最早提出儿童身心发展阶段的思想,指出根据儿童的身心发展特点提出按年龄划分教育阶段,0-7岁为第一阶段,以体育训练为主;7-14岁为第二个阶段,以德育为主;14-21岁为第三个阶段,以理智培养为主。亚里士多德是西方实践哲学的创立者,他把人类知识和活动三分为理论、实践和创制。理论主要指求知自然的普遍原理的思想活动,实践主要指追求伦理德性和政治公正的行动,创制主要指生产生活资料的劳动[①]。亚里士多德的实践智慧,对教师教育具有重要意义。

2. 昆体良

昆体良（Marcus Fabius Quintilianus,约35—约95）是夸美纽斯以前西方历史上最杰出的教学法学者,也是古希腊以来雄辩术研究和古代教育思想的集大成者。他肯定天性在人的成长中的重要作用,重视学龄前教育与家庭环境对儿童潜

[①] 徐长福:《论亚里士多德的实践概念——兼及与马克思实践思想的关联》,《吉林大学社会科学学报》2004年第1期,第56-63页。

移默化的影响,肯定学校教育的优越性;将培养"善良的精于雄辩的人"确定为教育目标,善良的人即有德行的人,重视德行的培养和道德教育。昆体良强调充分发挥教师的作用,认为教学质量的关键在于教师,对教师提出了很高的要求,认为教师应当德才兼备,仅仅做严于律己的榜样是不够的,还必须以严格的纪律约束学生的行为,善于回答学生提出的问题,向不发问的学生提问,以温和的态度对待学生的错误,纠正学生的过失,点出了教师执教的艺术。在教学方法上,提出"教是为了不教"的深刻见解,主张因材施教、量力而行、防止疲劳,重视课堂提问,重视激发学生的兴趣和意愿,反对体罚。其量力而行、阶段教学、启发诱导、因材施教和道德教育等思想,对后世的教育教学和人才培养影响很大,为西方教学理论的发展乃至当今的教学提供了有益的借鉴。因此,昆体良被认为是古罗马教育史上影响最大、最负有盛名的雄辩家和教育家。

3. 伊拉斯谟

伊拉斯谟(Desiderius Erasmus,约1466[①]—1536)是荷兰思想家、哲学家、教育家,被誉为"人文主义之父"。伊拉斯谟批判当时的社会和教师,《论基督君主的教育》集中阐述了君主教育思想,对如何训练实习领导者、在实践及理论方面提出了精辟的建议,十分强调教师对君主教育的重要性。"国家的一切应归功于一位良君,但君主本人却得归功于那位以其正确的教导养成君主现状的人。教师的职责非常重要,教师在履行职责时,教师的目标始终如一,但他必须因时而异地采取不同的方法"[②]。伊拉斯谟非常重视教师的挑选,要求挑选德才出众之士来担任教师,认为君主的教师"应该睿智正直、纯洁高尚、年高德劭、品行清白、和蔼友善和勤勉工作,他们所受的教育来自长期的实践阅历。尤其是,教师不能骄傲自大,把自己看作比最有经验的哲学家还要聪明。"伊拉斯谟提出了很多教学方法,如箴言法、谈话法、练习法、自然教学法等,特别对语法教学的方法做了一些论述[③]。伊拉斯谟对后世产生了极大的影响,1987年欧盟启动伊拉斯谟项

---

① 伊拉斯谟出生时间有多种版本,单中慧和杨汉麟主编的于2016年中国人民大学出版社出版的《西方教育学名著提要》第27页指出伊拉斯谟1469年出生,华东师范大学2007年张华丽的学位论文《一个基督教人文主义者的治世梦》中指出伊拉斯谟1466年出生,陈海珠发表在《世界历史》1999年第6期第76—84页的《基督的哲学——伊拉斯谟的宗教思想述评》中指出伊拉斯谟1467年出生。
② 单中慧、杨汉麟:《西方教育学名著提要》,北京:中国人民大学出版社,2016年,第31页。
③ 石莉芳:《文艺复兴时期的教师问题研究》,上海:华中师范大学,2008年,第45页。

目①，促进欧洲高等教育学生流动和高等教育机构合作。据欧盟《伊拉斯谟影响研究》(Erasmus Impact Study, EIS)指出，伊拉斯谟项目提高了学生的就业能力，对学生的未来职业和生活都有很大的影响，伊拉斯谟项目也有助于提高教师的教育质量，提升高等教育机构的国际化水平②。

4. 夸美纽斯

夸美纽斯(Johann Amos Comenius, 1592—1670)是17世纪捷克著名教育家，被誉为"现代教育之父"。主要著作有《语学入门》《大教学论》《母育学校》《世界图解》和《泛智学校》等。其中《大教学论》系统论述了教育的目的、任务、体育保健、教学理论、德育论、学制系统及各级学校的课程设置等，堪称近代教育学的奠基之作。《母育学校》(1633)介绍了父母如何教育六岁以前儿童的知识，是教育史上第一本系统论述学前教育的专著。《世界图解》(1658)是较早带有插图的教科书，被誉为"历史上专为儿童编写的第一本看图识字书"③。《泛智学校》提出泛智学理论和学校管理思想，探讨了将有关一切事物的一切知识教给一切人的方法④。泛智教育思想是夸美纽斯一生教育活动和教育思想的核心，包含两个方面：一是"泛智论"，二是"教育的自然适应性"的教育自然观；近代教育实验研究追溯到夸美纽斯的泛智学校实验⑤。夸美纽斯在历史上第一次提出了建立"学校之学校"(school of schools)或"教学法学院"(didactic college)的大胆设想，这是后世的师范教育的雏形。夸美纽斯主张"以教为中心"，非常重视教师的职业地位，指出"教师是太阳底下最光荣的职业"。夸美纽斯是历史上第一次提出最系统、最完整的学制，包括学前教育、中等教育和大学(各六年)，学前教育的地位得到肯定，并纳入学制。夸美纽斯首次提出班级授课制，创建了教室和课堂的概念，"主张将学生分班，每班一个教师，教师站在讲台上，同时教所有学生；压缩学科，除去一切不必要、不合适的材料和细枝末节，只教有用处的东西；学科的划分要使每年、每月、每周、每日甚至每小时都有一定的工作"，夸美纽斯

---

① 李函颖：《欧盟伊拉斯谟项目教学人员的流动研究》，《黑龙江高教研究》2013年第10期，第59-62页。
② 董筱婷：《欧盟发布伊拉斯谟影响研究调查报告》，《比较教育研究》2014年第11期，第110-112页。
③ 单中慧、杨汉麟：《西方教育学名著提要》，北京：中国人民大学出版社，2016年，第60页。
④ 夸美纽斯：《夸美纽斯教育论著选》，北京：人民教育出版社，2007年。
⑤ 杨汉麟：《教育实验之由来刍议》，《教育研究与实验》2004年第1期，第57-60页。

在《大教学论》中最先提出"让一切人受教育"的主张;认为"母育学校和国语学校应收容一切男女少年,甚至拉丁语学校(中等学校)也不应当限定只有富人、贵族和官吏的子弟才能入学,而必须向所有有志向的男女青年开放"。①

5. 洛克

洛克(John Locke, 1632—1704)是历史上著名的唯物主义哲学家、杰出的思想家、教育家,《教育漫话》(1693)(Some Thoughts Concerning Education)是洛克在教育领域的经典代表作,与卢梭的《爱弥儿》并称为18世纪欧洲儿童教育的经典②。洛克提出"白板说",认为人生下来其心灵犹如一张"白纸",观念的发生系外部世界作用于人的感官的结果,这种观点成为他的教育学说的理论依据。洛克的白板说在当时具有重要意义,后人也有批判洛克的"白板说"和赫尔巴特的"三中心说"是传授灌输式的重要理论基础。洛克对家庭教师提出了要求,为了使绅士子弟具有良好的德行,他主张家长要不惜花高薪聘用一位优秀的家庭教师,在这方面的投入是绝对值得的。教师"不一定要是个通儒",但应娴于礼仪,深知世故人情,"懂得他所置身时代的人们的行径、气质、愚蠢、奸诈及其他缺点"。教师的重要工作在于:(1)使学生养成良好的风度、健康的心理;(2)使学生养成良好的习惯,怀抱德行和智慧的原则;(3)将人世间的美丑善恶向学生揭示,并使学生喜爱与模仿优良的、值得称誉的行为;(4)在学生形成良好行为时,给予力量和鼓励。③

6. 卢梭

卢梭(Jean-Jacques Rousseau, 1712—1778)是法国18世纪伟大的思想家、哲学家、教育家、文学家。卢梭主张自然主义教育观,主张教师依据儿童天性培养儿童。教育代表作《爱弥儿》(Emile)中讲述了如何培养适合于未来理想社会的新人,在教育学上的主要贡献是分析了人的发展与外部环境的关系,论述了儿童生理、心理发展的自然过程,倡导自然教育和儿童本位的教育观,为教育科学的建立开辟了道路。《爱弥儿》一书中包含着丰富、精深的教师教育思想:遵循自然,

---

① 单中慧、杨汉麟:《西方教育学名著提要》,北京:中国人民大学出版社,2016年,第58—61页。
② 同上书,第67页。
③ 许邦兴:《运用多元智能理论对教育工具价值取向的反思——从传授灌输走向引发生成》,《当代教育与文化》2011年第3(5)期,第85—91页。

循序渐进；自然后果法；消极教育；感观教育；从做中学，学思结合等[①]；这些教师教育思想对当今仍有重要的启示。

7. 裴斯泰洛齐

裴斯泰洛齐（Johann Heinrich Pestalozzi, 1746—1827）是19世纪瑞士著名的民主主义教育家。主要著作有《隐士的黄昏》（1780）、《林哈德和葛笃德》（1781—1787）、《论教学方法》（1800）、《葛笃德怎样教育他的子女》（1801）、《母亲读物》（1803）、《天鹅之歌》（1825）、《生命归宿》（1825）等。裴斯泰洛齐是西方教育史上重要的教育思想家和教育实践家，首次明确提出"教育心理学化"的口号，提倡爱的教育和家庭教育，主张把家庭教育列入教育体系，强调家庭教育的重要性及儿童教育的作用；积极开展教育实验，主张教育与劳动相结合；提出"要素教育思想"，包括体育、劳动教育、德育、智育和教学的基本要素，提出"和谐发展的教育思想"，指出德、智、体、劳和谐发展。裴斯泰洛齐的教育思想对当今农村教育、家庭教育、学校教育仍有深远影响，对现代教育改革和现代社会建设具有重要意义。

8. 赫尔巴特

赫尔巴特（Johann Friedrich Herbart, 1776—1841）被誉为"科学教育学的奠基人"和"教育科学之父"，代表作《普通教育学》被公认为第一部具有科学体系的教育学著作。赫尔巴特明确提出教育学的科学性和教育理论体系的两个理论基础，即伦理学和心理学。他指出，道德是教育的最高目的，道德教育的任务就是向学生灌输"内心自由、完善、仁慈、正义、公平"五种道德观念。在教学理论中，否定了"无教育的教学"和"无教学的教育"，建构"教育性教学"概念，教学过程划分为"明了、联结、系统、方法"四个阶段，学生的心理状态分为"注意、期待、探究、行动"四个过程，教学类型分为单纯提示的教学、分析教学和综合教学。赫尔巴特重视教师在教育教学中的重要作用，明确提出教师的主导作用，完善了班级授课制，注重设置多方面课程，培养学生"多方面兴趣"，注重儿童的管理、教育性教学和训育。赫尔巴特的教育学理论建立在心理学、伦理学的基础之上，随着经济社会的不断发展，以赫尔巴特为代表的传统教育学派的三个中

[①] 房贞祥：《卢梭的教师教育思想及其启示》，《现代教育科学》2011年第2期，第58-59页。

心"课堂中心、教材中心、教师中心",逐渐被杜威为代表的现代教育理念①所取代。

9. 第斯多惠

第斯多惠(Friedrich Adolph Wilhelm Diesterweg,1790—1886)是19世纪德国著名的民主主义教育家,被誉为"德国教师的教师",为德国师范教育的发展做出了突出的贡献。第斯多惠一生主要从事师范教育工作,长期担任师范学校校长并亲自授课。他认为教育的目的在于培养一种"全人",即教育要培养的是人、是公民。他提出教育必须适应人的发展规律,必须适应社会文化的状况与要求,必须对学生进行爱国主义教育,培养他们具备一切优良的品质。他论述了一系列教育原则和方法,提出了"发展性教学"和"教育性教学"的观点。②第斯多惠高度重视教师的作用,1835年出版代表作《德国教师培养指南》,明确了教师的使命、任务、社会关系,对教师提出了要求,包括要自我教育,具有丰富的知识、恪尽职守的教学态度等,主张培养和提高国民学校教师的素质。正如他的名言所说,"一个坏的教师奉送真理,一个好的教师则教人发现真理"以及"教学的艺术不在于传授本领,而在于善于激励唤醒和鼓舞",主张教师的主导作用和学生主体作用的统一。

10. 霍勒斯·曼

霍勒斯·曼(Horace Mann,1796—1859)是19世纪美国教育家与政治家,致力于普及教育和公立学校改革,重视师范院校的发展。在任期间,积极推动公立学校的发展,并努力奠定公共教育的基础,被誉为"美国公共教育之父"。霍勒斯·曼强调师范学校对公立学校的重要性,指出,必须建立"师范学校"这样一种教育机构,师范学校的目的主要是训练未来的教师如何去做。如果没有师范学校,公立学校就会失去本身的力量和恢复活力的能力,就会在形式上和实际上逐渐消亡。没有师范学校,公立学校将决不会繁荣。没有师范学校,正如我们希望穿外衣但没有裁缝,希望戴帽子但没有制帽子的人,希望戴手表但没有制造钟表的人,希望住房子但没有木匠或泥瓦工一样。霍勒斯·曼非常注重师资训练,认

---

① 杜威的"儿童中心论"认为"教育即生活,教育即生长,教育即经验的不断改造,学校即社会",主张"从做中学"等理念。
② 姚利民:《中外著名教育家选介——第斯多惠》,《大学教育科学》1998年第2期,第95页。

为师资训练是改善公立学校的一个非常重要的手段。因为教师是学校的主持者和知识的传播者,哪里没有好的教师,哪里就肯定没有好的学校。一个好的教师甚至能够把教育工作从完全的失败中挽救过来。在公立学校任教的教师,应该受过专门训练,懂得怎样去教,包括语言得体、声音与音调正确、举止文雅优美、了解所教的科目、了解儿童的特点等。

11. 杜威

杜威(John Dewey, 1859—1952)是美国哲学家、教育家、实用主义的集大成者,代表作有《我的教育信条》(1897)、《学校与社会》(1899)、《儿童与课程》(1902)、《我们怎样思维》(1910)、《民主主义与教育》(1916)、《经验与教育》(1938)等[1]。杜威提出了教育即生活、教育即生长、教育即经验的改造、学校即社会等重要观点,提出儿童中心、活动中心、经验中心的新"三中心"论;认为人不能脱离于环境,环境本身具有社会性,所以人的教育不能割裂于社会,而是增加环境的社会性要素。杜威非常重视教师教育工作,他的教师教育思想主要有:教育学院是教师教育的主要机构,但初等学校和高级中学也是教师教育机构的一部分;教师教育应包括一般文化知识、具体学科知识、教育理论知识(含心理学和学科教法等)、专业精神四个方面的内容,其中,一般文化知识是前提,具体学科知识是基础,教育理论知识是主线,教育实际见习是重要环节,而所有这些都以专业精神为灵魂和统率[2]。在杜威看来,教师是学生生活的领导、教师是不断进步的学习者、教师是学生心智的研究者、教师是艺术家、教师是社会公仆[3]。

12. 巴格莱

巴格莱(William Chandler Bagley, 1874—1946)是美国要素主义代表人物,在教师教育、学校课程、教育理论、教育哲学、教育史及其他教育著述颇丰。代表作《教育与新人》(1934)、《教育过程》(1905)、《普及学校教育的业绩》(1937)等。其中《教育与新人》是研究要素主义教育理论必读书目之一,也是美国要素主义学派的代表作。巴格莱提出了以造就"教师学者"为宗旨的"任教学

---

[1] 单中慧、杨汉麟:《西方教育学名著提要》,北京:中国人民大学出版社,2016年,第200页。
[2] 于书娟:《试论杜威的教师教育思想》,《教师教育研究》2007年第19(6)期,第57-61页。
[3] 卢丽珠:《杜威教师观探析》,《教育与教学研究》2012年第26(11)期,第16-19页。

科内容专业化"的主张,成为其教师教育课程思想的核心观点。①在教学方面,要素主义者强调教师的质量和负责精神及教学的系统性、连贯性;要求坚持严格的学习标准,对学习困难的儿童,特别是对初学时有困难的儿童要予以帮助。教师的功能特别体现在用人类的经验教育学生及发现学生的天赋,用"人格因素"去影响学生。巴格莱特别重视教师准备问题,强调未来的教师必须掌握丰富的文化和知识背景,了解教育历史,深刻认识不同的教育哲学,掌握教与学的心理学知识及为教师提供反映不同课堂教学观念的具体方法,需要强有力的见习和实习计划。②

13. 蒙台梭利

蒙台梭利(Maria Montessori,1870—1952)代表作《蒙台梭利方法》(1909)、《高级蒙台梭利方法》(1912)、《童年的秘密》(1936)、有吸引力的心理(1949)等。蒙台梭利创建了"儿童之家",其独特的蒙台梭利教育法,对幼儿教育影响深远,指出"让孩子通过自己的努力去自由地学习",儿童是"儿童之家"的真正主人;教师担任"指导者"角色,教师的主要任务是对幼儿的观察并加以引导,以便让幼儿的生命自由发展。"儿童之家"的教师更多的是一个心理学家,而不是一个教师,因为他们要指导幼儿的生活和心灵。③

14. 科南特

詹姆斯·布莱恩特·科南特(James Bryant Conant,1893—1978)④是美国著名科学家,教育家,1933年任哈佛大学校长,主要的教育著作有《分裂世界的教育》《教育与自由》《知识的堡垒》《今日的美国中学》《美国师范教育》《形成教育政策》等。科南特对改革师范教育提出了一系列看法与建议,提出改革师范教育领导体制,由培养师资的高等院校决定师范生的课程,同时对师资培养承担最大限度的责任,调动高校办学积极性,使师范教育获得新的生命力。高等院校、州教育当局、地方学校董事会及教育团体各方充分发挥各自优势,促进美国教育

---

① 肖朗、王少勇:《巴格莱与20世纪美国教师教育课程思想》,天津师范大学学报(社科版),2012年第3期,第65-71页。
② 郭爱芳:《巴格莱教师教育思想研究》,上海师范大学,2010年。
③ 肖朗、王少勇:《巴格莱与20世纪美国教师教育课程思想》,天津师范大学学报(社科版),2012年第3期,第178-183页。
④ 赵祥麟:《外国教育家评传.第三卷》,上海:上海教育出版社,1992年,第135-168页。

体制结构的平衡与协调。关于师资的培养规格，主张提高学术标准，注重学科任教能力。教师应具备广阔的基础知识，在课程设置上，普通教育占50%，学科专门教育占38%，教育专业训练占12%。教育训练的重点是教育实习，其次是教育心理学，建议由"临床教授"负责指导和评价师范生的教学实习。科南特重视教师进修，主要为弥补教师职前培养的不足，认为"暑期学校"是教师进修的好方式，要为教师提供继续学习教育科目的机会，不宜吸引大量任课教师去攻读教育行政或指导方面的硕士课程，不该以进修吸引好教师离开教学一线去当教育行政人员。

15. 泰勒

当代美国教育家、课程理论家泰勒（Ralph W. Tyler, 1902—1994）被誉为"现代课程理论之父""课程评价之父""行为目标之父"，他参与领导了美国现代教育史上闻名的"八年研究"（Eight-year Study, 1934—1942）课程改革实验，1949年出版代表作《课程与教学的基本原理》，提出课程编制的四个原理，即目标、内容、方法、评价，被称为"泰勒原理"。泰勒的课程思想对教师教育课程设置、教师教育评价等都具有重要指导意义。

16. 博尔诺夫

当代德国教育哲学家、教育人类学的杰出代表博尔诺夫（Otto Friedrich Bollnow, 1903—1991）代表作《教育人类学》（1959）、《存在哲学与教育学》（1959）等。从人类学观察的原则出发，详细分析了教育世界的价值走向，创造性地提出教育学的人类学研究方式，其"非连续性教育"思想为考察教师成长提供了一个新的视角。教师成长是连续性与非连续性的统一，"危机""遭遇""唤醒"和"告诫"都能中断教师成长的连续性，使教师成长进入到非连续性阶段，由此应推动教师在震荡中进行积极的自我调整，开启教师成长的新阶段；要使教师走出"舒适地带"，即中断教师成长的连续性，就要营造丰富的、合作的学校文化环境，培植教师专业学习共同体，并促使教师进行反思[①]。

17. 马斯洛

当代美国心理学家、人本主义心理学代表人物马斯洛（Abraham Maslow,

---

① 周成海：《教师成长的非连续性——基于博尔诺夫"非连续性教育"思想的分析》，《教育理论与实践》2015年第28期，第32-35页。

1908—1970）以其"需要层次理论"闻名遐迩，代表作《动机与人格》（1957）、《科学心理学》（1968）、《人性能达的境界》（1970）等。马斯洛将人的基本需要分为生理需要、安全需要、归属和爱的需要、自尊的需要、自我实现的需要五个层次。需要层次理论对教师教育研究十分有益，如开展需求调研，研究高校教师的多样性需求，进而构建教师激励机制，促进教师专业发展和职业提升等。

18. 贝斯特

当代美国历史学家、教育家贝斯特（Arthur Eugene Bestor, 1908—1994）也是20世纪50年代著名的教育批判家。代表作有《教育的荒地》（1953）、《学术的复兴》（1955）、《科学时代的教育》（1959）等。贝斯特阐述了教育的效用和学校的任务——"智力的训练"，批判当代美国的教育政策是"没有目标的教育"。使美国学校成为最优秀的学校，必须对教育进行改革，其中包括"改组教师训练：通过教师训练，使教师为公立学校教学做好适当的和充分的准备。未来的教师应该受到自由教育和科学教育，而不仅仅是教师的职业技能教育。因此，教师训练要有一个很好的计划。每一位教师都必须有教育技能，包括教育学知识，但更要意识到自己的专业人士身份，像律师、医生、工程师、历史学者和其他专业人士一样；首先要掌握广泛的知识和智力过程；其次要具有很好地运用他们的知识于专业的实际目的的能力；最后要有个性特征和责任感。这三条对教师来说都是必不可少的。[①]"

19. 肯·泽茨纳

肯·泽茨纳（Ken Zeichner）是美国华盛顿大学（University of Washington）教育学院波音教授（Boeing Professor）、博士生导师，主要从事教师教育研究，在华盛顿大学教授教师教育政策辩论、比较和国际视野的教学和教师教育、社区为中心的教师教育等研究生课程。肯·泽茨纳教授研究考察了美国和国外教师教育的不同，分析了美国国家主义的教师教育模式与市场主义的教师教育模式两种趋势，致力于教师教育改革，关注教师教育政策和学校组织行为变革，在教师教育领域研究成果颇丰，代表作有 *Teacher Education and the Struggle for Social Justice*（2009），*Reflective Teaching* (2nd edition)（2014），*Preparing Teachers for the 21st Century*（2014），*Empowered Educators in Canada: How High-Performing*

---

① 单中慧、杨汉麟：《西方教育学名著提要》，北京：中国人民大学出版社，2016年，第299页。

Systems Shape Teaching Quality（2017）等，在国际知名学术期刊上发表论文多篇，许多成果被译为西班牙语、葡萄牙语、德语、法语著作。

20. 达林-哈蒙德

达林-哈蒙德教授（Linda Darling-Hammond）是当代美国教师教育专家，是当今美国最有影响的教育政策制定者和教育改革者之一，在教师教育、学校变革、学习科学等领域享有盛誉。她1998年进入斯坦福大学任教，曾任美国教育研究协会主席、国家教学和美国未来委员会执行主任等职务。专著和合著作品有《学会为了社会公正而教》（2002）、《专业发展学校：形成专业的学校》（2005）、《在每一个教室里都有一位好老师》（2005）、《为一个正在变化的世界准备教师》（2006）、《高效的教师教育》（2006）、《高效的学习》（2008）等。达林-哈蒙德及其研究团队对教师教育的研究成果，既具有理论高度和深度，又具有实践性和前瞻性，成为教师教育研究的典范和教师专业成长的理论基石。

更多信息可以查阅教育原著及相关学术资源，以下著作可供参考：

（1）[爱尔兰]弗兰克·M.弗拉纳根：《最伟大的教育家：从苏格拉底到杜威》，上海：华东师范大学出版社，2009年。

（2）[英]乔伊·帕尔默、任钟印、诸惠芳：《教育究竟是什么？100位思想家论教育》，北京：北京大学出版社，2008年。

（3）赵祥麟：《外国教育家评传》，上海：上海教育出版社，2002年。

（4）单中慧、杨汉麟：《西方教育学名著提要》，北京：中国人民大学出版社，2016年。

（5）[美]吉拉尔德·古特克，缪莹：《教育学的历史与哲学基础》，长沙：湖南教育出版社，2008年。

后 记

《教师教育专业英语导读》是教师教育学科研究生的学习成果,也是向第三十三个教师节的一份献礼。百年大计,教育为本;教育大计,教师为本。"教师教育"是一门正在建设和发展中的新兴学科,学科建设逐步走向科学化、体系化,已建成硕士、博士、博士后等学历结构,拥有丰富理论知识和实践经验的学术团队,创办了《教师教育研究》《教师教育学报》《教师教育论坛》《教师发展研究》等专业学术刊物。作为教师教育专业的研究生,肩负着一种使命和责任,即传承前辈衣钵,共促教师教育学科建设和教师专业发展。

在上海师范大学现代校长研修中心成立十周年之际,深切感受到建设一流的教师教育学科,需要面向世界,拓展国际视野,迫切需求一本专业英语工具书,供专业教学和学术研究使用。因此,本书立足教师教育学科,精选国际视野、专业词汇、语句透析、名篇精读、英文写作、学术资源等内容,既注重专业性和学术性,又兼顾趣味性和实用性。

本书是学界同仁共同努力的成果,非常感谢上海师范大学现代校长研修中心陈永明教授的谆谆教诲和学术引领;感谢吴国平老师特意撰写"敬畏学统"一文,为本书增光添彩;感谢白益民、许苏等老师讲授的"专业外语"课程,为本书提供诸多启发;感谢各位同仁及社会各界的无私帮助和宝贵建议。

《教师教育专业英语导读》在陈永明教授的悉心指导下完成,乔莹莹负责全书的组织策划、统稿审稿和各章的修订完善工作。每章分主体和导读两部分,具体分工如下:乔莹莹撰写第一章和附录,第三、五、六章导读;冯轲杰撰写第二章;刘雅欣撰写第三章主体、第四章导读;丁晓彤撰写第四章主体;乔莹莹、孙蓓撰写第五、六章主体;冯轲杰参与前期统稿，吴国平、乔梁梁审阅全书中文部分，Elliot Hess审阅全书英文部分。

《教师教育专业英语导读》是陈永明负责"教师专业发展"（"国家级精品资源共享课"教育部教师厅函[2017]3号）之基业，是陈永明主持教育部社会人文科学研究2014年度规划基金项目"教师专业发展的实证研究"（项目批准号：14JA880010）的主要研究成果之一，也是乔莹莹主持的浙江省教育科学规划课题"基于生态空间理论的高校教师专业发展环境研究"（课题编号2018SCG304）的阶段性成果。

教师教育研究的内容非常多元化，探究与研讨的视角也是多元的。由于时间和学术水平有限，本书作为第一版问世，呈现给大家的只是教师教育研究领域的一次学术汇报，不当之处，恳请广大读者批评斧正。

《教师教育专业英语导读》编写组